세상을 읽는 천 년의 기록

채근담
(상)

菜根譚(上)
作者 : 翟文明
Copyright ⓒ 2005 by 光明日報出版社
All rights reserved.

Korean Translation Copyright ⓒ 2007 by Sodam&Taeil Publishing House
Korean edition is published by arrangement with 光明日報出版社
through EntersKorea Co., Ltd, Seoul.

이 책의 한국어판 저작권은 (주)엔터스코리아를 통한
중국의 溫夢과의 계약으로 도서출판 Sodam&Taeil Publishing House가 소유합니다.
신 저작권법에 의하여 한국 내에서 보호를 받는 저작물이므로
무단전재와 무단복제를 금합니다.

세상을 읽는 천 년의 기록

채근담

(상)

홍응명 지음
자이원밍 해설
양성희 옮김

소담출판사

세상을 읽는 천년의 기록 채근담(상)

펴낸날 | 2007년 4월 26일 초판 1쇄

지은이 | 홍응명
해 설 | 자이원밍
옮긴이 | 양성희
펴낸이 | 이태권
펴낸곳 | 소담출판사
　　　　서울시 성북구 성북동 178-2(우)136-020
　　　　전화 | 745-8566~7 팩스 | 747-3238
　　　　e-mail | sodam@dreamsodam.co.kr
　　　　등록번호 | 제2-42호(1979년 11월 14일)
　　　　홈페이지 | www.dreamsodam.co.kr

ISBN 978-89-7381-902-7 04820
ISBN 978-89-7381-901-0 (세트)

●책값은 뒤표지에 있습니다.

사람은 갖출 수도 있고 갖추지 못할 수도 있거늘
어떻게 저 혼자서만 모든 것을 갖출 수 있는가.
나의 마음도 평온할 때가 있고 그렇지 못할 때가 있거늘
어떻게 다른 사람의 마음이 항상 평온하기만을 바라는가.

머리말

『채근담』은 중국인의 전통 심신 수양법과 관련된 지혜가 총 망라되어 있는 특별한 책이다. 이 책은 중국인의 전통 처세법을 정리한 지혜서로 매우 간결하면서도 의미심장한 문장이 특징이며, 중국 문화 역사상 매우 독특하면서도 뛰어난 경전 중 하나로 인정받고 있다.

'채근菜根'이라는 단어는 저자 홍응명에 의해 용속함과 부패한 이미지를 벗어나 우아하고 신비로운 의미를 지니게 되었다. "채근을 씹으면 모든 일을 이룰 수 있다."는 말을 바탕으로 가난한 생활을 참고 견디며 고상한 인품을 길러 세상을 정확히 파악하여 세상을 변화시킬 수 있게 했다.

『채근담』은 유교와 불교, 도교 사상의 정수가 절묘하게 하나로 결합되어 심오한 의미를 내포하고 있다. 여기에는 처세철학과 생활의 지혜, 심미적인 정취가 가득하다. 그리고 적극적으로 성공을 도모하고, 세상의 주도권을 쥐고, 공익을 위해 앞장서고, 후대를 이롭게 하는 진취적인 정신을 강조하고 있다. 또한 자연을 가까이 하고, 산수를 유람하며 심신을 수양하고, 고요함과 무위를 중요시하는 은거와 안일 사상이 강하다. 아울러 불합리한 세상에 개탄하고, 백성을 불쌍히 여기고, 중생을 제도하고, 선기禪機를 깨달아야 함을 강조한다. 여기에는 예측할 수 없는 수많은 변화를 통해 신비로운 기운이 느껴지기도 한다.

이 책을 처음 읽을 때는 온갖 모순된 감정이 뒤섞여 방향을 잡지 못할 수도 있다. 그러나 다시 한 번 자세히 읽어보면 이 안에 들어 있는 처세 방법들을 이해할 수 있다.

성공한 사람이 이 책을 읽으면 인생과 세상이 끊임없이 변화한다는 사실을 인지하여 편안할 때 미리 위기에 대비할 수 있게 되고, 나라와 세상을 바로잡을 수 있게 된다. 실패한 사람이 이 책을 읽으면 의기소침해 있는 마음에 다시 한 번 불을 붙여 스스로 분발할 수 있게 한다.

부귀한 사람이 이 책을 읽으면 화려한 겉모습이 모두 환상이라는 것을 깨닫게 하여 늘 사려 깊은 생각으로 조심스럽게 행동하여 자손만대를 이롭게 할 수 있다. 가난한 사람이 이 책을 읽으면 청운의 꿈을 잃지 않고 가난한 생활 속에서 삶의 의미를 찾을 수 있게 해준다. 이것이야말로 인생의 진리라고 할 수 있다. 이렇게 『채근담』은 말과 글로써 어리석은 사람을 각성시키고, 어리석음과 가난을 구제하는 약이 된다.

바로 이러한 이유로 이 책은 처음 출간된 이후 꾸준히 인기를 이어왔고, 최근에는 해외에서 더 주목받으며 세계 각지로 그 영향력을 넓혀 가고 있다. 특히 일본의 경제인들은 이 책을 삶의 지침서로 삼고 있다고 한다. 영업을 하는 사람들은 수시로 이 책을 읽으며 미래의 지도자를 꿈꾸고 경영자들은 시간이 날 때마다 이 책으로 자신을 수양하고 있다. 중국의 개혁개방 정책 이후 중국의 고대문화가 다시 한 번 중흥의 시대를 맞이했고, 이런 분위기를 타고 『채근담』도 새롭게 출판되고 있다. 최근의 동아시아의 격변과 혼란은 『채근담』의 인기를 더욱 부채질하고 있다.

이 책에서는 기본이 되는 원문에 절묘하고 신비로운 역문을 더하여 간결하지만 심오한 큰 뜻을 명확히 전달하고 있다. 특히 예화에서는 중국 역사와 고전 속의 이야기를 발췌하여 그 심원한 의미를 더욱 명확하고 쉽게 전달하고 있다.

『채근담』의 문장은 고상하고 은은한 느낌을 주면서도 아름답고 세련된 느낌을 준다. 입으로 소리내어 읽을 때는 종鐘과 경磬의 낭랑한 소리가 들리는 듯하다. 생각이 생각을 낳는 동안 궁상宮商이 서로 조화를 이루어낸다. 각각의 문장을 보면 따뜻한 봄 햇살과 깨끗하고 맑은 흰 눈의 느낌을 담고 있으며, 빠르게 흘러가는 문장 속에서도 맑은 강과 높은 산의 정취가 느껴진다. 역문과 예화는 전체적으로 더욱 조화로운 리듬감을 표현해 주고 원문은 완벽한 음률의 조화를 이루고 있다. 중국 문화의 절묘함은 신비로운 음률 속에 있다.

『채근담』을 읽다 보면 구름 위를 나는 아름다운 학의 자태를 보는 것처럼 우아한 품격을 느낄 수 있을 것이다. 게다가 여기에 그치지 않고 다시 한 번 그 뜻을 음미해 보면 온갖 지혜와 영감이 밤하늘의 밝은 달과 별빛처럼 반짝이고 있으니 그 절묘함은 말로 다 표현할 수 없을 정도이다.

차례

- 사람의 도리에는 한때의 불편이 따르지만 부와 권력에는 평생의 근심이 드리운다 16
- 능숙함보다는 정직함이 값지고 약삭빠름보다는 소탈함이 귀하다 18
- 마음에는 꾸밈이 없어야 하고 재능에는 뽐냄이 없어야 한다 20
- 더러움 밖에서 깨끗한 것보다 더러움 안에서 물들지 않는 것이 더 어렵다 22
- 쓴소리는 마음의 녹을 벗기는 숫돌이고 아첨하는 소리는 마음을 미혹하는 독주이다 24
- 온화한 기운은 초목을 자라게 하고 따뜻한 인심은 사람을 모이게 한다 26
- 담백함 속에 진정한 맛이 있고 평범함 속에 진심이 있다 28
- 여유로울 때 긴장을 늦추지 말고 긴박할수록 여유를 가져라 30
- 마음을 가라앉히면 헛된 망상이 사라지고 본성을 찾으면 유쾌한 기억이 살아난다 32
- 만족스러울수록 자신을 돌아보고 실망스러울수록 뜻을 굳건히 하라 34
- 곧은 의지는 시련 속에서 뭉쳐지고 좋은 뜻은 탐욕 안에서 흩어진다 36
- 마음의 길을 좁히면 세상의 불평이 몰려들고 마음의 길을 넓히면 세상의 인심이 굴복한다 38
- 양보는 나를 지키는 튼튼한 갑옷이고 자선은 세상을 구하는 훌륭한 보약이다 40
- 속세에서 벗어나면 명예를 세울 수 있고 물질의 욕심을 버리면 성인이 될 수 있다 42
- 의로운 마음으로 친구를 사귀고 순수한 마음으로 세상을 대하라 44
- 이익을 취하는 일에 남보다 앞서지 말고 덕을 베푸는 일에 남보다 뒤지지 말라 46
- 양보하는 길이 자신을 높이는 길이고 남을 위한 일이 곧 자신을 위한 일이다 48

- 교만하면 공이 사라지고 깊이 뉘우치면 죄를 줄일 수 있다 50
- 좋은 일은 혼자 차지하지 말고 책임은 남에게 미루지 말라 52
- 몸을 움직이는 자는 하루가 짧고 멀리 내다보는 자는 하루가 길다 54
- 태산의 높이는 한 개의 돌덩이에서 시작하고 세상의 인심은 일개 가정의 화목에서 출발한다 56
- 솔개는 고요한 구름을 가르고 물고기는 잔잔한 물속을 뛴다 58
- 허물을 꾸짖을 때 너무 엄격하게 하지 말고 선을 가르칠 때 너무 고상하게 하지 말라 60
- 깨끗함은 더러움 속에서 나오고 밝음은 어둠 속에서 생겨난다 62
- 객기는 자신의 잠재력을 태우는 불장난이고 망상은 자신의 미래를 익사시키는 수렁이다 64
- 배가 부르면 맛의 구분이 사라지고 욕심에 붙들리면 지혜가 흐려진다 66
- 높은 곳에 있으면 욕심을 줄이기 어렵고 낮은 곳에 있으면 높은 뜻을 품기 어렵다 68
- 잘못이 없으면 그것이 성공이고 원망이 없으면 그것이 덕이다 70
- 지나치게 부지런하면 몸이 고달파지고 지나치게 결백하면 사람이 따르지 않는다 72
- 궁지에 빠졌을 때는 일의 처음을 되돌아보고 성공을 거두었을 때는 일의 마지막을 살펴야 한다 74
- 부귀한 자는 마땅히 너그러워야 하고 총명한 자는 마땅히 재주를 감추어야 한다 76
- 높은 곳에 오르면 위태로움을 알게 되고 말이 적으면 시끄러움의 문제점을 알게 된다 78
- 공명을 좇는 자는 오히려 이름을 더럽히고 사심 없이 애쓰는 자는 절로 향기로운 이름을 얻는다 80
- 재주를 과신하면 자신을 해치고 지나친 편견은 남을 해친다 82
- 한 걸음 물러서면 두 걸음 내밀 자리가 나고 작은 공을 양보하면 큰 공을 얻을 기회가 생긴다 84
- 속 좁은 자를 미워하지 말고 마음이 넓은 자를 공손하게 대하라 86
- 우직함을 모아서 세상을 바르게 하고 분수를 지켜서 세상을 깨끗하게 한다 88
- 마귀를 제압하려면 먼저 마음을 제압하고 포악함을 제압하려면 먼저 객기를 제압하라 90
- 부실한 씨앗을 뿌리면 수확이 적고 나쁜 친구를 사귀면 인생을 그르친다 92
- 욕망을 이루는 일로 손을 더럽히지 말고 도리를 지키는 일에서 발을 물리지 말라 94
- 모든 일은 너무 깊어도 안 되고 너무 얕아도 안 된다 96
- 재산을 자랑하면 인자한지를 묻고 권세를 내세우면 의로운지를 따져라 98

- 뜻을 세울 때는 한 걸음 높이 서고 행동으로 옮길 때는 한 걸음 물러선다 100
- 덕을 쌓으려면 명예를 버리고 학문에 매진하려면 마음을 움직여야 한다 102
- 탐욕을 부릴수록 복의 뿌리가 시들어가고 선행을 베풀수록 복의 뿌리가 깊어진다 104
- 목석처럼 굳은 마음을 지니고 구름과 물처럼 담담한 감정을 유지하라 106
- 선한 사람은 온기가 넘치고 악한 사람은 살기가 가득하다 108

- 병은 안 보이는 곳에서부터 생기고 인품은 사소한 일에서부터 드러난다 110
- 일이 적은 것보다 큰 복은 없고 마음 쓰는 일이 많은 것보다 큰 불행은 없다 112
- 몸가짐을 바르게 해야 할 때가 있고 인간관계를 원만히 해야 할 때가 있다 114
- 나의 공과 남에 대한 원망은 빨리 잊고 남의 도움과 나의 잘못은 깊이 새겨둔다 116
- 은혜를 베풀면 계산하지 말고 은혜를 받으면 널리 자랑하라 118
- 내가 항상 풍족하기를 바라지 말고 남이 항상 관대하기를 기대하지 말라 120
- 남의 선행으로 자기 욕심을 채우지 말고 남의 좋은 말로 자기 잘못을 덮지 말라 122
- 사치에 매달리는 사람은 만족을 얻기 어렵고 재주를 내세우는 사람은 원망을 듣기 쉽다 124
- 실천 없는 가르침은 공허하고 덕이 없는 사업은 위태롭다 126
- 지혜로운 마음속에는 훌륭한 말이 있고 맑은 마음속에는 아름다운 곡조가 있다 128
- 괴로움 속에 기쁨이 있고 성취 안에 슬픔이 있다 130
- 부귀명예는 도덕에서 나와야 하고 권력을 이용해 얻으면 금방 사라진다 132
- 아름다운 꽃이 가득 피어나면 사람도 좋은 일을 해야 한다 134
- 배울 때는 집중하는 힘에 의지하고 즐길 때는 소탈한 멋에 기댄다 136
- 명예를 탐하는 자는 이름을 내세우고 졸렬함을 감추는 자는 재주를 뽐낸다 138
- 비어 있어야 넘치지 않고 완벽하지 않아야 온전할 수 있다 140
- 그릇이 커야 많이 담을 수 있고 욕심이 없어야 강해질 수 있다 142
- 마음이 밝으면 어두운 데서도 빛을 보고 생각이 어두우면 태양 아래서도 암흑을 본다 144
- 지위가 높다고 다 즐거운 것은 아니고 궁핍하다고 모두 근심스러운 것은 아니다 146
- 악행은 숨길수록 커지고 선행은 드러낼수록 작아진다 148

- 평화로울 때 위기에 대비하면 하늘도 마음대로 할 수 없다 150
- 현명한 자는 충고를 받아들여 성공을 얻고 어리석은 자는 남을 무시해 패망을 맞는다 152
- 즐거운 마음이 행복을 부르고 원망하는 마음은 화를 부른다 154
- 아홉 마디 명언보다 한 마디 실언이 크고 아홉 가지 공보다 한 가지 실패가 뼈아프다 156
- 냉정한 사람에게는 찾아온 복도 되돌아가고 따뜻한 사람에게는 지나가던 복도 들어온다 158
- 하늘의 도리를 따르는 길은 넓고 인간의 욕망을 따르는 길은 좁다 160
- 고난 속에서 얻은 행복일수록 오래가고 진통 안에서 구한 지식일수록 견고하다 162
- 마음을 비워야 정의와 진리를 얻을 수 있고 마음을 가득히 채워야 욕심이 들어오지 못한다 164
- 지나치게 깨끗한 사람은 친구가 없고 지나치게 맑은 물에는 고기가 살지 못한다 166
- 지나친 물욕은 이성을 망가뜨리고 망가진 이성은 인생을 무너뜨린다 168
- 주인의 마음이 맑게 깨어 있으면 도둑이 들어와도 한 식구가 된다 170
- 끝없이 두드리는 자에게는 쇠문도 열리고 지레 포기하는 자에게는 사립문도 닫힌다 172
- 가난한 집이라도 청소하면 빛이 나고 박한 재주라도 갈고 닦으면 인재가 된다 173
- 이미 세운 공은 굳건히 보존하고 다가올 잘못은 철저히 예방하라 174
- 기상은 높되 소홀함이 없어야 하고 마음은 충만하되 번잡하지 않아야 한다 176
- 바람은 소리를 남기지 않고 기러기는 그림자를 남기지 않는다 178
- 인자하면서도 결단력이 있어야 하고 강직하면서도 바른 것에 치우치지 말아야 한다 180
- 한가할 때 준비하면 여유가 늘고 조용할 때 경계하면 근심이 준다 182
- 탐욕이 생기는 순간에 잘못을 깨닫고 깨닫는 순간에 마음을 바로잡는다 184
- 고요한 가운데 생각을 맑게 하고 여유로운 가운데 도량을 넓게 한다 186

- 소란함 속에 참된 고요함이 있고 괴로움 속에 참된 즐거움이 있다 188
- 자신을 희생하려면 의심하지 말고 은혜를 베풀고 보답을 바라지 말라 190
- 덕을 쌓아 복을 만들고 마음을 편안히 하여 수고로움을 던다 192
- 뜻이 곧으면 저절로 복이 찾아오고 마음이 음흉하면 애써 복이 피해간다 194
- 젊어 공덕을 세우면 잠깐 칭찬을 받고 늙어 지조를 잃으면 죽어서 비난을 산다 196

●이름을 앞세운 큰 선행은 금방 작아지고 진심으로 베푼 작은 선행은 오래 기억된다 198

●조상의 덕을 무겁게 받아들이고 내 덕이 쉽게 무너질 수 있음을 기억하라 200

●계략과 속임수는 잠깐의 성공에 취하고 진심과 덕행은 만대의 근심을 바로잡는다 202

●잘못을 꾸짖는 일은 작은 가르침이고 모범을 보이는 일은 큰 가르침이다 204

●마음을 살펴 원만하게 하고 마음을 열어 너그럽게 하라 206

●사치한 자는 청렴한 이를 의심하고 방종한 자는 엄격한 이를 미워한다 208

●역경은 의지를 단련시키고 좋은 환경은 사람을 망친다 210

●부는 순조로워 보일 때 새어 나가고 권세는 완벽해 보일 때 깨어져 나간다 212

●정성이 지극하면 귀신을 울리고 믿음이 지극하면 천하를 흔든다 214

●문장이 지극하면 기교를 벗어나고 인품이 지극하면 본모습에 들어맞는다 216

●부귀공명은 잠깐 빌린 것이고 세상만물은 나와 한몸이 아닌 것이 없다 218

●입에 즐거운 음식은 독약과 같고 마음에 즐거운 쾌락은 도적과 같다 220

●남의 허물을 꾸짖는 일을 게을리 하고 남의 과오를 마음에 새겨두지 말라 222

●몸가짐은 가벼이 하지 말고 마음 씀씀이는 무겁게 하지 말라 224

●천지는 영원하면서도 쉬는 적이 없고 인생은 짧으면서도 허투루 보내기 쉽다 226

●덕과 원한을 모두 잊고 은혜와 원수를 모두 없애라 228

●늙어서 생긴 병은 젊을 때 불러들였고 쇠퇴한 후 재앙은 흥성할때 만들어졌다 230

●공익을 위해 사심을 버리고 덕을 쌓기 위해 몸가짐을 바르게 하라 232

●공론에서 벗어나지 말고 권력다툼에 끼어들지 말라 234

●아첨하면 환심을 얻어도 끝내 멸시받고 뜻을 지키면 미움을 받아도 항상 당당하다 236

●침착하게 가족의 변고를 처리하고 진지하게 친구의 잘못을 바로잡아라 238

●사소한 단점도 크게 보아 보완하고 작은 과제도 중대하게 여겨 해결하라 240

●천금으로 한때의 환심을 사기 어렵고 한 끼의 밥으로 평생의 은혜를 만든다 242

●재주를 감춘 채 안전을 도모하고 청렴함을 가린 채 기회를 살핀다 244

●편안한 때일수록 훗날을 염려하고 어려운 때일수록 성공을 도모한다 246

- 특별함을 좋아하는 사람은 안목이 부족하고 홀로 절개를 지키는 사람은 영원할 수 없다 248
- 욕망을 누르면 지옥도 극락이 되고 칼을 내려놓으면 악마도 부처가 된다 250
- 남의 단점을 들춰내지 말고 다른 사람의 재능을 시기하지 말라 252
- 남의 단점을 단점으로 공격하지 말고 남의 고집을 고집으로 다스리지 말라 254
- 음울한 사람과는 교류하지 말고 오만한 사람 앞에서는 침묵하라 256
- 노여울 때는 침착해지는 지혜가 필요하고 낙심할 때는 분발하는 용기가 필요하다 258
- 욕심을 부리면 마음속에 폭풍우가 일고 욕심을 버리면 마음속에 해와 달이 뜬다 260
- 지혜는 사악함을 식별하는 보석이고 의지는 악마를 베는 지혜의 칼이다 262
- 타인의 잘못은 너그럽게 대하고 자신의 잘못은 인색하게 다룬다 264
- 시련을 맞아 좌절하면 지옥을 맛보고 시련을 맞아 극복하면 천국을 만난다 266
- 천지는 거룩한 어버이이고 만물은 다정한 가족과 같다 268
- 자신을 지키려는 마음을 갖되 남이 속일 것을 미리 걱정하지 말라 270
- 줏대 없이 남을 따라 하지도 말고 고집을 부려 남을 배척하지도 말라 272
- 선행에 대해서 서둘러 칭찬하지 말고 악행에 대해서 섣불리 비난하지 말라 274
- 굳센 의지는 부족함 속에서 다져지고 큰 능력은 어려움 속에서 길러진다 276
- 부모에게 효도하고 남에게 베푸는 것은 인간의 당연한 도리이므로 떠벌리지 말라 278
- 장점을 숨기면 단점도 가려지고 자랑이 없으면 비난도 사라진다 280
- 부귀할수록 변덕이 더 심하고 가까운 사이일수록 질투가 더 심하다 282
- 공과 과실은 분명히 구분해야 하고 은혜와 원수는 지나치게 밝히지 말라 284
- 너무 높은 곳에 있으면 위태롭고 너무 고상하면 비방이 끊이지 않는다 286
- 악은 감출수록 재앙이 커지고 선은 드러낼수록 공덕이 줄어든다 288
- 덕은 재능을 부리는 주인이고 재능은 덕을 섬기는 종이다 290
- 가혹한 처벌은 원망을 부르고 관대한 용서는 반성을 낳는다 292
- 과실은 가급적 내가 책임지고 공은 되도록 남에게 양보하라 294
- 부유하면 넉넉한 자선으로 남을 돕고 가난하면 지혜로운 말로 남을 돕는다 296

- 강자를 거들어서 약자를 괴롭히지 말고 부자를 편들어서 빈자를 무시하지 말라 298
- 모름지기 사물을 볼 때는 냉철해야 하고 무릇 마음을 움직일 때는 무거워야 한다 300
- 덕은 도량을 따라 발전하고 도량은 식견을 통해 성장한다 302
- 이목구비에 빠진 지혜는 접시 물처럼 얕고 책에 빠진 지혜는 바닷물처럼 깊다 304
- 자신을 반성하면 선의 기초가 되고 남을 원망하면 악의 근원이 된다 306
- 부귀공명은 세상에 따라 변하지만 의기와 절조는 언제나 변함이 없다 308
- 지혜 속에 또 다른 지혜가 있고 이변 속에 또 다른 이변이 생긴다 310
- 진실한 생각이 없다면 허수아비에 불과하고 활발한 기운이 없다면 장승에 불과하다 312
- 흐린 것을 버리면 절로 맑아지고 괴로움을 버리면 절로 즐거워진다 314
- 허황된 생각은 엉뚱한 언행을 낳고 엉뚱한 언행은 신변에 화를 부른다 316
- 조급하게 서둘러 분노를 일으키지 말고 엄격하게 대해 완고함을 더하게 하지 말라 318
- 덕이 없는 문장은 공허하고 덕이 없는 행동은 무의미하다 320
- 일을 그만둘 때는 전성기에 물러나고 몸을 두려거든 홀로 외진 곳에 두어라 322
- 실천할 때는 작은 것부터 꼼꼼히 하고 선행을 베풀 때는 대가를 바라지 말라 324
- 권세에 함부로 굽실거리지 말고 뜬소문에 쉽사리 귀를 내밀지 말라 326
- 뜻을 세우지 않으면 학문을 이루기 어렵고 학문을 닦지 않으면 재주를 펼치기 힘들다 328
- 뿌리가 튼튼하면 잎이 무성해지고 선행을 베풀면 풍속이 맑아진다 330
- 자기 것을 하찮게 여겨 함부로 하지 말며 자기 것을 과신하여 섣불리 뽐내지도 말라 332
- 도는 모두의 것이므로 누구나 따르고 학문은 밥과 같으므로 매일 배워야 한다 334
- 남을 믿는 것은 내가 진실하기 때문이고 남을 의심하는 것은 내가 남을 속이기 때문이다 336
- 봄바람은 만물을 성장하게 하고 겨울바람은 만물을 얼어 죽인다 338
- 선행은 떠벌리지 않아도 절로 드러나고 악행은 감추려 해도 알아서 스며 나온다 340
- 옛 친구를 만나면 의기를 새롭게 하고 은밀한 일을 할 때는 마음을 분명히 하라 342
- 군자는 덕을 세우고 소인은 이익을 탐한다 344
- 즉흥적으로 벌인 일은 금세 시들해지고 깊지 않은 깨달음은 머잖아 흐릿해진다 346

- 남의 잘못은 관대하게 용서하고 자신의 잘못은 엄격하게 질책한다 348
- 억지로 기이해지려는 이는 이상한 사람이고 지나치게 깨끗해지려는 이는 과격한 사람이다 350
- 은혜는 나중일수록 크게 베풀고 위엄은 처음일수록 엄격히 세운다 352
- 마음을 비우면 본성이 나타나고 뜻이 깨끗하면 마음도 맑아진다 354
- 물은 물이고 나는 나이니 귀천은 잠깐 걸친 옷에 불과하다 356
- 자비심은 하찮은 동물까지 살리고 냉담함은 영혼이 없는 무생물과 같다 358
- 마음의 바탕이 곧 하늘의 바탕이고 사람의 마음이 곧 하늘의 마음이다 360
- 편안한 때일수록 위기에 대비하고 위급한 때일수록 평정심을 유지하라 362
- 일을 하기 전에는 이해관계를 살피고 일을 시작해서는 이해관계를 잊는다 364
- 행동거지는 엄격하고 분명한 게 좋고 마음가짐은 온화하고 치우치지 않는 게 좋다 366

사람의 도리에는 한때의 불편이 따르지만
부와 권력에는 평생의 근심이 드리운다

棲守道德者 寂寞一時 依阿權勢者 凄凉萬古.
서수도덕자 적막일시 의아권세자 처량만고
達人觀物外之物 思身後之身 寧受一時之寂寞 毋取萬古之凄凉.
달인관물외지물 사신후지신 영수일시지적막 무취만고지처량

역 문

사람의 도리를 지키며 덕을 베푸는 사람은 한때 외롭고 쓸쓸할 뿐이지만, 힘과 재물에만 의지하는 사람은 영원히 불쌍하다. 세상의 이치를 깨달은 사람은 눈에 보이지 않는 사물의 이치를 관찰하여 '힘'이나 '재물' 이외의 진리를 생각하고, 현세의 삶보다 다시 태어날 후세의 삶을 생각한다. 그렇기 때문에 차라리 한때의 외로움과 쓸쓸함을 견딜지언정 영원히 불쌍해짐을 취하지 않는다.

예 화

'인의'라고 하면 멀리서 우러러볼 수 있을 뿐 감히 범접할 수 없다는 느낌이 든다. 그러나 차분히 생각해 보면 인의 역시 밥을 먹고 옷을 입는 것처럼 자연스럽고 일상적인 것이다. '인의'와 '도덕'은 모든 사람들이 반드시 지켜야 하는 행동규범이다. 중국 역사를 보면 인의와 도덕을 갖춘 위인의 탄생 뒤에는 반드시 커다란 시련이 있었다.

  그러나 시련보다 중요한 것은 그 사람이 얼마나 고고한 인격과 학식을 갖추었는가이다. 높은 기개를 지닌 사람은 인의를 목숨처럼 여겨 비록 가난할지라도 끝까지 지조를 잃지 않았다. 물론 초라한 현재의 모습은 그를 일순간 외로움에 빠뜨릴지 몰라도 결국 그는 모든 사람들로부터 존경을 받았다.

백이伯夷와 숙제叔齊는 고죽국(孤竹國, 중국 전설 속에 나오는 지방 제후국―옮긴이) 군주의 두 아들이다. 아버지는 아우인 숙제를 후계자로 세우려고 했지만, 숙제는 형 백이에게 왕위를 양보했다. 그러나 백이가 "아버지의 명을 어길 수 없다."며 도망쳤고 숙제도 역시 왕위를 버리고 형을 따라 도망쳤다.

이렇게 '도道'를 중시한 백이와 숙제는 길에서 아버지 문왕文王의 위패를 수레에 싣고 은殷나라 정벌을 떠나는 무왕武王을 만났다. 백이와 숙제는 무왕의 말고삐를 붙잡고 이렇게 간청했다.

"아버지의 장례도 치르지 않고 전쟁을 일으키다니, 이것을 어찌 자식의 도리라 할 수 있겠습니까? 또한 신하 된 자가 임금을 해치려 하니, 이것을 어찌 인의라 할 수 있겠습니까?"

좌우에 있던 무왕의 신하들은 모두 백이와 숙제를 죽여야 한다고 입을 모았지만, 강태공姜太公은 "이들은 의인義人이다."라고 말하며 부하들을 시켜 두 사람을 부축하여 떠나게 했다.

무왕이 은나라를 멸망시키고 주나라를 세워 천하의 주인이 되자, 백이와 숙제는 신하 된 주나라가 군주 된 은나라를 친 것을 부끄럽게 여겨 주나라 곡식을 먹지 않기로 결심했다. 그리고 수양산首陽山에 들어가 은거했다.

그들은 거기서 고사리만 먹으며 겨우 목숨을 유지하다가 끝내 굶어죽었다. 이로써 그들의 절개는 '불굴의 정신'으로 승화되었다. 비록 두 사람은 평생 굶주리고 외로운 처지였지만 끝까지 지조를 지켜내 수천 년이 지난 지금까지도 그 이름을 아름답게 전하고 있다.

능숙함보다는 정직함이 낫고
약삭빠름보다는 소탈함이 귀하다

涉世淺 點染亦淺. 歷事深 機械亦深.
섭세천 점염역천 역사심 기계역심
故君子與其練達 不若朴魯 與其曲謹 不若疎狂.
고군자여기련달 불약박로 여기곡근 불약소광

역 문

사람이 세상을 살아가는 것은 마치 거친 물살을 건너는 것과 같다. 세상살이의 경험이 적으면 세상에 때묻는 것 또한 적고, 세상살이의 경험이 많으면 교묘한 수단으로 사람을 속이는 것 또한 깊어진다. 그러므로 참된 인격을 가진 사람은 인생을 능숙하게 살기보다 정직하고 순박하게 살아가며, 치밀하고 약삭빠르게 살기보다 어리석음을 취하여 소탈하게 살아간다.

예 화

요즘 '멋있다' 혹은 '쿨하다' 라는 단어가 유행이다. 정말 무엇이 멋있는 것일까? 사람들은 화려하고 아름다운 외모의 소유자가 값비싼 액세서리로 치장을 하고 고급차에 미녀를 태우고 달리는 것이 모든 것을 갖춘 것이라고 생각한다. 또 어떤 사람들은 능수능란한 기교로 모든 일을 착착 해결하는 것이 완벽한 것이라고 말한다. 그러나 이것은 지극히 외형적인 모습에 국한된 것일 뿐이다. 오히려『채근담』에 나오는 "세상살이의 경험이 적으면 세상에 때묻는 것도 적다."는 말이 '멋있다' 는 말에 훨씬 더 적합하다.

경험 많고 세상 물정에 밝은 사람은 일을 처리할 때 너무 신중하여 앞뒤를 재거나 남을 맹목적으로 따라 해서, 오히려 자신이 원하는 대로 행동했을 때보다 못한 결과를 가져온다. 차라리 어깨를 펴고 으스대라. 오만하게, 제멋대로 행동해도 좋다. 이것이 바로 진정한 '멋'이며, 사람들에게 오히려 더 매력적일 수 있다.

역식기酈食其는 진秦나라 말기의 진유陳留 고양高陽 사람이다. 역식기는 어려서부터 술과 책읽기에만 몰두할 뿐 집안이 어려운데도 특별히 일을 하지 않았다. 그래서 사람들은 그를 '방탕한 서생'이라고 불렀다.

그런데 어느 날, 역식기는 패공沛公 유방劉邦이 군사를 이끌고 진유 지역을 지나간다는 소식을 들었다. 그는 당장 그를 찾아가 자신의 명패를 내놓으며 말했다.

"나는 고양 사람 역식기라 하오. 패공이 군사를 거느리고 진나라를 치러 간다는 말을 듣고 이렇게 왔소. 패공을 직접 뵙고 할 얘기가 있소."

유방은 손님의 행색이 어떠한지 시종에게 물었고, 이에 시종이 대답했다.

"겉보기에는 꽤 학식 있는 사람 같았습니다. 갖추어 입은 의복도 글을 읽는 유생의 복장이었습니다."

"나는 유생 따위를 만날 시간이 없다. 그 사람을 돌려 보내라."

시종이 돌아와 사실대로 전하자 역식기는 방법을 바꾸기로 했다. 그는 눈을 부릅뜨고 칼을 뽑으며 크게 소리를 질렀다.

"패공에게 전해라! 나는 고양의 애주가로 절대 시시한 유생 따위가 아니다!"

이 말에 깜짝 놀란 시종은 황급히 유방에게 뛰어가 고했다.

"밖에 찾아온 손님은 천하장사입니다. 스스로 자신을 애주가라고 말하며, 칼을 빼들고 저를 위협했습니다. 신이 얼마나 놀랐는지 명패까지 떨어뜨렸습니다."

그러자 발을 닦고 있던 유방이 급히 지팡이를 짚고 일어나며 소리쳤다.

"어서 모셔라, 어서 모셔라."

이렇게 해서 '고양의 애주가'는 유방에게 등용되었다.

마음에는 꾸밈이 없어야 하고
재능에는 뽐냄이 없어야 한다

君子之心事 天青日白 不可使人不知
군자지심사 천청일백 불가사인부지
君子之才華 玉韞珠藏 不可使人易知.
군자지재화 옥온주장 불가사인이지

역 문

군자의 마음은 꾸밈이 없으니 푸른 하늘과 밝은 태양처럼 누구나 그 속을 알 수 있다. 그러나 군자는 자신의 재능을 금은보석처럼 깊이 감추어 다른 사람이 쉽게 알아차릴 수 없게 한다.

예 화

진실하고 고상한 사람은 자신의 재능을 숨기고 '보통 사람'처럼 행동한다. 이들은 마치 물 흐르듯 봄바람이 불어오듯 자연스럽고 평범하게 사람들 곁으로 다가간다. 사람들은 그들을 존경하면서도 그들에게 친밀함을 느낀다. 그들은 어려워서 감히 가까이 다가갈 수 없는 부류와는 분명 다르다.

이렇듯 평범하고 자연스럽게 사는 것이 참된 마음을 지키는 최선의 방법이다. 군자는 언제나 본성에 따라 분명하게 행동하기 때문에 가식으로 꾸미거나 허풍을 떨지 않는다. 군자가 재능을 발휘하지 않고 숨기는 이유는 그것을 꼭 필요한 때와 장소에만 펼쳐 평소에 과시하거나 뽐내지 않기 위해서이다.

자신의 능력을 지나치게 드러내는 사람은 스스로 곤란한 상황에 빠지거나 심지어 죽음을 자초할 수도 있다. 역사상 수많은 공신들이 일생을 바쳐 왕을 도와 나라의 기틀을 마련하고도 이것을 몰라 처참하게 처형을 당했다. 이들은 대부분 재주가 너무 뛰어났기 때문에 왕의 심기를 건드리거나, 주변 사람들의 질투를 불러일으켜 비극적으로 생을 마감해야 했다.

삼국시대의 양수楊修가 바로 그 전형적인 예이다.

양수는 조조 밑에서 주부主簿를 지낸 모사꾼으로 재주가 아주 비상했다. 그러나 자신의 재능을 너무 드러내 결국 조조의 손에 목숨을 잃었다.

당시 양수는 승상부丞相府 대문을 축조하는 일의 책임자로 있었는데, 어느 날 조조가 그 문에 '활活' 자를 써서 붙여 놓았다. 이에 양수는 조조가 문이 너무 넓어 마음에 들어하지 않는다는 사실을 알아차리고 즉시 사람들을 시켜 문을 다시 지었다.

또 어느 날 누군가 탕을 보내 왔을 때, 조조는 그 뚜껑 위에 '일합소一合酥'라고 써 붙여 놓았다. 양수는 이 문구를 보고 사람들과 한 입씩一人一口 나누어 먹었다.

이 일이 있은 후로, 조조는 양수의 머리가 비상함을 알고 질투를 하기 시작했다. 그 후 한창 격전을 치르던 조조 군은 진퇴양난의 위기에 빠졌다. 이때 양수는 조조가 한중漢中 땅을 '계륵鷄肋'과 비교하며 탄식하는 것을 보고 그 뜻을 간파하여 부하 장수들에게 철수를 명령했다. 이 일을 계기로 조조는 양수를 참수했다.

양수의 죽음은 스스로 자초한 것이다. 만일 재능을 드러내지 않고 많은 사람들 앞에서 조조를 난처하지 않게 했다면, 양수는 목숨을 보전할 수 있었을 것이다.

더러움 밖에서 깨끗한 것보다
더러움 안에서 물들지 않는 것이 더 어렵다

勢利紛華 不近者爲潔 近之而不染者爲尤潔
세리분화 불근자위결 근지이불염자위우결
智械機巧 不知者爲高 知之而不用者爲尤高.
지계기교 부지자위고 지지이불용자위우고

역 문

권력과 부귀를 가까이 하지 않는 사람을 청렴결백하다고 하지만, 가까이 하면서도 여기에 물들지 않는 사람이야말로 확실히 청렴결백한 사람이다. 잔재주와 교활한 방법으로 남을 해치지 않는 사람을 고상하다고 하지만, 알면서도 사용하지 않는 사람이야말로 확실히 고상한 사람이다.

예 화

"사람들은 세상이 평화로울 때에는 명예를 찾고, 세상이 어지러울 때에는 이익을 좇아 떠난다."는 옛 속담이 있다. 세상이 어지러워지면 사람들은 이익을 얻고 출세하기 위해 수단과 방법을 가리지 않는다. 그래서 권력을 지닌 자에게 빌붙기 위해 벌떼처럼 몰려들어 아부를 일삼으니 세상은 더욱 혼탁해진다.

　이처럼 어지러운 세상에 물들지 않고 순수한 마음을 지키기 위해서는 무엇보다도 인간으로서 본성을 유지하는 일이 중요하다. 한 떨기 연꽃처럼 혼탁한 연못 안에서도 그 더러움에 물들지 않고, 깨끗한 빗물에 씻기어도 순수함을 유지할 수 있다면 이것이 바로 군자가 되는 길이다.

굴원屈原은 전국戰國시대 초楚나라의 문학가이자 정치가로, 임금에게 충성을 다하고 나라를 사랑하는 마음이 지극했으나, 간신들의 모함을 받아 조정에서 억울하게 쫓겨났다. 그 후 굴원은 언제나 애타는 마음으로 나라를 걱정하느라 초췌한 모습으로 천하를 떠돌아다녔다. 특히 그는 푸른 하늘을 바라볼 때마다 한숨을 내쉬고 자신의 마음을 토로하며 울부짖었다.

어느 날, 한 어부가 속세를 떠나 고기를 잡으며 살아가는 굴원에게 물었다.

"당신은 삼려대부三閭大夫가 아니십니까? 어쩌다가 이런 처지가 되셨습니까?"

"온 세상이 더러운데 나 혼자 깨끗하고, 모든 사람들이 취해 있는데 나 혼자 멀쩡히 깨어 있으니 이렇게 쫓겨날 수밖에요."

"총명한 사람은 자기 생각만 고집할 것이 아니라 시대 흐름에 순응할 줄 알아야 합니다. 온 세상이 더럽다면 그것에 옳고 그름의 기준을 맞추고 그들과 한 편이 되면 되지 않겠습니까? 모든 사람이 취했다면 당신도 그들이 먹다 남은 술지게미를 마시고 그들과 함께 취하면 되지 않겠습니까? 어째서 고집스럽게 미덕만을 지켜야 한다고 생각하십니까?"

굴원은 어부의 반박에 자신의 생각을 말했다.

"방금 머리를 감은 사람은 모자에 묻은 먼지를 떨어내고, 방금 깨끗이 목욕을 한 사람은 옷에 묻은 먼지를 떨어내야 한다고 했습니다. 어찌 깨끗한 몸으로 세상의 더러움과 가까이 할 수 있겠습니까? 나는 차라리 강물에 뛰어들어 물고기밥이 될지언정 깨끗한 마음을 속세의 먼지로 더럽히지는 않을 것이오."

어부는 희미한 웃음을 남기고 고개를 흔들며 떠나갔다. 그 후 굴원은 「회사懷沙」라는 시를 지은 후, 돌을 품고 멱라강汨羅江에 몸을 던져 스스로 목숨을 끊었다.

굴원은 평생 나라를 위해 재능을 펼쳐 일할 기회를 얻지 못했지만, 끝까지 고결하고 꿋꿋하게 지조를 지켰다. 그는 절대 권력에 타협하거나 속세의 무리와 어울리지 않음으로써 권모술수에 현혹되지 않은 채 고결한 뜻을 지켰다.

쓴소리는 마음의 녹을 벗기는 숫돌이고
아첨하는 소리는 마음을 미혹하는 독주이다

耳中常聞逆耳之言 心中常有拂心之事 纔是進德修行的砥石.
이중상문역이지언 심중상유불심지사 재시진덕수행적지석
若言言悅耳 事事快心 便把此生埋在鴆毒中矣.
약언언열이 사사쾌심 변파차생매재짐독중의

역 문

항상 귀에 거슬리는 말만 들리고 마음에 거리끼는 일만 있다면, 이것은 덕을 쌓고 수양하는 데 숫돌의 역할을 한다. 만일 귀를 즐겁게 하는 말만 들리고 하는 일마다 마음을 즐겁게 한다면, 이것은 자신을 독주에 빠져들게 한다.

예 화

"좋은 약은 입에 쓰지만 몸에는 이롭고, 진심이 담긴 충고는 귀에 거슬리지만 행실에는 이롭다."는 속담이 있다. 누군가 당신 곁에서 언행이 일치될 수 있도록 끊임없이 일깨워주고, 항상 맑은 정신으로 올바르게 일처리를 할 수 있도록 인도해준다면 큰 복을 받은 사람임에 분명하다.

    삼국시대 오吳나라 손권孫權이 왕위에 오른 지 얼마 되지 않았을 때였다. 손권은 아첨을 일삼는 간사한 무리의 꼬임에 빠져 유흥과 오락에 취했다. 그러나 다행히 충신 장소張昭의 간언으로 다시 올바른 정신을 되찾았다.

    하루는 손권이 무창武昌의 호숫가에 신하들을 모두 모아놓고 연회를 벌였다. 이미 술을 너무 많이 마셔 거나하게 취한 손권이 말했다.

"오늘은 모두 완전히 곯아떨어질 때까지 마셔 보자."

그러자 장소는 조용히 자리에서 일어나 연회장을 나와 수레에 올랐다. 손권은 장소가 나가는 것을 보고 사람을 시켜 그를 다시 불러온 뒤 물었다.

"그저 한바탕 즐겁게 놀아보자는 것뿐인데, 자네는 왜 그렇게 화를 내는가?"

"옛날 상商나라 주왕(紂王, 상나라 마지막 왕으로 폭군의 대명사임—옮긴이)도 이렇게 유흥을 즐겼다는데, 주군께서는 주왕도 나쁘지 않다고 하시겠습니까?"

그 순간 손권은 부끄러워하며 즉시 술자리를 정리했다.

장소의 곧고 진실한 마음은 손권에게 공손연公孫淵과 연합하지 말라고 충고했던 일에도 잘 나타나 있다. 요동遼東의 공손연이 위魏나라에 밀리자, 스스로 손권의 신하를 자처하며 그에게 지원을 요청해 왔다.

그러자 손권은 즉시 군대를 파견해 공손연을 도우려 했다. 이때 장소가 나서서 충고했다.

"공손연은 위나라 조조를 배반하고 오히려 그에게 복수를 하려 하고 있습니다. 지금 공손연이 이렇게 멀리까지 사람을 보내와 도움을 요청하고 있으나, 이것은 그의 진심이 절대로 아닙니다. 만일 공손연이 또다시 변심하여 위나라 신하를 자처한다면, 주군은 천하의 웃음거리가 될 것입니다."

그러나 손권은 자신의 뜻을 굽히지 않고 장미張彌와 허안許晏을 요동으로 파견했다. 이에 장소는 병을 핑계삼아 조정을 떠났다. 손권 역시 이런 장소를 미워하여, 그의 집 대문 앞에 흙을 쌓아 문을 막아버렸다. 그러자 장소 역시 대문 안쪽에 흙을 쌓아 문을 막아버렸다.

얼마 후, 공손연은 과연 장미와 허안을 죽이고 손권을 배반했다. 그제야 잘못을 깨달은 손권은 장소의 집에 직접 찾아가 그에게 진심으로 사과했고, 장소는 다시 조정에 복귀했다. 손권은 장소의 충언이 있었기에 늦지 않게 자신의 잘못을 깨달아 스스로 반성하고 잘못을 바로잡아 기반을 다질 수 있었다.

온화한 기운은 초목을 자라게 하고
따뜻한 인심은 사람을 모이게 한다

疾風怒雨 禽鳥戚戚 霽日光風 草木欣欣.
질풍노우 금조척척 제일광풍 초목흔흔
可見天地不可一日無和氣 人心不可一日無喜神.
가견천지불가일일무화기 인심불가일일무희신

역 문

거센 바람과 성난 비에 온갖 새와 짐승은 모두 몸을 사린다. 맑은 태양과 따뜻한 바람에는 풀과 나무도 기뻐한다. 그러므로 하늘과 땅의 따뜻한 기운이 없다면, 이 세상이 하루도 존재하지 못하는 것처럼 사람의 마음에도 하루라도 기쁨이 없어서는 안 됨을 알아야 한다.

예 화

중국 전통 문화 중 가장 숭배되어 온 사상이 바로 '화和'가 아닐까 싶다. '따뜻한 바람과 가랑비和風細雨', '시원한 바람과 밝은 태양光風霽日'은 우리에게 얼마나 따뜻하고 친근한 느낌을 주는가? 반면 '거센 바람과 폭우', '천둥 번개'는 우리의 간담을 서늘하게 만드니 저절로 피하고 멀리하고 싶어진다. 사람의 성품 또한 이와 같다. 전자와 같이 온화한 성품을 지닌 사람이라면 누구나 친해지고 싶어하겠지만, 후자처럼 난폭한 사람이라면 모두가 두려워 피할 수밖에 없다.

'화和'는 중국인들이 숭배하는 삶의 최고 경지이다. "화를 중시하라", "중화中和를 실현하라", "웃는 얼굴이 부를 가져다준다和氣生財"는 등의 표현은 모두 '화'에 대한 중국인의 생각을 담고 있다.

한漢고조 유방劉邦이 군사를 일으킬 당시 그의 후덕하고 활달한 성품을 보고 한신韓信과 소하蕭何 등 수많은 인재들이 모여들었다. 그러나 유방은 천하를 제패한 후 '화기和氣'를 잃었고, 결국 수많은 공신들을 죽음으로 몰아넣었다. 이를 지켜본 충신과 모사들이 모두 조정을 떠나 강산에 은거하니, 유방은 말 그대로 고독한 군주가 될 수밖에 없었다.

어느 날, 고향으로 금의환향한 유방은 고향의 형제와 친척들을 모두 불러모아 성대한 연회를 베풀었다. 그리고 소년 120여 명을 불러모아 노래를 부르게 했다. 좀 더 취기가 오르자 유방은 축(筑, 거문고와 비슷한 현악기—옮긴이)을 뜯으며 자작시를 읊조렸다.

"큰 바람이 일어 구름이 사방을 휩싸고, 위세가 천하에 더하여져서 고향에 돌아오니, 어찌 천하의 맹사猛士를 얻어 사방을 지키지 않겠는가?"

유방은 이 시를 소년들에게 합창하게 하고 자신은 노래에 맞추어 춤을 추기 시작했다. 유방은 외롭고 괴로운 현실 속에서 그리운 과거를 떠올리자 만감이 교차했고, 흐르는 눈물을 주체할 수 없었다.

유방이「대풍가大風歌」를 지어 불렀을 때, 그는 이미 천하를 평정한 후였지만 주변에 남은 사람은 친족뿐이었고, 그 옛날 함께 천하를 평정하고 새로운 나라를 세운 공신들은 전부 사라지고 없었다. 마치 사나운 폭풍우가 몰아쳐 새와 짐승들을 모두 흩어지게 하여 정적만 남은 숲과 다를 바 없었다.

유방은「대풍가」를 읊조리면서 옛날 뜻을 같이 했던 이들과 함께 온갖 어려움을 이겨내고 천하를 평정한 일을 떠올리며 애처롭게 눈물만 흘렸다. 천하를 제패한 유방이 유일하게 이루지 못한 것이 있었으니, 바로 따뜻한 기운이 넘치는 군신 관계였다.

담백함 속에 진정한 맛이 있고
평범함 속에 진심이 있다

醲肥辛甘非眞味 眞味只是淡
예비신감비진미 진미지시담
神奇卓異非至人 至人只是常.
신기탁이비지인 지인지시상

역 문

잘 익은 술, 기름진 고기, 맵고 단 것이 음식의 참맛이 아니다. 참맛이란 오직 담백함뿐이다. 신기하고 특별한 재주를 지녔다고 해서 세상의 이치를 아는 사람이 아니다. 세상의 이치를 아는 사람은 오직 평범할 뿐이다.

예 화

사람 됨됨이는 너무 농후하기보다는 담박한 편이 좋다. 음식의 맛도 담백해야 진정한 맛을 느낄 수 있듯이 사람도 담박해야 타고난 본성을 지킬 수 있기 때문이다.

한자어 중에 '담淡'이라는 글자와 조합되는 단어들은 대부분 맑고 깨끗하며 고상한 정신세계를 의미한다. 담아(淡雅, 깨끗하고 우아하다), 담박(淡泊, 욕심 없이 깨끗하다), 청담(淸淡, 산뜻하다, 담백하다) 등은 모두 자연스럽고 친숙한 느낌을 준다. "군자는 사람을 사귈 때 맑은 물처럼 깨끗해야 한다."는 말은 군자가 술과 고기의 진한 맛을 즐기는 사람과 다르게 담백함 중에 진심을 담고 있음을 뜻한다.

농관醲寬은 서한西漢 사람으로, 한무제 때 어사대부御使大夫를 지냈고, 사마천司馬遷 등과 함께 '태초력太初歷'을 만들었다. 어린 시절에는 구양생歐陽生과 함께 『상서尙書』를 독파했고, 군국君國의 추천으로 관리가 된 후, 박사博士 공안국孔安國의 가르침을 받았다. 농관은 집이 매우 가난했기 때문에 다른 학생들의 밥을 해주며 학비를 마련했다. 비록 온갖 허드렛일에 힘든 농사일까지 해야 했지만, 언제나 책 읽기를 게을리 하지 않았다. 그는 잠시라도 짬이 나면 어김없이 책을 펼쳐 들었다. 농관은 학문을 좋아하며 맑고 깨끗한 진심을 지닌 사람이었다.

범왕(範汪, 301~365)은 진晉나라의 문학가로, 자는 현평玄平이고, 남양南陽 사람이다. 그의 집안은 부유했으나 그가 태어난 지 얼마 되지 않아 아버지가 세상을 떠났고, 가세는 점점 기울어졌다.

그는 어머니와 함께 서로를 의지하며 힘들게 생활을 이어갔다. 범왕의 어머니는 학식과 교양이 매우 높아 아들이 학문에 정진할 수 있도록 직접 글을 가르치고 책을 읽게 했다. 범왕은 본래 총명함을 타고난 데다가 어머니의 정성스런 가르침까지 받자 곧 뛰어난 서예가로 성장했다.

그러나 집안 형편이 여전히 어려웠기 때문에 다른 사람 대신 글을 쓰거나 책을 베껴 써주면서 집안 살림에 필요한 돈을 벌어야 했다. 그는 오랫동안 방안에 책을 쌓아 놓고 베껴 쓰는 일을 했는데, 등불에 기름이 떨어지면 대신 나무를 태워 불을 밝혔다. 이렇게 책을 읽고 베껴 쓰는 동안 범왕은 그 내용을 마음속에 깊이 새기게 되어 뛰어난 학식을 지닌 위대한 학자가 될 수 있었다.

한편 농관은 만년에 강남江南지역에 서당을 열고 학생들을 가르치는 등 지역 문화교육 사업에 크게 이바지했다.

"책을 읽는 데는 세 가지 묘미가 있으나 겉으로 보기에는 평범해 보일 뿐이다."는 말이 있으니, 이는 세밀히 연구하고 여러 번 음미하면, 그 안에 담긴 진실이 마음속에 오래도록 긴 여운을 남긴다는 의미일 것이다. 옛말에 "채근을 씹으면 모든 일을 다 할 수 있다."고 했다. 책을 읽을 때 여러 번 반복하여 그 깊은 뜻을 이해할 수 있다면, 그 안에서 얻는 즐거움은 끝이 없을 것이다.

여유로울 때 긴장을 늦추지 말고
긴박할수록 여유를 가져라

天地寂然不動 而氣機無息稍停 日月晝夜奔馳 而貞明萬古不易.
천지적연부동 이기기무식초정 일월주야분치 이정명만고불역
故君子閑時要有喫緊的心事 忙處要有悠閑的趣味.
고군자한시요유끽긴적심사 망처요유유한적취미

역 문

하늘과 땅은 고요해 보이나 사실 잠시도 쉬지 않고 움직인다. 해와 달은 밤낮을 번갈아가며 끊임없이 자리를 바꾸지만 그 빛은 예나 지금이나 변함이 없다. 자고로 군자는 한가로울 때 위급함에 대비하고 긴박할 때 여유 있게 자신을 되돌아본다.

예 화

음양陰陽, 정반正反, 희비喜悲 등과 같이 서로 모순되는 뜻을 가진 단어들이 모두 모여야 비로소 조화로운 세상이 된다. 이처럼 다양하고 모순적인 단어들은 결국 '도道'라는 하나의 의미로 귀결된다.

지혜로운 사람은 망중한忙中閑의 의미를 이해하고, 한가로울 때 위급함을 대비할 줄 안다. 이렇게 하면 능률을 올릴 수 있고, 일하면서 생기는 스트레스도 줄일 수 있기 때문이다.

사람들은 인생의 변화무쌍함을 바둑판의 형세에 비유한다. 인생은 바둑을 두는 것처럼 겉으로는 한가로워 보인다. 그러나 바둑판에는 한가로울 때 위급함에 대비하고 긴박할수록 여유를 가져야 하는 생활의 법칙 이외에도 병법이나 치국의 도가 내포되어 있다.

역사를 살펴보면 위魏무제武帝 조조가 바둑을 아주 잘 두었다고 전해지며, 그의 아들 조비曹丕 또한 아버지 못지않은 바둑 실력을 지녔다고 한다.

촉한蜀漢의 장수 비의費禕는 위태로운 나라를 구해내야 하는 막중한 임무를 부여받았다. 그가 군대를 이끌고 전쟁터로 출발하려는 순간, 누군가 그에게 바둑을 두자고 청했다. 선뜻 수락한 비의는 전쟁터를 힘차게 누비는 훌륭한 지휘관처럼 바둑을 두었다. 그 후 비의는 과연 전쟁에 나가서도 큰 승리를 거두었다.

동진東晉의 재상 사안謝安은 전진前秦의 황제 부견苻堅이 공격을 해오자 조카 사현謝玄에게 군사를 내주며 나가 싸우도록 했다. 사현이 한창 격전을 치르고 있을 때, 사안에게 전방의 위급한 상황을 알리는 보고가 들어왔다.

그러나 사안은 전혀 동요하지 않고 두고 있던 바둑판에 열중했다. 잠시 후, 바둑 두기를 끝낸 사안은 "사현이 이미 승리를 거두었을 것이오."라고 말했다. 사람들은 위기 앞에서도 전혀 동요하지 않는 사안의 대범함에 크게 탄복했다.

반고班固는 바둑에 관해 "바둑판은 네모반듯하니, 이것은 땅의 모양을 본뜬 것이요, 바둑판의 줄은 바르고 곧으니 이는 신명한 덕이다. 바둑에는 백돌과 흑돌이 있으니 이는 음양을 나누어 놓은 것이며, 나란히 벌려 놓은 포석은 천문天文을 본받았다."라고 정의를 내렸다.

이 말은 『채근담』에서 "하늘과 땅은 고요해 보이나 사실 잠시도 쉬지 않고 움직인다. 해와 달은 밤낮을 번갈아가며 끊임없이 자리를 바꾸지만 그 빛은 예나 지금이나 변함없다."라고 말한 것과 비슷한 의미이다. 바둑을 두면 여유로운 순간에도 긴장을 늦추지 않고 긴박한 상황에서도 여유를 즐길 줄 알게 되니, 다양한 인생의 예지를 얻을 수 있다.

마음을 가라앉히면 헛된 망상이 사라지고
본성을 찾으면 유쾌한 기억이 살아난다

夜深人靜獨坐觀心 始覺妄窮而眞獨露 每於此中得大機趣
야심인정독좌관심 시각망궁이진독로 매어차중득대기취
旣覺眞現而妄難逃 又於此中得大慙忸.
기각진현이망난도 우어차중득대참뉴

역 문

모두가 잠들어 고요하고 깊은 밤에 홀로 앉아 자신의 마음을 들여다보면, 비로소 허망한 생각이 사라지고 참된 본성이 나타나는 것을 느낄 수 있으니, 바로 이런 가운데 커다란 진리를 얻을 수 있다. 그러나 참된 본성이 나타나는 것을 느끼면서도 허망한 생각에서 벗어나기 어려운 마음이 들면, 커다란 수치심을 맛보게 된다.

예 화

사람들은 언제나 성공과 실패에 집착하기 때문에 이처럼 복잡하고 어지러운 세상 속에서 방황할 수밖에 없다. 이럴 때 조용히 여유를 두고 자신을 깊이 반성해 보면, 인생에서 중요한 무언가를 잊고 살았음을 스스로 깨닫게 될 것이다.

　이렇게 참된 본성이 깨어나기 시작하면, 우리는 잊고 있던 지난 시절의 유쾌하고 평화로웠던 기억을 떠올릴 수 있고, 이런 행복한 추억들은 지금 현실에서 힘든 일을 겪고 있는 우리가 너무 슬퍼하거나 걱정하지 않을 수 있도록 도와준다.

　초楚나라 재상이었던 손숙오孫叔敖는 우맹優孟이 어진 성품과 뛰어난 재능을 지닌 인재임을 알아보고, 평소 그에게 잘해 주었다. 어느 날, 손숙오는 자신의 병이 더욱 깊어지자 얼마 살지 못할 것을 예감하고 아들을 불러 이렇게 당부했다.

"내가 죽고 나면 너는 분명히 궁핍하게 살아갈 것이다. 훗날 만일 우맹을 만나거든 '저는 손숙오의 아들입니다.' 라고 말하여라."

손숙오가 죽은 후, 그의 아들은 과연 아주 가난한 생활을 이어갔다. 그는 땔나무를 주워다 팔며 하루하루 간신히 입에 풀칠을 했다. 그러던 어느 날, 길에서 우연히 우맹을 만나자 아버지가 일렀던 대로 그에게 말했다.

이 말을 들은 우맹은 이렇게 말했다.

"너는 멀리 가지 말고 잠시 기다려라."

이날 이후 우맹은 손숙오가 생전에 입었던 옷과 똑같은 옷을 입고 손숙오를 흉내내기 시작했다. 채 1년이 지나지 않아 우맹은 손숙오라 해도 누구나 믿을 정도가 되었고, 왕과 주변 사람들도 헷갈리기 시작했다.

어느 날 장왕莊王이 연회를 베풀자, 우맹은 손숙오로 분장을 하고 왕에게 술잔을 올렸다. 그러자 장왕은 손숙오가 다시 살아난 줄 알고 대경실색했다.

얼마 후, 장왕은 우맹을 재상으로 임명하고자 했다. 이에 우맹이 말했다.

"아내와 상의할 수 있도록 시간을 주십시오. 3일 후에 말씀드리겠습니다."

이윽고 3일 후 장왕은 그를 보자마자 황급히 물었다.

"자네 아내가 뭐라고 하던가?"

"아내는 초나라 재상은 별로 할 만한 것이 못 되니 하지 않는 게 좋겠다고 말했습니다. 지난날 초나라가 제후국들을 아우르고 천하를 제패할 수 있었던 것은 손숙오가 재상으로서 나라를 위해 많은 공을 세웠기 때문입니다. 그러나 그가 병으로 세상을 떠난 후, 지금 그의 아들은 송곳 하나 세울 땅이 없어 땔나무를 주워다 팔면서 겨우 입에 풀칠을 하고 있습니다."

장왕은 이 말을 듣고 깊이 반성하며, 손숙오의 아들에게 봉록과 토지를 하사했다. 한편 우맹도 손숙오를 흉내낸 덕분에 장왕에게 더 큰 총애를 받게 되었다.

만족스러울수록 자신을 돌아보고
실망스러울수록 뜻을 굳건히 하라

恩裡由來生害 故快意時 須早回首
은리유래생해 고쾌의시 수조회수
敗後或反成功 故拂心處 莫便放手.
패후혹반성공 고불심처 막편방수

역 문

은혜로울 때 재앙이 생겨나는 것이니, 모든 일이 만족스러울 때 반드시 주변을 돌아볼 줄 알아야 한다. 실패 후에 성공이 뒤따라오는 것이니, 절대 뜻대로 되지 않는다고 해서 쉽게 포기하지 말라.

예 화

인생에서 얻어야 할 가장 중요한 깨달음은 적당한 시기에 물러설 줄 알고, 시련에 부딪쳤을 때 다시 용기를 내어 도전할 줄 아는 자세를 갖춰야 한다는 것이다. 지금 우리 주변에는 지나친 탐욕과 사악함으로 이미 자기가 가진 것에 만족하지 못하고 남의 소유를 빼앗아 더 큰 이익을 챙기고 싶어하는 사람들이 너무나 많다.

그러나 이들은 대부분 지나친 욕심 때문에 결국 원래 가지고 있던 명예와 재물마저도 잃고 만다. 또 어떤 사람들은 시련에 부딪쳐 그대로 주저앉아 모든 것을 포기한다. 이처럼 인생의 가장 중요한 깨달음을 얻지 못해 평생 아무것도 이루지 못하는 사람들이 많다는 사실은 정말 안타까운 일이다.

공융孔融은 자가 문거文擧이고, 공자孔子의 24대손이다. 그는 열 살 때 아버지를 따라 낙양洛陽에 사는 이응李膺을 방문한 적이 있었다. 그 당시 이응은 높은 관직에 있으면서 명성이 대단했기 때문에 그와 교류하는 사람들도 모두 이름난 사람들이었다.

공융이 자신을 이응의 친척이라고 소개하자 의아한 이응이 그 이유를 물었다. 그러자 공융이 대답했다.

"저의 조상이신 공자와 대감의 조상이신 노자老子가 사제관계이니, 우리는 대대로 친척이 되지 않겠습니까?"

당시 그 자리에서 있던 사람들은 모두 그의 재치에 감탄했고, 이날 이후 공융의 명성이 널리 퍼져 나갔다. 이후에도 공융은 재치와 기지가 넘치는 아이로 소문이 자자했으며, 성인이 된 후에는 중랑장中郞將을 거쳐 북해北海 태수에 올랐다.

후에 조조가 공융을 대장大將으로 초빙하려 했으나, 그는 그 자리에 예형禰衡을 추천했다. 그러나 후에 예형이 조조를 모욕한 것 때문에 공융까지 조조의 미움을 샀다. 이런 상황에서 공융이 유비는 한 왕실의 종친이니, 그를 공격하면 안 된다고 말하자 조조는 더 이상 참을 수가 없었다. 때마침 어사대부 치려郗慮가 공융을 모함하니, 자신의 재능만 믿고 오만하게 행동했던 그는 결국 조조의 손에 죽고 말았다.

공융이 조조 앞에서 지나치게 잘난 척하지 않고 재능을 뽐내지 않았다면, 또 남들에게 너무 바른 말만 하지 않았다면, 한평생 편안히 살 수 있었을 것이다. 그러나 공융은 너무 자만하여 결국 화를 자초하고 말았으니, 그의 재능이 안타까울 뿐이다.

곧은 의지는 시련 속에서 뭉쳐지고
좋은 뜻은 탐욕 안에서 흩어진다

藜口莧腸者 多氷淸玉潔 袞衣玉食者 甘婢膝奴顔
여구현장자 다빙청옥결 곤의옥식자 감비슬노안
蓋志以澹泊明 而節從肥甘喪也.
개지이담박명 이절종비감상야

역문

명아주로 입을 달래고 비름나물로 창자를 채우는 사람은 대부분 얼음처럼 맑고 옥구슬처럼 깨끗한 마음을 지녔다. 그러나 비단옷을 입고 맛좋은 음식을 먹는 사람들은 권력 앞에 비굴하게 무릎 꿇고 종노릇을 마다하지 않는다. 사람의 마음은 맑고 깨끗해야 지조를 지킬 수 있고, 부귀를 탐내면 절개를 잃는다.

예화

"마음이 편안하면 초가집도 편안하게 느껴지고, 성품이 바르면 풀뿌리도 향기롭다."는 말이 있다. 욕심이 없어야 진정한 자유를 얻는다. 그래서 중국의 수많은 명사들은 자연 속에 파묻혀 모든 욕심을 버리고 자유로운 삶을 선택했다.

이런 관점에서 볼 때, 삼국시대 병원邴原의 청렴함은 후대 사람들의 칭송을 받기에 전혀 부족함이 없다. 병원은 가난한 생활 속에서 힘들게 학문에 정진하여 위대한 인물이 된 대표적인 인물이다.

병원은 삼국시대 위나라의 유명한 학자이다. 그는 학문적으로 뛰어난 성취를 이루었을 뿐 아니라, 명예와 이익을 멀리하여 인격적으로도 훌륭했다. 그런데 어린 나이에 부모를 잃어 배움의 기회조차 얻을 수가 없던 그가 어떻게 이처럼 훌륭하게 되었을까.

어느 날, 한 서당에서 한창 수업을 진행하던 선생의 귀에 갑자기 울음소리가 들려왔다. 이를 이상히 여긴 선생이 창밖을 살펴보니, 그곳에 병원이 몰래 교실 안을 훔쳐보며 울고 있었다. 선생은 병원의 불쌍한 모습에 가슴 아파하며 물었다.

"왜 그렇게 슬피 우느냐."

병원은 소매로 눈물을 훔치며, 선생에게 말했다.

"저의 집은 여기에서 아주 가깝습니다. 매일 이곳 학생들이 책 읽는 소리를 들을 때마다 이 아이들처럼 공부하고 싶은 마음이 굴뚝같지만, 저는 의지할 데 없는 고아이기 때문에 학비를 낼 수 없는 처지입니다. 이런 생각을 하니 너무 괴로워서 저도 모르게 울음이 터져 나왔습니다."

선생은 병원의 진심에 감동하여 특별히 학비를 받지 않고 공부를 할 수 있게 해 주었다. 이후 선생은 병원을 가르치면서 그의 총명함에 놀라움을 금치 못했다. 겨우 한 해 겨울이 지났을 뿐인데, 병원은 『논어論語』와 『효경孝經』 두 편의 경서를 완벽하게 독파했던 것이다.

병원은 서당 학업 과정을 수료한 후, 고향을 떠나 천하에 이름난 학자들을 찾아다니기 시작했다. 8, 9년쯤 지나자 병원의 학문이 크게 성장해 당대의 유명한 학자들과 어깨를 나란히 할 정도가 되었다. 그가 고향으로 돌아와 자리를 잡자 그의 가르침을 받고자 하는 청년들이 전국 방방곡곡에서 몰려들었다.

병원은 비록 가난한 집안에서 태어나 힘들고 고달프게 생활했지만 끝까지 학문을 포기하지 않았다. 가난한 생활은 병원의 의지를 더욱 강하게 단련시켜 결국 그를 훌륭한 학자로 만들었다. 병원의 삶은 바로 "매화 향기는 한겨울의 고통과 추위를 이겨내면서 만들어진다."는 시구 그 자체였다.

마음의 길을 좁히면 세상의 불평이 몰려들고
마음의 길을 넓히면 세상의 인심이 굴복한다

面前的田地 要放得寬 使人無不平之歎
면전적전지 요방득관 사인무불평지탄
身後的惠澤 要流得久 使人有不匱之思.
신후적혜택 요류득구 사인유불궤지사

역 문

살아 있을 때 마음을 넓게 하여 다른 사람의 불평을 듣지 않아야 한다. 죽은 뒤의 은혜는 길게 이어지게 하여 사람들이 부족하다는 생각을 하지 않게 해야 한다.

예 화

'세상'은 그 사람이 지닌 도량, 식견, 역량에 따라 달라질 수 있다. 식견은 조금 더 높고, 도량은 조금 더 넓고, 역량은 조금 더 클수록 좋다. 성실히 맡은 바 임무를 다하고 눈앞의 작은 유혹이나 시련에 흔들리지 말라. 항상 신중하게 생각하고 조심스럽게 행동하면서, 더 높이 더 멀리 내다볼 수 있는 넓은 식견을 키우는 것이 바로 성공의 열쇠이다.

주매신朱買臣은 자가 옹자翁子이고 서한시대 회계會稽 사람이다. 젊은 시절 주매신은 책읽기만 좋아하고 가정을 제대로 돌보지 않았으니, 집안 형편은 날로 궁핍해질 수밖에 없었다. 그는 땔나무를 주워다 판 돈으로 간신히 생계를 유지할 정도로 곤궁했으나, 땔나무를 지고 가면서도 입으로는 항상 경전을 읊조릴 만큼 학문을 좋아했다.

주매신의 아내도 나무를 지고 그 뒤를 따랐는데, 그녀는 이런 그의 모습이 너무나 창피하게 느껴졌다. 그래서 주매신에게 제발 길에서 책을 읽지 말라고 부탁했으나, 그는 아내의 말을 무시하고 오히려 더 큰 목소리로 책을 낭독했다. 아내는 주매신과 부부로 사는 것이 부끄럽고 곤궁한 생활을 더 이상 참을 수 없어, 다른 곳으로 시집을 갔다.

얼마 뒤 주매신은 같은 고향 사람 장조莊助의 추천을 받아 무제武帝에게 등용되었다. 주매신이 회계 태수太守에 임명되어, 부임지에 이르자 길에는 많은 환영 인파가 몰려들었고, 현리縣吏가 나와 그를 맞이했다. 수레와 마차 행렬이 끝없이 이어지니 그야말로 일대 장관을 이루었다.

이때 주매신은 환영 인파 속에서 전처와 그녀의 남편을 발견하고는 뒤따르는 수레에 타도록 했다. 태수 관사에 도착하자, 그는 두 사람에게 거처를 마련해주고 음식을 대접했다. 그렇게 한 달이 지난 어느 날, 주매신의 전처는 너무나 후회스럽고 부끄러운 마음에 목을 매 자살하고 말았다. 상황이 그러하자 주매신은 그녀의 남편에게 넉넉히 돈을 주어 부족함 없이 장사를 치를 수 있게 해주었다.

주매신은 항상 안빈낙도의 삶을 추구했으므로 나무를 지고 가면서도 즐거운 마음으로 시를 읊조릴 수 있었다. 그는 끝이 보이지 않는 들판처럼 넓은 도량과 너그러운 마음을 지녔다. 동시에 최선을 다해 재능을 키워야 한다는 명확한 의지가 있어서 열심히 책을 읽고 학문에 매진할 수 있었다.

우리가 타고난 복은 마치 가늘고 약한 물줄기가 오랫동안 흐르면서 그 자리에 도랑이 생기는 것처럼 오랜 노력을 한 뒤에야 비로소 모습을 드러낸다. 따라서 복을 누리기 전에 온갖 좌절과 어려움을 겪는 것은 지극히 당연한 인생의 일부분이다. 어떤 순간에도 평온한 마음과 온화한 태도를 잃지 않고 갖은 어려움을 극복해 나간다면 곧 모든 걱정거리가 사라질 것이다.

양보는 나를 지키는 튼튼한 갑옷이고
자선은 세상을 구하는 훌륭한 보약이다

徑路窄處 留一步與人行 滋味濃的 減三分讓人嘗.
경로착처 유일보여인행 자미농적 감삼분양인상
此是涉世一極安樂法.
차시섭세일극안락법

역문

좁은 길에서는 한 걸음 양보하여 상대방을 먼저 지나가게 하라. 맛있는 음식이 있으면 다른 사람에게 나누어주고 함께 즐겨라. 이것이 바로 세상을 가장 편안하게 살아가는 방법 중 하나이다.

예화

"뒤로 물러나면서 오히려 자신을 지킬 수 있고, 양보함으로써 오히려 상대를 공격할 수 있다."는 말은 인내와 양보의 중요함을 말한 것이다. 만일 일이 잘 안 풀린다는 생각이 든다면 한 걸음 물러서서 냉정하고 침착하게 생각해 보라. 세 번 더 생각하고 난 후 조심스럽게 행동으로 옮긴다면 훨씬 현명한 선택을 할 수 있다.

『채근담』에서 말하길, "좁은 길에서는 한 걸음 양보하여 상대방을 먼저 지나가게 하라. 맛있는 음식이 있으면 다른 사람에게 나누어주고 함께 즐겨라."라고 했다. 언제 어디서나 남을 먼저 생각하고 배려하는 사람은 고상하고 자유로운 경지에 오를 수 있다. 그곳은 온 천지가 맑고 깨끗한 고결한 세상이다.

「장상화(將相和, 명장과 명재상이 화해하다—옮긴이)」는 이처럼 인내와 양보를 중시하는 중국인의 사상이 반영된 중국 전통 경극이다.

민지澠池 대연회 이후, 조趙왕은 인상여藺相如의 공로를 높이 인정하여 그를 상경上卿에 임명했다. 이는 백전노장 염파廉頗보다 높은 관직이었다. 염파는 피바람이 몰아치는 전쟁터를 누비며 수많은 공을 세운 자신의 관직이 인상여보다 낮다고 생각하니 자연히 심기가 불편해졌다.

그래서 "인상여를 만나면 절대 가만두지 않겠다!'고 공공연히 말했다. 인상여는 이 말을 전해 듣고 최대한 염파와 만나지 않도록 피해 다녔다. 심지어 염파와의 논쟁에 휘말리지 않기 위해 병을 핑계로 조정에도 나가지 않았다.

어느 날, 인상여는 시종들을 거느리고 행차를 나갔다가 멀리서 염파의 마차가 보이자 얼른 자신의 수레를 돌려 구석진 길로 피해 숨었다. 그러자 인상여의 하인들은 매우 불만스러워하며 투덜거렸다. 이때 인상여가 하인들에게 물었다.

"너희들은 염파장군과 진왕秦王 중 누가 더 무서우냐?"

"당연히 진왕이 더 무섭지요."

하인들이 이구동성으로 대답하자 인상여가 말했다.

"수많은 사람들 앞에서 위세당당한 진왕을 꾸짖은 내가 염파장군을 무서워할 것 같으냐? 그러나 나는 이렇게 생각한다. 진나라가 강력한 군대를 가지고서도 감히 조나라를 넘보지 못하는 이유는 바로 우리 두 사람이 있기 때문이다. 만일 우리 두 사람이 싸우기 시작하면 진나라가 이 기회를 틈타 우리 조나라에 쳐들어올 것이다. 나는 국가의 안위를 위해 이런 모욕쯤은 충분히 참을 수 있다."

후에 염파는 인상여의 진심을 전해 듣고 부끄러움을 감출 수가 없었다. 염파는 당장 윗옷을 벗은 채 싸리나무를 짊어지고 인상여를 찾아가 사죄했다. 이에 인상여도 염파를 보고 황급히 무릎을 꿇으니, 두 사람은 함께 진심을 터놓고 이야기할 수 있게 되었고, 이때부터 깊은 우정을 쌓아 나갔다. 사사로운 원한을 버리고 너그러운 마음을 품으면 스스로 편안해질 뿐만 아니라 사람들에게 존경을 받는다.

속세에서 벗어나면 명예를 세울 수 있고
물질의 욕심을 버리면 성인이 될 수 있다

作人無甚高遠事業 擺脫得俗情 便入名流
작인무심고원사업 파탈득속정 편입명류
爲學無甚增益功夫 減除得物累 便超聖境.
위학무심증익공부 감제득물루 편초성경

역 문

인간으로서 뛰어난 업적을 세우지는 못하더라도 속세의 욕망에서 벗어날 수 있다면, 그것만으로도 이름을 헛되지 않게 할 수 있다. 학문을 하는 사람으로서 학업적인 성취를 이루지 못하더라도 물질의 욕심을 물리칠 수 있다면, 그것만으로도 충분히 성인의 경지에 오를 수 있다.

예 화

본성에 따라 자유롭게 행동하고 부와 권력에 얽매이지 않는 삶이야말로 가장 바람직한 인생이다. 먼저 마음에 거리낌이 없어야 행동에도 얽매임이 없다. 명예와 이익을 얻고자 하는 욕심에서 벗어나 정신적으로 감정적으로 자유로워진다면, 마치 구름이나 물이 흐르듯 세상을 자연스럽게 마음껏 방랑할 수 있으니, 이것이 바로 참된 인생이 아니겠는가.

　중국인들이 가장 좋아하는 중국 고대문학을 꼽으라면 단연 위진魏晉시대의 작품이다. 위진시대의 문학작품에는 인간의 자유로운 정신이 아주 잘 표현되어 있기 때문이다. 특히 인생의 신비로움과 최고의 즐거움을 표현하는 부분에서는 노장사상의 '무위자연'을 떠올리게 한다.

완적阮籍은 죽림칠현竹林七賢 중의 한 사람으로, 중국 문학계의 거장 중 한 명이다. 완적은 우매하고 도덕성을 상실한 위 왕조에 불만이 많았지만, 그렇다고 사마司馬씨가 세운 진晉나라에 빌붙고 싶지도 않았다. 그래서 늘 고주망태가 되도록 술을 마시고 기행을 일삼았다.

완적의 어머니가 세상을 떠나자 중서령中書令 배해裴楷가 그의 집에 조문하러 갔다. 완적은 늘 그랬듯 술에 만취하여 상복도 제대로 갖추지 않고 침상 위에 털썩 주저앉아 있었다. 배해는 완적이 곡을 할 기미가 보이지 않자 혼자서 곡을 한 뒤 말없이 돌아왔다. 그러한 모습을 본 누군가가 배해를 질책했다.

"조문을 할 때에는 먼저 상주가 곡을 한 후에 객이 조의를 표해야 합니다. 완적이 곡을 하지 않았는데, 대감이 먼저 곡을 하다니, 이런 법이 어디 있습니까?"

그러자 배해는 이렇게 대답했다.

"완적은 속세를 벗어난 사람이니 전통적인 예법에 신경 쓰지 않는 것입니다. 그러나 나는 속세의 사람이기 때문에 예법에 따라 곡을 했을 뿐입니다."

한편 완적의 이웃에 술을 파는 아름다운 여인이 살고 있었다. 완적과 왕융王戎은 그녀의 술집에서 자주 술을 마셨고, 그러다 취하면 종종 그녀 옆에 쓰러져 잠들었다. 의심이 매우 많은 그녀의 남편도 완적은 의심하지 않았다.

완적은 어디에도 얽매이지 않고 자유롭게 행동했지만 모든 일을 매우 신중하고 조심스럽게 처리했다. 그는 사람들과 이야기할 때 알쏭달쏭하면서 의미심장한 말을 즐겨 썼으며, 특히 다른 사람을 비난하는 말은 단 한마디도 하지 않았다. 당시 권력의 실세였던 종회鍾會가 완적을 눈엣가시처럼 여겨 죄를 뒤집어씌워 죽이려 했을 때에도 끝내 꼬투리를 잡지 못해 실패하고 말았다.

의로운 마음으로 친구를 사귀고
순수한 마음으로 세상을 대하라

交友須帶三分俠氣 做人要存一點素心.
교우수대삼분협기 주인요존일점소심

역 문

친구를 사귈 때에는 반드시 의로운 마음을 지녀야 하며, 인간의 도리를 지켜야 할 때에는 반드시 순수한 마음을 지녀야 한다.

예 화

"친구를 사귈 때에는 반드시 의로운 마음을 지녀야 하며, 인간의 도리를 지켜야 할 때에는 반드시 순수한 마음을 지녀야 한다."는 의미는 '충성스러운 마음과 의로운 용기忠肝義膽, 정의롭고 공평함正義無私' 이라는 여덟 글자로 요약할 수 있다.

'협俠' 은 아무 욕심 없는 순수하고 깨끗한 마음 상태로서 다른 사람의 어떤 어려움도 함께하고자 하는 정신이다. 여기에서 말하는 '깨끗한 마음' 이란 꾸밈없이 순수한, 즉 모든 사심을 내던진 마음의 경지이다.

옛날에 당숙唐肅이란 사람에게 정진공丁晉公이라는 절친한 친구가 있었다.

두 사람은 이웃에 살며 거의 매일 함께 바둑을 두거나 한담을 나누었다. 후에 정진공이 등용되어 재상에 오르자 당숙은 즉시 이사를 갔다. 주변 친구들은 모두 의아해하지 않을 수 없었다. 두 사람 사이에 도대체 무슨 문제가 생겼단 말인가?

사람들이 물어오자 당숙이 대답했다.

"우리의 오랜 우정을 지키기 위해서지요. 진공이 지금 재상이 되었으니, 나는 그를 만날 때마다 재상에 대한 예의를 갖추어야 합니다. 이것은 우리 두 사람 모두에게 너무나 부자연스러운 일이지요. 그렇다고 내가 그를 만나러 가지 않는다면 우리 사이는 소원해질 것이고, 진공 역시 이상하게 생각할 것입니다. 또한 만일 내가 예전처럼 그와 자주 왕래하고 친하게 지낸다면, 나를 잘 모르는 사람들은 내가 권력에 빌붙으려 한다고 생각할 것입니다. 지금 진공과 나는 멀리 떨어져 있지만, 친구가 아주 많이 보고 싶을 때는 당장 그에게 달려가면 됩니다. 이렇게 해야 다른 사람들에게 쓸데없는 오해를 받지 않고, 나 자신도 떳떳할 수 있습니다. 그리고 무엇보다 중요한 점은 진공과의 우정을 영원히 지킬 수 있다는 사실입니다."

당숙은 항상 어떻게 해야 친구를 위할 수 있는지를 생각했고, 또 어떻게 해야 사람들의 입방아에 오르내리지 않을 수 있는가를 명확히 알고 있었으니, 과연 최고의 친구라 할 수 있겠다.

소인배들은 친한 친구가 높은 관직에 오르면 큰 경사라고 생각한다. 그리하여 친구의 권력에 빌붙어 이익을 얻으려 아부를 일삼고, 간악한 무리들과 파벌을 형성하여 끊임없이 화를 일으킨다. 당숙처럼 눈앞의 이익을 멀리하고 뒤로 물러나는 태도는 결코 쉽지 않은 행동이다.

'협'이란 무엇보다도 의리를 중요시하는 행동으로, 이 안에는 사회정의를 드높인다는 의미가 내포되어 있다. 따라서 '정의'는 바로 '협'의 가장 중요한 기본이 된다. 비록 요즘 세상에는 온갖 악행과 위험천만한 일들이 벌어지고 있지만, '정의'가 존재하고 '협'이 계속해서 그 힘을 발휘하는 한 세상은 반드시 아름다워질 것이다.

'정의'는 수많은 무협소설의 공통된 주제가 되어 왔다. 진롱金庸, 량위성梁羽生, 구롱古龍 등이 쓴 소설은 모두 중국 전통 의협 문화에서 말하는 "정의는 반드시 승리하고 사악한 무리는 반드시 망한다."는 정신을 기본으로 하고 있다.

이익을 취하는 일에 남보다 앞서지 말고
덕을 베푸는 일에 남보다 뒤지지 말라

寵利毋居人前 德業毋落人後.
총리무거인전 덕업무락인후
受享毋逾分外 修爲毋減分中.
수향무유분외 수위무감분중

역 문

은혜와 이익을 취하는 일에 남보다 앞서지 말고, 덕을 베풀고 업적을 세우는 데는 남보다 뒤지지 말라. 남에게 받는 것은 분수에 넘치지 않아야 하고, 자신을 수양할 때는 본분을 줄이지 말라.

예 화

"은혜와 이익을 취하는 일에 남보다 앞서지 말고, 덕을 베풀고 업적을 세우는 데는 남보다 뒤지지 말라."는 말은 자신의 행동 수위를 적절히 조절해야 한다는 뜻이다. 즉 명예와 권력을 다투는 데 급급해하지 말고 물질적인 이익을 좇아 행동하지 말황라는 의미이다. 그러므로 덕을 쌓고 심신을 수양하는 이유도 정당하지 못한 수법으로 분수에 넘치는 재물을 구하려는 것이 아니라 공공의 이익을 위한 것이 되어야 한다. 인간으로서 도덕규범에 따라 행동하지 않는다면, 덕을 쌓고 심신을 수양하는 것이 다 무슨 의미가 있겠는가?

황보밀(皇甫謐, 215~282)은 『고사전高士傳』, 『갑을경甲乙經』 등을 지은 진晉나라의 유명한 학자이다. 젊은 시절 그는 불량아로 유명했다. 집안을 돌보지 않고 공부도

하지 않았으며, 늘 게으르고 방탕한 아이들과 어울려 다녔다. 어머니 임任씨는 늘 이런 아들이 걱정스러웠다. 그러던 어느 날, 임씨는 황보밀을 따끔하게 혼냈다.

"네 나이 올해 스무 살이니 이미 성인이다. 한데 이렇게 하루종일 아무 일도 하지 않고 빈둥거리고 있으니, 내가 어떻게 마음을 놓을 수 있겠느냐? 이것은 효성 지극한 자식으로서 할 행동이 아니다. 나는 날마다 밤낮으로 어떻게 하면 너를 훌륭한 사람으로 만들 수 있을까만 생각하고 있는데, 너는 본성이 게으르고 책읽기를 싫어하니 방법이 없구나. 책을 읽고 공부를 하는 일은 덕행을 베풀고 심신을 수양하는 일처럼 끈기와 노력이 필요하니, 너처럼 빈둥빈둥 놀기만 하고 눈먼 이익만 탐하는 사람에게는 절대 불가능한 일이다. 너는 먼저 심신을 바로잡아야 공부할 수 있는 자질을 갖출 수 있다. 이렇게 해서 얻는 것이 있다면 모두 네 것이니, 이는 절대 나를 위해 하는 말이 아니다."

임씨는 말을 마치고 주르륵 눈물을 흘렸다. 황보밀은 어머니의 훈계와 눈물에 깊이 감동하여 다시는 밖에 나가 쓸데없이 빈둥거리지 않았다. 그는 집안 형편이 넉넉지 않았기 때문에 밭일을 해야 했지만, 일을 하면서도 틈틈이 책을 읽었다. 몸이 아파 자리에 누워 있을 때조차도 책읽기를 멈추지 않았다. 이렇게 하루하루 시간이 흘러가면서 그의 학식은 점차 풍부해졌다. 그는 제자백가諸子百家와 문학, 고전 등을 두루 섭렵했다.

이렇게 하여 황보밀은 훌륭한 학자이자 문학가가 되었고, 신안新安지역에서 크게 이름을 알렸다. 그의 명성을 들은 황제는 그를 조정으로 불러들여 높은 관직을 내렸다. 그러나 황보밀은 황제에게 자신은 관직을 원치 않으며 학문에 몰두하고 싶다는 뜻의 상소를 올리며 거절했다.

황보밀은 어머니의 가르침으로 인생에서 소중한 깨달음을 얻었다. 그는 책을 읽는 일이 덕을 쌓고 심신을 수양하기 위한 것임을 깨닫는 순간, 방탕한 생활에서 벗어나 힘차게 새로운 삶을 시작했고, 그 결과 훌륭한 학자가 되었다.

양보하는 길이 자신을 높이는 길이고
남을 위한 일이 곧 자신을 위한 일이다

處世讓一步爲高 退步卽進步的張本.
처세양일보위고 퇴보즉진보적장본
待人寬一分是福 利人實利己的根基.
대인관일분시복 이인실이기적근기

역문

세상을 살면서 한 걸음 양보하면 자신을 높일 수 있으니, 이는 한 걸음 물러섬이 곧 한 걸음 앞으로 나아갈 수 있는 발판이 되는 것과 같다. 남에게 너그럽게 대하는 것이 복이 되는 이유는 남을 이롭게 함이 곧 자신을 이롭게 하는 근본이 되기 때문이다.

예화

양보는 세상살이의 기본이다. 여기에서 좀 더 발전하여 자신에게 엄격하고 남에게 관대하게 대하면 덕을 쌓고 복을 키울 수 있다. 사람은 누구나 평생 잘못을 저지르지 않고 법을 어기지 않으며 살 수는 없다. 그렇다고 해서 잘못만 저지르며 사는 것은 아니기 때문에 상대방을 감동시킬 수 있는 용서의 미덕이 필요하다. 살다 보면 누군가 당신에게 손해를 끼치거나 무례한 행동을 할 수도 있을 것이다.

　그러나 당신이 상대방을 너그럽게 용서하면 상대방도 당신의 솔직하고 진실한 마음, 넓은 도량, 고상한 인품에 감동하여 잘못을 뉘우칠 것이다. 그러면 당신 주변에는 진실한 친구가 구름처럼 모여들 것이고, 이들은 모두 당신을 돕기 위해 물불을 가리지 않을 것이다.

왕가王伽가 제주齊州 참군參軍을 맡고 있을 때, 이참李參 등 70여 명의 죄인을 서울로 압송하라는 명을 받았다. 형양滎陽을 지나던 중 왕가는 죄인들에게 이렇게 말했다.

"너희는 모두 국법을 어겨 체포되었고, 죄인을 압송하는 것이 바로 내가 해야 할 일이다. 그러나 너희가 타고 있는 수레를 끄는 인부들은 아무 죄 없이 이렇게 고생하고 있으니, 너희가 어찌 떳떳할 수 있겠느냐?"

이참 등은 이 말을 듣고 모두 제 발로 한양에 가 죗값을 치르겠다고 말했다. 왕가는 부하들에게 죄인들을 풀어주게 하고 그들과 약속했다.

"모일 모시에 한양에 모여라. 만일 너희 중 도망치는 자가 있다면 내가 죄를 뒤집어쓰고 너희를 대신해 목숨을 내놓을 것이다."

왕가는 이렇게 말하고 그 자리를 떠났다.

약속한 날짜가 되자 죄인들은 단 한 명도 도망가지 않고 모두 한양에 도착했다. 비록 그들이 국법을 어긴 죄인이었지만 왕가는 감동하지 않을 수 없었다. 이 사실이 조정에 전해지자 황제는 이들을 크게 칭찬하고, 스스로 한양에 찾아온 죄인들을 모두 용서해 주었다.

왕가는 죄인들에게 관대하게 대했기 때문에 그들의 신임을 얻을 수 있었다. 이는 왕가가 진심으로 죄인들을 대했기 때문이며, 결과적으로 양쪽 모두 복을 받았다. 정치가가 훌륭하게 나라를 다스리기 위해서는 반드시 주변 사람에게 관대해야 하니, 덕정德政이란 바로 이런 관대함에서 시작된다. 왕가는 너그럽게 은혜를 베풀어 나라와 백성을 모두 이롭게 하는 복을 만들었으니, 그가 모두에게 존경받는 것은 당연한 일이다.

교만하면 공이 사라지고
깊이 뉘우치면 죄를 줄일 수 있다

蓋世功勞 當不得一箇矜字
개세공로 당부득일개긍자
彌天罪過 當不得一箇悔字.
미천죄과 당부득일개회자

역문

세상을 뒤엎을 만한 큰 공도 '긍(矜, 뽐내다—옮긴이)'이란 글자 하나를 당해내지 못한다. 하늘을 가득 메울 만큼 큰 죄라도 '회(悔, 후회하다—옮긴이)'라는 글자 하나를 당해내지 못한다.

예화

'긍矜'이란 말은 스스로 잘났다고 생각하거나, 자신의 재능을 믿고 오만하게 구는 행동, 고집불통으로 남의 의견을 듣지 않는 태도 등의 의미를 포함한다. 세상을 이롭게 하는 큰 공을 세운 사람이라도 반드시 감사하는 마음으로 더 큰 덕을 베풀 줄 알아야 한다.

그렇지 않고 스스로 공을 뽐내고 안하무인으로 행동한다면, 그 공이 아무리 크다 해도 결국 그 가치는 사라지고 만다. 공을 세웠을 때는 반드시 겸손하고 신중하게 행동하며, 교만함과 조급함을 경계해야 한다.

송宋나라 장영張詠이 성도成都의 관리로 있을 때였다. 그는 구준寇準이 재상이 되었다는 소식을 듣고 자신의 부하에게 이렇게 말했다.

"구준은 대단한 인재이다. 다만 안타까운 점은 그의 학문이 그리 깊지 않다는 것이다."

구준이 조정을 떠나 협서陝西로 부임해 갈 때, 마침 장영도 관직에서 물러나 성도를 떠나려 하고 있었다. 이에 구준이 장영을 초대해 성대한 송별회를 베풀고 예의바르게 여비를 전했다. 장영이 돌아가려 하자 구준은 먼 곳까지 나가 그를 전송하며 말했다.

"저에게 무엇이든 가르침을 주십시오."

그러자 장영은 천천히 대답했다.

"『확광전霍光傳』을 반드시 읽도록 하십시오."

구준은 장영이 왜 이런 말을 했는지 이해할 수 없었으나, 그가 시킨 대로 당장 『확광전』을 읽기 시작했다. 『확광전』 중에 확광이 "배운 것도 없고 재주도 없다."고 말한 부분에 이르자, 구준은 갑자기 무언가를 깨닫고 호탕하게 웃으며 "장영 선생이 말한 게 바로 이것이구나." 하며 무릎을 쳤다.

그리하여 구준은 재상의 자리에 있는 동안 절대 공을 내세우거나 잘난 체하지 않았고, 장영의 충고를 겸허하게 받아들여 늘 자기반성을 게을리 하지 않았다. 그리고 끊임없이 가르침을 구하고 부지런히 심신을 수양했으니, 재상의 자리에서 이처럼 겸손한 자세를 유지하기란 결코 쉬운 일이 아니었다.

사람은 누구나 잘못을 저지른다. 그렇더라도 다른 사람의 비판을 겸허하게 받아들이고, 잘못을 고쳐 새사람이 되도록 노력하는 일이 중요하다. 어떤 비판이라도 겸손하게 수용하며 스스로 반성하고 허물을 바로잡아 자신을 발전시켜야 한다. 이런 과정을 통해 쓸데없는 욕심과 고집을 버리고 인격적으로 정신적으로 더욱 완벽한 인간이 될 수 있다.

좋은 일은 혼자 차지하지 말고
책임은 남에게 미루지 말라

完名美節 不宜獨任 分些與人 可以遠害全身,
완명미절 불의독임 분사여인 가이원해전신
辱行汚名 不宜全推 引些歸己 可以韜光養德.
욕행오명 불의전추 인사귀기 가이도광양덕

역 문

훌륭한 명성과 고상한 지조를 혼자서 차지하려 하지 말라. 다른 사람과 함께 나누어야 화를 멀리하고 몸을 보전할 수 있다. 욕먹을 행동이나 이름을 더럽히는 일이라고 해서 남의 탓으로 돌리지 말라. 자신의 몫을 책임질 줄 알아야 자신을 감추고 덕을 쌓을 수 있다.

예 화

"훌륭한 명성과 고상한 지조를 혼자서 차지하려 하지 말라. 다른 사람과 함께 나누어야 화를 멀리하고 몸을 보전할 수 있다."는 말은 인재와 백성을 중요시해야 한다는 뜻으로 군왕이 지켜야 할 원칙 중의 하나이다.

　당태종唐太宗 이세민李世民은 "백성은 물과 같은 존재이다. 배를 띄워 주기도 하지만 배를 뒤집어버릴 수도 있다."는 말을 남기며, 덕정을 베푼 현명한 왕으로 유명하다.

　그러나 이보다 앞서 그 누구에게도 뒤지지 않을 만큼 훌륭한 지도력을 선보인 이가 있었으니, 바로 수隋나라의 독고獨孤황후이다.

수문제隋文帝의 아내인 그녀는 부유한 권문세가 출신 황후였으나, 절대 거드름을 피우거나 다른 사람을 깔보지 않았으며 허영심도 없었다. 언제나 나라를 위하는 일에 최선을 다해야 한다고 생각했다. 유주幽州 총관總管 음수陰壽가 돌궐突厥과 무역을 하면서 보석 800만 냥 어치를 사들여 황후에게 바치려 했다. 그러나 사전에 이 사실을 알게 된 황후는 이를 단호하게 거절했다.

"그 보석은 나에게 꼭 필요한 것이 아니오. 지금 국경을 지키고 있는 우리 수나라 장수와 병사들은 끊임없는 이민족의 침입을 막아내느라 매우 지쳐 있소. 그 800만 냥은 장수들과 병사들의 노고를 치하하는 데 꼭 필요할 것이오."

또한 황후는 책읽기를 좋아하여 학식과 교양을 두루 갖추었고, 모든 사람들에게 친절하고 상냥했으니 누구 하나 그녀를 존경하지 않는 이가 없었다.

어떤 이는 주례周禮의 일부를 인용하여 독고황후가 모든 신하의 부인을 총괄해야 한다고 주장했다. 그러나 황후는 아녀자가 정치를 혼란스럽게 한 선례를 들어 이 주장을 받아들이지 않았다.

한번은 황후의 사촌인 대도독大都督 최장인崔長仁이 사형을 면할 수 없는 큰 죄를 저질렀는데, 수문제는 황후의 체면을 보아 그를 사면하려 했다. 그러나 황후는 개인보다 사회와 국가의 이익을 먼저 생각하는 마음에서 만류했다.

"나라를 다스리는 큰일 앞에서 어찌 사사로운 욕심을 부리겠습니까?"

최장인은 끝내 법에 따라 사형에 처해졌다.

여기에서 독고황후의 행동이 얼마나 훌륭한가를 세세히 분석할 필요는 없다. 독고황후는 보석을 거절하여 그것으로 병사들의 노고를 치하했고, 자신의 피붙이가 법을 어겼으나 권력을 이용하여 사적인 욕심을 채우지 않았다.

중요한 점은 그녀가 이렇게 자신의 존재를 드러내지 않음으로써 일생동안 수많은 화를 피할 수 있었다는 사실이다. 또한 평생 명예와 지조를 지킨 독고황후를 수문제는 임종시에도 잊지 못했다고 한다.

몸을 움직이는 자는 하루가 짧고
멀리 내다보는 자는 하루가 길다

事事留個有餘不盡的意思 便造物不能忌我 鬼神不能損我.
사사유개유여부진적의사 변조물불능기아 귀신불능손아
若業必求滿 功必求盈者 不生內變 必招外憂.
약업필구만 공필구영자 불생내변 필초외우

역 문

모든 일에 어느 정도 여지를 남겨두어야, 하느님도 나를 버리지 못하고 귀신도 나를 해치지 못한다. 만일 하는 일마다 완벽하기를 바라고 공을 들이는 것마다 가득 차기를 바란다면, 안으로 변고가 생기지 않으면 밖으로 근심이 생긴다.

예 화

문학과 정치, 경제 등 어떤 분야에 몸담고 있든지 간에 일을 할 때에는 어느 정도 여지를 남겨두어야 한다. 그래야 일의 발전 방향을 다방면으로 가늠할 수 있다. "몸을 움직이는 자는 하루가 짧고, 멀리 내다보는 자는 하루가 길다."는 중국 속담이 있다. 이는 눈앞의 이익을 탐하지 말고, 먼 앞날까지 생각할 줄 알아야 한다는 뜻이다. 역으로 "타고난 행운은 은행에 저축해 놓은 예금처럼 단번에 모두 다 써버려서는 안 된다."는 말도 있다. 이 말은 "가늘게 흐르더라도 길게 흐르는 강물이 돼라."는 말처럼 반드시 꼼꼼히 계획하고 계산해서 아끼고 또 아껴야 한다는 의미이다.

한 순간 욕심으로 훗날 남겨질 소중한 명예를 더럽히지 말라. 항상 평온한 마음을 유지하면서 어떤 상황에든 잘 적응할 수 있다면, 이것이 바로 즐거운 인생을 만드는 최상의 방법이다.

동한東漢에 진우甄宇라는 사람이 있었다. 그는 '비쩍 마른 양' 박사博士라는 별명으로도 불렸는데, 이는 어떤 일이든 항상 여지를 남겨두는 습관이 그에게 있었기 때문이다. 진우는 과분하고 넘치는 것을 싫어했고, 늘 차분하고 편안한 마음으로 절대 남에게 박하게 대하지 않았다.

역사 기록에 따르면, 매년 음력 12월, 동한의 광무제光武帝는 전국의 모든 박사에게 양 한 마리를 하사했다. 그런데 양의 크기가 모두 같지 않다는 데 문제가 있었다. 당시 양을 분배하는 사람 중 하나가 양을 잡아 고기의 근수를 재어 나누자는 의견을 제시했다. 또 어떤 사람은 제비뽑기를 하자고 주장했는데, 즉 큰 양이 걸리든 작은 양이 걸리든 모든 것을 운에 맡기자는 거였다.

그러나 진우는 이런 방법들이 모두 탐탁지 않았기 때문에 매번 제일 먼저 가장 비쩍 마른 양을 골라갔다. 진우가 이렇게 앞장서자 나머지 사람들은 부끄러워 더 이상 논쟁을 벌이지 못했다. 이 소문은 조정에까지 흘러들어 광무제가 "비쩍 마른 양 박사가 어디에 사는 누구인가?"라고 물어볼 정도로 유명했다고 한다. 이후 '비쩍 마른 양 박사'라는 진우의 별칭은 더욱 널리 퍼졌다.

진우는 어떤 일을 처리할 때 반드시 여지를 남겨두어야 한다는 진리를 분명히 알고 있었다. 양을 분배하는 방법에 대한 논쟁은 결국 도량이 부족하여 서로 큰 양을 가지려는 욕심 때문에 생겨난 것이다. 진우는 제일 먼저 가장 비쩍 마른 양을 선택함으로써 다른 사람들이 더 좋은 양을 선택할 수 있는 여지를 남겨두었으니, 어느 누구도 그를 비난하지 못했다.

한 걸음 양보하면 마음의 평화를 얻을 수 있다. 아주 사소한 일이라도 그 안에는 세상을 살아가는 깊은 지혜가 들어 있음을 잊지 말라.

태산의 높이는 한 개의 돌덩이에서 시작하고
세상의 인심은 일개 가정의 화목에서 출발한다

家庭有個眞佛 日用有種眞道 人能誠心和氣 愉色婉言
가정유개진불 일용유종진도 인능성심화기 유색완언
使父母兄弟間 形骸兩釋 意氣交流 勝於調息觀心萬倍矣.
사부모형제간 형해양석 의기교류 승어조식관심만배의

역 문
가정마다 참 부처가 하나씩 있듯이 일상 속에도 참다운 도가 있게 마련이다. 성실한 마음과 온화한 기운, 즐거운 표정과 부드러운 말씨로 부모 형제를 한 몸처럼 생각하고 서로 뜻이 통하면, 이것이 숨을 고르고 마음을 가라앉히는 편보다 훨씬 낫다.

예 화
중국인들은 흔히 "집안이 화목해야 모든 일이 잘 풀린다."고 말한다. 여기에서 화목하다는 의미는 평온한 마음과 솔직하고 진실한 마음, 넓은 아량과 관용 등을 의미한다. 만일 가족 중 누군가가 잘못을 저질렀다면 혈육의 정情을 바탕으로 왜 그럴 수밖에 없었는지 이해하려고 노력해야 한다. 더 나아가 이웃과의 관계에서도 역시 인정人情을 발휘하여 상대를 이해한다면 화목하게 지낼 수 있다.

　진晉나라 사람 허윤許允은 혼례가 끝나고 신혼의 들뜬 마음에 날아갈 듯 신방으로 들어갔다. 허윤은 신부가 당연히 선녀처럼 아름다울 것이라고 생각했다. 그렇지 않고서야 모든 사람들이 그렇게 입을 모아 신부를 칭찬 할 리가 없었다.

그러나 등불에 비친 신부는 아름답기는커녕 아주 못생긴 추녀 중에 추녀였다. 그 순간 신혼의 흥이 깨져버린 허윤은 몸을 휙 돌려 방에서 나가려 했다.

신랑이 자신의 외모를 보고 실망하여 밖으로 나가려 하자 신부가 말했다.

"옛 사람들이 말하는 신부의 기준에 따르면, 시부모에게 효를 다하고, 남편을 존중하고, 말씨가 부드럽고 온화하고, 집안일을 잘하고, 용모도 단정하고 아름다워야 합니다. 앞에 말한 다른 것들은 모두 자신 있게 할 수 있으나, 외모는 타고난 것이라 제 힘으로 어찌할 방법이 없습니다. 당신은 학문이 깊은 분이시니, 하나 여쭙겠습니다. 학문을 하는 사람이라면 분명 훌륭한 인품을 지니고 있을 것입니다. 당신은 무엇을 지니고 있습니까?"

허윤은 헛기침을 한 뒤 여전히 그녀에게 눈길도 주지 않으며 말했다.

"나는 모든 것을 완벽하게 갖추었소."

"당신이 모든 것을 갖추었다고요? 저는 타인을 대할 때 먼저 상대방의 인품을 파악하는 것이 훌륭한 인격의 하나라고 알고 있습니다. 그런데 당신은 외모만으로 사람을 평가하시니, 이것은 외모만 중요시하고 인품을 무시하는 것이 아닙니까? 이러고도 당신이 훌륭한 인격을 갖추었다고 말할 수 있겠습니까? 그건 진실이 아닙니다."

그제야 허윤은 잘못을 깨닫고 아내에게 진심으로 사죄했다.

이후로 두 사람은 서로 깊이 이해할 수 있게 되었다. 허윤은 아내가 매우 총명하고 지혜롭다는 사실을 알고 그녀를 진심으로 존중했다. 두 사람은 오랫동안 금실 좋은 부부로 행복하게 살았다.

즉 겉모습만으로 사람을 평가하지 말고, 남들에게 따뜻하고 상냥하게 대하고, 부모에게 효를 다하고, 부부간에 서로 존중하며, 모든 일에 진심을 다해야 한다. 이것은 이 시대를 살아가는 우리 모두가 반드시 지켜야 할 삶의 원칙이기도 하다.

솔개는 고요한 구름을 가르고
물고기는 잔잔한 물속을 뛰논다

好動者 雲電風燈 嗜寂者 死灰槁木
호동자 운전풍등 기적자 사회고목
須定雲止水中 有鳶飛魚躍氣象 纔是有道的心體.
수정운지수중 유연비어약기상 재새유도적심체

역 문

움직이기를 좋아하는 사람은 마치 구름 속의 번개나 바람에 흔들리는 등불과 같다. 고요함을 즐기는 사람은 마치 불 꺼진 재나 마른 나뭇가지와 같다. 고요한 구름과 잔잔한 물속에서도 솔개가 날고 물고기가 뛰노는 것과 같은 기상을 지녀야만 도를 깨우친 사람이라 할 수 있다.

예 화

사람들은 흔히 중용의 도를 최고의 처세법으로 꼽는다. 중용이란 움직임과 고요함, 강함과 약함이 적당히 조화를 이루는 상황이다. 이것은 '구름 속의 번개' 혹은 '바람에 흔들리는 등불', '불 꺼진 재', '마른 나뭇가지'처럼 한쪽으로 치우치지 않았기 때문에 올바른 처세법이 될 수 있다.

 세상을 살면서 화를 모면하기 위해서는 절대 한쪽으로 치우치지 말아야 한다. 하지만 이런 자세 못지않게 중요한 것이 바로 자신의 주관을 지키는 일이다. 인재를 등용할 때에도 바로 이러해야 한다.

 정말 훌륭한 인재를 얻고 싶다면, 우선 당신 스스로 모범을 보여 그들이 자신의 재능을 마음껏 펼칠 수 있게 해주어야 한다. 차분하고 냉정하게 주변을 살펴보면, 자신을 인정해 줄 누군가를 기다리고 있는 수많은 인재들을 발견할 수 있다. 이들은 다만 구름을 가르는 솔개와 수면 위로 튀어오르는 물고기처럼 아직 때를 만나지 못했을 뿐이다.

『채근담』에서 말하는 움직임과 고요함의 중용을 설명하기에는 '백락伯樂의 말 선별법' 이야기가 가장 적합하다. 손상孫相은 춘추전국시대 진秦나라 사람으로 훌륭한 말을 가려내는 뛰어난 재주가 있었다. 사람들은 그를 가리켜 가장 좋은 말을 관리한다는 의미에서 '백락' 이라고 불렀다.

어느 날, 손상은 태행산太行山에서 무거운 짐을 지고 가면서 비 오듯 땀을 흘리고 있는 준마를 발견했다. 준마는 무거운 짐 때문에 산길을 제대로 올라가지 못하고 있었다. 백락은 말을 어루만지며 통곡을 하고, 겉옷을 벗어 말에게 덮어주었다. 말은 자신을 알아주는 사람을 만나자 하늘을 향해 긴 울음소리를 토해냈고, 그 소리는 하늘 높이 울려 퍼졌다.

훗날 진 목공穆公이 백락의 자손에게 백락처럼 말을 잘 구별해낼 수 있느냐고 묻자, 그는 "다만 외형만으로 구별할 수 있을 뿐입니다."라고 대답했다.

구방고九方皐 역시 말을 잘 선별하는 사람으로 백락이 추천한 인재이다. 구방고는 그 말이 지닌 잠재력을 중요시했을 뿐, 겉으로 보이는 말의 가죽이나 털 상태에는 별로 신경을 쓰지 않았다. 이처럼 겉으로 드러나지 않는 내면의 세계를 꿰뚫어볼 수 있었으니, 그는 과연 백락에 버금가는 훌륭한 식견을 지녔다 할 수 있다.

인재를 가려내기 위해서는 인내하고 심사숙고할 줄 알아야 한다. 외양과 정신세계, 재능, 도덕과 인격 등 모든 것이 '중용의 도'에 부합되는지를 판단해야 하기 때문이다. 침착하게 심사숙고하라. 백락이 준마를 가려내듯이 우리도 인생에서 항상 올바른 선택을 하기 위해 심사숙고하는 자세가 필요하다.

허물을 꾸짖을때 너무 엄격하게 하지 말고
선을 가르칠 때 너무 고상하게 하지 말라

攻人之惡 毋太嚴 要思其堪受 教人以善 毋過高 當使其可從.
공인지악 무태엄 요사기감수 교인이선 무과고 당사기가종

역 문

남의 허물을 꾸짖을 때 너무 엄격하게 나무라지 말고 그 사람이 감당할 수 있을지 생각해야 한다. 남에게 선을 베풀 때 지나치게 고상하게 행동하지 말고 그 사람이 따를 수 있도록 해야 한다.

예 화

기원전 265년, 조趙나라 혜왕惠王이 병으로 세상을 떠나고, 나이 어린 효성왕孝成王이 즉위하자 그 어머니인 조태후趙太后가 국사를 주관하게 되었다. 이웃 진秦나라에서는 군사를 일으켜 국정이 혼란한 조나라를 치려 했다.

조나라는 단독으로 진나라를 막아낼 수 없어 제齊나라에 구원을 요청했다. 그러나 제나라에서는 장안군長安君을 인질로 보내야만 군사를 파견하겠다는 조건을 제안했다. 장안군은 조태후가 가장 아끼는 막내아들이었다. 조태후가 이 제의를 거절하자 신하들의 상소가 끊이지 않았다. 화가 난 태후는 다시 한 번 간언하는 자가 있으면 그 얼굴에 침을 뱉겠다고 공언했다.

이때 좌사左師 촉용觸龍이 태후를 알현하러 왔다. 그는 다리를 절뚝거리며 그동안 몸이 불편하여 문안을 드리지 못했다며 말문을 열었다. 식사나 일상생활에 불편함은 없는지 매우 걱정스러운 듯 물었다. 촉용의 상냥하고 따뜻한 말투에 태후의 불편하던 심기도 가라앉고 표정도 훨씬 부드러워졌다. 촉용이 계속 말했다.

"노신에게는 변변치 못한 막내아들이 있습니다. 제가 이렇게 나이가 드니 막내자식이 더욱 애틋해집니다. 청컨대 제 아들을 궁 호위병으로 삼아주십시오."

"남자들도 막내아들이 더욱 애틋한가?"

"아마 여자들보다 더하면 더했지 덜하지는 않을 겁니다. 사람들은 태후께서 장안군을 가장 귀애하신다 하지만, 제가 보기에 태후께서는 따님이신 연후燕后공주를 더 어여삐 여기시는 것 같습니다."

태후가 촉용의 말뜻을 언뜻 이해하지 못하자, 그가 다시 부연설명했다.

"부모가 자식을 사랑할 때는 반드시 그 아이의 장래를 걱정하게 됩니다. 제가 기억하기로는 연후공주께서 연燕나라로 시집을 갈 때, 태후께서는 공주의 발을 붙들고 슬피 울며 이별의 슬픔을 억누르지 못하셨습니다. 그 후에도 태후께서는 늘 공주를 그리워하셨고, 조상님께 차례를 지낼 때마다 공주가 조나라로 돌아오는 일이 없도록 해달라고 기도하셨습니다. 이것은 바로 연후공주의 자손이 대대로 연나라의 왕위를 잇게 해달라는 염원이 아니겠습니까?"

태후는 고개를 끄덕이며 그렇다고 대답했다. 그러자 촉용이 다시 말을 이었다.

"조나라가 지금까지 직계 자식과 손자가 보위를 이은 것이 얼마나 됩니까?"

"없었소."

"이로써 보건대 역대 군왕이 자식을 귀하게 하는 것이 가깝게는 군주 자신에게 화를 미치고 멀게는 그 자손에게까지 영향을 끼침을 알 수 있습니다. 만일 태후께서 갑작스럽게 세상을 떠나시기라도 한다면 장안군이 어떻게 조나라에서 살아갈 수 있겠습니까? 그래서 제가 태후께서는 장안군보다 연후공주를 더 사랑하신다고 말씀드린 것입니다."

태후는 촉용의 깊은 뜻을 이해하고 장안군을 제나라의 인질로 보내는 데 동의했다. 제나라는 약속한 군대를 보내 왔고, 위기에서 벗어날 수 있었다.

깨끗함은 더러움 속에서 나오고
밝음은 어둠 속에서 생겨난다

糞蟲至穢 變爲蟬而飮露於秋風 腐草無光 化爲螢而耀采於夏月.
분충지예 변위선이음로어추풍 부초무광 화위형이요채어하월
因知潔常自汚出 明每從晦生也.
인지결상자오출 명매종회생야

역 문

굼벵이는 더럽지만 매미로 변하여 가을바람에 맑은 이슬을 마시고, 썩은 풀은 빛이 없지만 반딧불로 변해서 여름 밤을 빛낸다. 깨끗함은 언제나 더러움 속에서 나오고 밝음은 언제나 어둠 속에서 생겨난다.

예 화

진정한 지조는 가난 속에서, 고상한 인격은 좌절 속에서 만들어진다. 그래서 사람들은 "어려울 때 사귀어야 진정한 우정을 발견할 수 있고, 역경과 풍파 속에서 형제의 존재를 느낄 수 있다."고 말한다. 고난과 시련은 인간의 진심을 가려내는 일종의 테스트인 셈이다.

　한漢나라 장안長安 사람 송홍宋弘은 학식이 매우 높았는데, 특히 경학經學에 통달하여 광무제光武帝 때 대사공大司空을 지냈다. 어느 날, 송홍은 광무제를 알현하러 갔다가 병풍 여러 개가 왕의 주변에 놓여 있는 것을 발견했다.

　병풍에는 온통 미녀 그림뿐이었는데, 광무제는 송홍과 말하는 중간중간 수시로 미녀 그림을 쳐다보았다. 이에 송홍은 엄숙한 목소리로 광무제에게 말했다.

"자고로 고상한 인품을 지니고서 지나치게 여색을 탐하는 사람을 본 적이 없습니다."

광무제는 송홍의 말을 듣고 곧바로 병풍을 치웠다.

얼마 후, 광무제의 누나인 호양湖陽공주의 남편이 세상을 떠났다. 왕실의 법도에 따르면, 공주는 대신들 중 자기가 원하는 사람을 선택하여 개가할 수 있었다. 그래서 광무제는 호양공주와 함께 결혼 문제를 상의했는데, 공주는 송홍을 마음에 두고 있었다. 며칠 후 광무제가 송홍을 불러 말했다.

"사람들이 말하길 부귀해지면 새로운 친구를 사귀어야 하고, 부자가 되면 조강지처를 버릴 수 있다고 하는데, 자네는 어떻게 생각하는가?"

그러자 송홍이 대답했다.

"제가 듣기로는 가난할 때 사귄 친구를 절대 잊지 말아야 하고, 함께 고생한 조강지처는 버릴 수 없다 했습니다. 저는 방금 폐하께서 말씀하신 그런 말은 들어본 적이 없습니다."

묻는 자의 질문도 절묘했지만 그 대답 또한 대단했다. 만일 광무제가 미리 송홍의 생각을 떠보지 않고, 곧바로 호양공주와의 혼담을 꺼냈다면, 양쪽 모두 곤란하고 난처했을 것이다.

송홍이 말한 "조강지처를 버릴 수 없다."는 중국 전통 미덕 중의 하나이다. 송홍은 청렴결백하여 평생 가난했지만, 아내와 서로 사랑하고 아끼며 화목하게 살았다. 두 사람은 언제나 깨끗하고 고상한 인품을 지켜 절대 이익을 탐하지 않고, 오래된 것을 싫어하지 않으면서 평생 진실한 인간으로서의 본분을 고수했다.

객기는 자신의 잠재력을 태우는 불장난이고
망상은 자신의 미래를 익사시키는 수렁이다

矜高倨傲 無非客氣 降服得客氣下 而後正氣伸.
긍고거오 무비객기 항복득객기하 이후정기신
情俗意識 盡屬妄心 消殺得妄心盡 而後眞心現.
정속의식 진속망심 소살득망심진 이후진심현

역 문

고상함을 뽐내고 오만하게 구는 것은 모두 객기이다. 객기를 물리쳐야 바른 기운이 자랄 수 있다. 정욕과 의식적인 생각은 모두 망령된 마음에서 비롯된다. 망령된 마음을 물리쳐야 진심이 나타난다.

예 화

'객기'와 '망상'에 사로잡혀 자기 고집을 절대 꺾지 않으려 하는 부류가 있다. 그런 사람일수록 아주 작은 성공에도 득의양양하여 자신이 최고인 양 뽐낸다.

그러나 이들은 작은 시련이나 좌절, 혹은 사소한 실수로 일이 뜻대로 되지 않으면 그대로 주저앉아 포기하거나 심지어 잘못된 방향을 계속해서 고집하기도 한다.

따라서 사람은 항상 자신의 말과 행동을 되돌아볼 줄 알아야 한다. 냉정하고 침착하게 "하루에 세 번 자신을 반성한다."는 말을 실천하면 객기와 망상을 떨쳐버릴 수 있다.

여기에서 말하는 처세법과 관련해 주처周處의 이야기를 본보기로 삼아보자.

진晉나라 주방周魴의 아들 주처는 체격이 남달리 우람했는데, 마을 안에서 온갖 나쁜 짓을 저지르는 골칫거리였다. 결국 마을 사람들은 주처가 모든 일의 화근이라고 생각하기에 이르렀다.

어느 날, 주처가 한 노인에게 물었다.

"사계절 날씨가 아주 좋아 풍년이 들었는데, 마을 사람들은 왜 즐거워 보이지 않는 건가요?"

그러자 노인은 한숨을 내쉬며 대꾸했다.

"그 이유는 세 가지 화근이 없어지지 않기 때문이라네."

이에 주처가 다시 물었다.

"도대체 그 세 가지 화근이 무엇이오?"

"남산南山에 사는 흰머리 호랑이, 의흥義興에 사는 교룡, 그리고 바로 자네라네."

노인의 말을 들은 주처가 의기양양하게 말했다.

"그것뿐이라면 내가 모든 화근을 없애버려야겠군요."

이윽고 주처는 모든 방법을 동원하고 위험을 무릅쓰며 호랑이와 교룡을 죽였다. 그리고 나서 육기陸機와 육운陸雲을 찾아가 스승으로 모시고 학문에 정진하면서 심신을 열심히 수양하기 시작했다. 1년 후, 주처의 학문이 어느 정도 수준에 오르자 마을 사람들은 입을 모아 그를 칭찬하기 시작했고, 주처는 훌륭한 인재로 대성할 수 있었다.

주처는 본래 '세 가지 화근' 중의 하나로 불릴 만큼 골칫거리였다. 그가 거칠 것 없이 제멋대로 온 마을을 휘젓고 다닌 까닭은 '객기'가 발동했기 때문이다.

그러나 노인을 통해 자신이 마을의 '화근'이라는 걸 알고, 곧바로 그동안 고집해 왔던 쓸데없는 객기를 버렸다. 그리고 곧바로 흰머리 호랑이와 교룡을 없애버리고, 스스로 바르고 큰 뜻을 키우기 시작했다. 주처는 학문으로 자신의 의지를 명확히 구현해냈고, 사람들은 잘못을 고치고 새로 태어난 그를 진심으로 이해하고 칭찬해 주었다.

배가 부르면 맛의 구분이 사라지고
욕심에 붙들리면 지혜가 흐려진다

飽後思味 則濃淡之境都消 色後思淫 則男女之見盡絶.
포후사미 즉농담지경도소 색후사음 즉남녀지견진절
故人常以事後之悔悟 破臨事之痴迷 則性定而動無不正.
고인상이사후지회오 파임사지치미 즉성정이동무불정

역 문

배가 부르면 음식이 맛있고 맛없음에 대한 구분이 없어지고, 색욕이 가라앉은 후에는 남녀의 구분이 사라진다. 그러므로 일이 끝난 후에 느끼는 후회와 깨우침으로 미리 일을 시작하기 전에 어리석음을 깨뜨려 버려야 한다. 이렇게 하면 본성이 바로잡혀 행동에 그릇됨이 없다.

예 화

책을 통해 열심히 배우는 것도 중요하지만, 세상을 경험하는 일도 하나의 공부이다. 즉 마음을 바르게 수양하고 삶의 지혜를 쌓는 것이다. 세상사에 통달하고 현묘한 이치를 깨달은 사람은 기회가 생겼을 때 현명하게 대처하여 그것을 확실히 자기 것으로 만든다. 물론 이것만으로 진정한 지혜를 판단할 수는 없다. 정말 현명한 사람은 일의 발전 방향을 예측하여 적절한 대비책을 마련해놓기 때문에 단번에 성공을 이룬다. 진원달陳元達이 적절한 시기를 선택하여 관직에 나간 것이야말로 그 전형적인 본보기이다.

304년 유연劉淵이 한(漢, 5호 16국 중의 하나—옮긴이)나라를 세울 때 그의 수하에 진원달이라는 사람이 있었다. 진원달은 아주 가난한 집에서 태어나 곤궁하게 살았지만 뛰어난 주관과 학식을 지닌 인재였다. 유연이 흉노匈奴 좌현왕左賢王으로 있을 때였다. 진원달을 재상으로 초빙하려 했으나, 그가 받아들이지 않았다.

나중에 유연이 한나라의 왕이 되자, 사람들은 모두 진원달이 안목이 짧아 좋은 기회를 놓쳤다며 비웃었다. 그러나 진원달은 빙그레 웃으며 태연하게 말했다.

"유연은 풍채와 기상이 모두 특별합니다. 나는 일찍이 그가 왕에 대한 포부와 계획을 세웠음을 알고 있었습니다. 다만 그때가 적절하지 않았기 때문에 그의 제의를 받아들이지 않은 것입니다. 만일 그때 그의 수하에 들어갔다면 분명 좋지 않은 일이 생겼을 것입니다. 이제 유연이 왕이 되었고 지금이 바로 인재를 등용해야 할 시기이니, 곧 그가 다시 나를 부를 것입니다."

과연 얼마 지나지 않아 유연이 사람을 보내 왔고, 진원달을 황문시랑黃門侍郎에 임명했다. 유연은 진원달에게 이렇게 말했다.

"자네가 좀 더 일찍 내 수하로 들어왔다면, 어찌 시랑 따위의 하찮은 미관말직에 머물러 있겠는가?"

"저는 모든 사람마다 타고난 복이 있다고 생각합니다. 타고난 복을 뛰어넘어 욕심을 부린다면, 그 인생은 실패할 수밖에 없습니다. 만일 제가 조금 더 일찍 폐하의 밑으로 들어왔다면, 지금쯤 어쩌면 구경九卿에 올라 있을지도 모르겠습니다. 그러나 제가 타고난 복은 그렇게 중요한 임무를 감당할 만한 것이 못 되며, 지금 내려주신 관직이 제게는 아주 적합합니다."

유연은 이 말을 듣고 그에게 큰 상을 내렸다.

진원달이 적절한 시기를 선택한 것은 확실히 현명한 처사였다. 만일 너무 일찍 높은 관직에 올랐다면 주변의 시기 질투 등으로 인해 자신의 재능을 발휘하기 어려웠을 것이다. 이에 적절한 시기에 자신에게 알맞은 관직을 선택했으니, 자기가 원하는 대로 마음껏 행동해도 도리에 어긋남이 없었다.

높은 곳에 있으면 욕심을 줄이기 어렵고
낮은 곳에 있으면 높은 뜻을 품기 어렵다

居軒冕之中 不可無山林的氣味
거헌면지중 불가무산림적기미
處林泉之下 須要懷廊廟的經綸.
처림천지하 수요회랑묘적경륜

역 문

높은 관직에 있더라도 자연에 묻혀 사는 풍취를 지녀야 하고, 자연에 묻혀 있어도 국가에 대한 경륜을 품어야 한다.

예 화

불법에는 출세법出世法, 입세법入世法, 세간법世間法이 있다고 한다. 여기에서는 우선 '세간법'을 놓고 이야기해 보자. 『채근담』에서 말하는 "높은 관직에 있더라도 자연에 묻혀 사는 풍취를 지녀야 한다."와 "자연에 묻혀 있어도 국가에 대한 경륜을 품어야 한다."라는 것이 바로 세간법을 뜻한다. 다시 말해 사람은 항상 고고하기만 해서도 안 되고, 또 항상 세속적이어서도 안 된다는 말이다. 예나 지금이나 많은 사람들이 어렵고 힘들게 높은 자리에 오른 후 욕심을 자제하지 못하여 스스로 파멸의 길을 걷고 말았다. 이것은 바로 세간법 지혜가 부족하기 때문이다.

광주廣州 도독都督 인홍仁弘은 당唐나라 개국 공신으로 수많은 전쟁을 치르며 커다란 공을 많이 세웠다. 그는 뛰어난 재능으로 가는 곳마다 널리 이름을 떨쳤고, 그 덕분에 당태종 이세민에게 듬뿍 신임을 얻었다.

그러나 말년으로 갈수록 인홍의 탐욕은 강렬해져 갔다. 어느 날 누군가 인홍이 뇌물 100만 냥을 받았다고 고발해 그는 처벌을 면하기 어렵게 되었다.

이세민은 인홍이 평생 쌓아온 공로도 있고, 이미 반백의 노인인지라 차마 그를 죽일 수 없었다. 그래서 좌우 대신들에게 도움을 청했다.

"인홍의 죄를 벗겨주고 싶은데, 아무리 생각해 봐도 적당한 핑계거리가 생각나지 않는구려. 법을 어기지 않는 범위에서 사형을 면하게 할 방법이 없겠소?"

그러나 며칠 후, 이세민은 중신들을 불러모아 자신의 심경을 밝혔다.

"법은 곧 하늘이오. 임금의 자리에 있으면서 사사로운 욕심을 채우기 위해 천하의 믿음을 저버릴 수는 없소. 따라서 내가 인홍의 죄를 없애 주려는 것은 법에 어긋나는 행동이오. 이에 나는 남쪽 교외로 나가 사죄를 하려 하오. 짚으로 만든 의자에 앉아 매일 한 끼 식사만 하면서 하늘을 향해 3일간 사죄하겠소."

방현령房玄齡을 비롯한 좌우 대신들은 한목소리로 왕을 만류했다.

"사형은 본래 폐하의 뜻에 따라 결정할 수 있는 일이니 자책하지 마옵소서."

이른 아침부터 정오까지 신하들의 간청이 이어지자 이세민은 어쩔 수 없이 남쪽 교외로 나가려던 계획을 취소했다. 그러나 곧 조서를 내려 스스로 자신의 죄를 다스렸다.

"나는 세 가지 죄를 지었다. 첫째는 사람을 제대로 알아보지 못한 것이요, 둘째는 사리사욕을 채우기 위해 법을 어지럽히려 한 것이요, 셋째는 상과 벌을 확실히 구분하지 못한 것이다."

이와 동시에 인홍은 사형을 모면하고 평민으로 강등되었.

인홍은 높은 자리에 있을 때 지조를 잃었기 때문에 말년에 이르러 죽음의 위기를 맞았다. 그가 조금만 더 소박하고 진실했다면, 조금만 덜 탐욕스러웠다면, 지위와 명예를 잃고 일평생 쌓아온 공을 헛되게 하는 일은 없었을 것이다.

잘못이 없으면 그것이 성공이고
원망이 없으면 그것이 덕이다

處世不必邀功 無過便是功
처세불필요공 무과편시공
與人不求感德 無怨便是德.
여인불구감덕 무원편시덕

역 문

세상을 살면서 성공만 좇지 말라. 잘못이 없으면 그것이 바로 성공이다. 남이 나의 덕에 감격하기를 바라지 말라. 원망이 없으면 그것이 바로 덕이다.

예 화

"세상을 살면서 성공만 좇지 말라. 잘못이 없으면 그것이 바로 성공이다. 남이 나의 덕에 감격하기를 바라지 말라. 원망이 없으면 그것이 바로 덕이다."

이 말은 담담한 마음으로 자연의 이치에 따라 살아야 한다는 의미이다. 지나치게 호방한 풍격이나 객기는 오히려 자신을 곤경에 빠뜨릴 수 있으니 반드시 주의해야 한다. 역사 속의 훌륭한 임금들이 대부분 타인의 과실을 너그럽게 받아들임으로써 모든 원한을 풀어버렸다.

석륵石勒은 조趙나라를 세우고 왕이 된 후에도 부모 형제와 고향 지인들의 은혜를 잊지 않았다. 그는 321년 고향의 어르신들과 옛 친구들, 그리고 가까운 이웃들을 양국襄國으로 초대하여 성대한 연회를 베풀었다.

그러나 석륵의 이웃에 살던 이양李陽은 그의 보복이 두려워 연회에 참석하지 않왔다. 석륵이 군대를 일으키기 전, 두 사람은 구마지漚麻池를 차지하려고 심하게 다툰 적이 있었기 때문이다. 나중에 석륵이 이 사실을 알고 이렇게 말했다.

"이양은 훌륭한 장수이다. 예전에 모두가 가난하던 시절, 비록 우리가 서로 다투기는 했지만, 그것은 이양만을 탓할 일이 아니다. 그리고 지금 나는 천하를 포용해야 할 왕이 되었다. 내 어찌 그렇게 사소한 일까지 일일이 따지겠는가?"

그리고 즉시 사람을 보내 다시 이양을 초대하여, 두 사람은 무릎을 맞대고 흥겹게 술을 마셨다. 연회가 끝나갈 즈음, 석륵은 이양의 팔을 잡아당기며 말했다.

"친구, 옛날 내가 자네에게 한 대 맞았었지. 하지만 자네도 나의 위력을 맛보았을 테니, 이제 우리 옛날 일은 마음에 담아두지 마세."

그런 다음 이양을 참군교위參軍校尉에 임명했다.

석륵은 한 나라의 왕으로서 지난날의 사소한 원한 관계에 얽매이지 않고, 오히려 이양을 중용함으로써 넓은 아량을 베풀었다. 과거의 원한과 오해를 깨끗이 풀어 없애는 것은 석륵이 선정을 베푸는 한 방법이었다.

"원망이 없으면 그것이 바로 덕이다."라고 했으니, 나라를 다스리는 이치와 개인으로서의 처세법 또한 모두 이와 같다.

지나치게 부지런하면 몸이 고달파지고
지나치게 결백하면 사람이 따르지 않는다

憂勤是美德 太苦則無以適性怡情
우근시미덕 태고즉무이적성이정
澹泊是高風 太枯則無以濟人利物.
담박시고풍 태고즉무이제인리물

역문
부지런한 것은 물론 미덕이지만, 지나치게 고달프면 본연의 성정을 즐겁게 할 수 없다. 청렴하고 결백한 것은 높은 인품이지만, 지나치게 딱딱하면 사람을 구제하거나 사물을 이롭게 할 수 없다.

예화
너무 많은 생각에 얽매이지 말고, 자신을 너무 높게 혹은 너무 낮게 평가하지 말라. 자신에게 적합한 자리를 찾기 위해서는 깊이 생각할 줄 알아야 한다. 삶에서는 먼저 먹고 입을 것을 해결하고 난 후 일상생활 속에서 어떻게 행동할 것인가를 생각해야 한다. 자신에게 무조건 엄격하기만 하다고 해서 좋은 것은 아니다.

　도연명陶淵明은 쌀 다섯 말(옛날 관리의 봉급을 의미함—옮긴이)에 허리를 굽히지 않았고, 울타리에 난 국화를 캐고 남산에 콩을 심으며 정신적인 행복을 추구한 것으로 유명하다. 그러나 그 역시 물질적인 욕구를 완전히 배제하고 정신적인 만족만 추구할 수는 없었다.

　도연명은 몇 번인가 관직에 나간 적이 있었지만, 성격상 교묘한 수단으로 부를 축적할 수 있는 사람이 절대 아니었다. 도연명은 늘 관직에서 물러나고 싶어했으니, 은퇴 이후의 생활에 대한 대책을 세워야 했다. 즉, 물질적인 필요를 충족시킬 수 있는 준비가 필요했다.

도연명은 각고의 노력 끝에 집에서 멀지 않은 팽택彭澤의 현령으로 부임했다. 이때 "잠시 장단 맞춰 노래나 불러주고, 이로써 은거생활의 밑천으로 삼으려 한다."고 자신의 심경을 밝혔다. 술을 좋아했던 도연명이 곡주를 담을 목적으로 논에 멥쌀을 심으려 하자 그의 아내가 다른 양식거리도 함께 심으라고 충고했다.

그래서 도연명은 반은 수수를 심고, 나머지 반은 멥쌀을 심어, 늘 염원해 왔던 "나는 술에 취하면 그것으로 만족하리."라는 꿈을 이루었다. 도연명이 팽택에 부임한 지 얼마 되지 않아 연말을 맞이하여 독우督郵가 시찰을 나왔다.

이때 옆에 있던 현리縣吏가 도연명에게 의관을 갖추고 문밖에 나가 공손히 독우를 맞이해야 한다고 권했으나, 도연명은 전혀 마음이 내키지 않았다.

"도대체 독우가 무엇이길래 쌀 다섯 말에 허리를 굽힐 수 있단 말인가?"

이때 마침 여동생의 병이 깊어지자 도연명은 이것을 핑계삼아 관직을 내던지니, 팽택현이 그의 마지막 부임지가 되었다. 스물아홉 살에 관직에 나가 마흔한 살에 고향으로 돌아온 도연명이 벼슬살이를 한 것은 총 13년간이었다.

그 13년 동안 도연명은 항상 관리가 되는 것과 자연에서의 삶 사이에서 갈등했으며, 나날이 심해지는 관직 사회의 암투에 염증을 느꼈다.

"동쪽 울타리에 난 국화를 캐고 남산에 콩을 심는다."는 말은 천하를 품에 안으려는 이상과 포부, 격정적인 감정을 지닌 청년이 옳고 그름에 대한 가치판단이 뒤바뀌는 현실 속에 고통스러워하는 모습과 같다.

도연명은 자연의 멋을 이해하고 그 안에서 평온한 삶을 누렸지만, 늘 기본적인 생계 문제로 괴로워했다. 그는 시를 통해 "나는 술에 취하면 그것으로 족하다."고 말했는데, 이것은 바로 예술과 현실 사이에서 그가 찾은 타협점이다.

궁지에 빠졌을때는 일의 처음을 되돌아보고
성공을 거두었을 때는 일의 마지막을 살펴야한다

事窮勢蹙之人 當原其初心.
사궁세축지인 당원기초심
功成行滿之士 要觀其末路.
공성행만지사 요관기말로

역 문

일이 잘 풀리지 않아 궁지에 빠진 사람은 반드시 처음 시작할 때의 마음을 돌아보아야 한다. 성공하여 만족스러운 사람은 반드시 그 일의 마지막을 미리 내다보아야 한다.

예 화

이 세상에는 권력에 빌붙어 부를 좇으며 가난한 이들을 무시하는 사람들이 아주 많다. 이들은 대부분 인품이나 도덕과 같은 정신세계를 중요시하지 않는데, 바로 이것이 현대인의 인성을 삐뚤어지게 하는 원인이다.

그래서 『채근담』에서는 "일이 잘 풀리지 않아 궁지에 빠진 사람은 반드시 처음 시작할 때의 마음을 돌아보아야 한다. 성공하여 만족스러운 사람은 반드시 그 일의 마지막을 미리 내다보아야 한다."고 말했다.

또 속담 중에는 "몸을 움직이는 자는 하루가 짧고, 멀리 내다보는 자는 하루가 길다."는 말도 있다. 이는 평온한 마음으로 부귀영화와 모든 고통, 불행을 받아들여 담담하고 태연하게 행동해야 한다는 뜻이다. 그러나 요즘 사람들은 모두 부와 권력의 크기로 인간의 능력을 평가하려 하니, 이는 분명 잘못된 사회풍조이다.

이것을 역으로 생각해 보면, 편안할 때 위기에 대비하고 미리 앞날을 예측해야 한다는 뜻으로 풀이할 수도 있다. 역사 속의 수많은 충신들이 왕에게 간언했던 내용이 바로 이것이며, 그중 장량張良의 진언이 대표적인 예이다.

기원전 202년, 한고조漢高祖 유방劉邦은 장량의 책략으로 큰 전쟁 한 번 치르지 않고 진秦의 수도 함양咸陽에 입성하는 데 성공했다. 그는 왕궁으로 들어가 화려하게 장식된 기둥과 대들보, 정교한 구조로 이루어진 건물, 헤아릴 수 없이 많은 진귀한 골동품, 아름다운 궁녀와 귀부인을 보자 마치 별천지에 와 있는 듯한 느낌이 들었다.

생전 처음 보는 풍경에 이리저리 두리번거리다 보니 작은 시골 마을 정장亭長 출신인 유방은 어느새 이 모든 것에 마음을 빼앗겨 버렸다. 이와 동시에 천하를 얻고자 했던 계획을 잠시 뒤로 미루고, 새로운 세상을 즐겨야겠다는 생각이 들었다. 이때 장량이 나서서 유방에게 충고했다.

"진 왕조가 도덕성을 상실했기 때문에 전국의 백성들이 반기를 들고 일어났습니다. 주군은 바로 그 기세를 타고 흉악한 무리들을 제거하여 천하와 백성들을 편안케 할 수 있는 기회를 잡은 것입니다. 이제 곧 주군이 천하를 제패할 것이니 주군께서는 반드시 진 왕조의 악습을 타파하고 백성들에게 새로운 모습을 보여주어야 합니다. 그런데 지금 주군은 진 왕조의 궁에 들어오자마자 탐욕과 향락에 빠져들려 하고 있습니다. 지금 성공을 눈앞에 두고 있는데, 이 모든 것을 뒤로 미루시려 하십니다. 부디 다시 한 번 심사숙고해 주십시오."

유방은 장량의 충고를 듣고 비로소 자신이 큰 실수를 저지를 뻔했음을 깨달았다. 그래서 즉시 궁문을 폐쇄하고, 군영으로 돌아와 군사를 재정비하여 다시 천하 통일을 도모했다. 그 후, 유방은 초한楚漢전쟁을 승리로 이끌면서 새로운 왕조를 여는 개국 황제가 되었으니, 이것은 그가 귀에 거슬리는 말이라도 아랫사람의 충고를 받아들일 줄 알았기 때문이다.

부귀한 자는 마땅히 너그러워야 하고
총명한 자는 마땅히 재주를 감추어야 한다

富貴家宜寬厚 而反忌刻 是富貴而貧賤其行矣! 如何能享?
부귀가의관후 이반기각 시부귀이빈천기행의 여하능향
聰明人宜斂藏 而反炫耀 是聰明而愚懵其病矣! 如何不敗?
총명인의렴장 이반현요 시총명이우몽기병의 여하불패

역 문

부귀하면 당연히 너그럽고 후덕해야 하건만 오히려 사람을 싫어하고 각박하게 군다면, 부귀하면서 행실은 가난하고 천하니, 어찌 복을 누릴 수 있겠는가? 총명한 사람이라면 당연히 재능을 덮고 감추어야 하건만 오히려 드러내고 자랑한다면, 총명하면서 어둡고 어리석은 병폐를 가지고 있으니, 어찌 실패하지 않겠는가?

예 화

타인에게 인자하고 후덕하게 대하면 넓은 도량을 키우고 고상한 인격을 수양할 수 있으니 이 행실을 마다할 이유가 없다. 가난한 자와 부귀한 자의 차이는 물질적인 것이 아니라 얼마나 넓은 도량과 고상한 인품을 지녔는가로 판단해야 한다. 그래서 옛 성현들은 부귀영화를 '썩은 분뇨 더미' 나 '버려진 낡은 신발' 처럼 생각했고, 맑고 우아한 인품은 '고상한 미덕' 으로 칭송했다. 올바른 인간이 되려면 재능을 감추고, 부귀하다고 해서 거만하고 오만하게 행동하지 않으며, 가난에서 오는 열등감을 버려야 한다.

위魏나라 문후文候는 이에 딱 알맞은 본보기로 그의 진실하고, 상냥하고, 인자한 성품 때문에 수많은 인재가 모여들어 그를 보좌했다.

문후는 중국 역사상 가장 훌륭한 임금 중 한 명으로, 특히 인재를 가려내어 등용하는 일을 매우 중요시했다. 또한 진실과 믿음을 삶의 원칙으로 삼아 이를 목숨처럼 소중히 지켰다. 그는 수많은 인재들과 교류하면서 단 한 번도 '임금'의 자리를 내세워 잘난 체하지 않았다.

문후는 뛰어난 재능을 지녔으나, 평생 관직의 유혹에 흔들리지 않았다는 단간목段干木이 서하西河의 작은 마을에 은거하고 있다는 소문을 듣고, 직접 그를 찾아갔다. 문후는 화려한 수레를 타고 기세등등하게 서하에 도착하여 단간목의 집을 찾아가 직접 문을 두드렸다. 그러나 단간목은 일부러 문후를 피해 숨어버렸다.

다음날 이른 아침, 문후는 수레를 마을 밖에 세워두고 직접 걸어서 단간목의 집을 또 한 번 찾아갔으나 그가 이미 자리를 피한 뒤라 만날 수 없었다. 문후는 "과연 명예와 이익에 현혹되지 않는 고명한 인재로다!"라고 감탄했다. 그리고 이날 이후 한 달 동안 날마다 단간목을 찾아갔다.

결국 단간목은 문후의 정성에 감동하여 모습을 드러냈다. 문후는 단간목과 함께 궁으로 돌아와 예의를 갖추고 그를 스승으로 모셨다. 그 후 온 나라의 인재들이 이 소식을 듣고 구름처럼 궁으로 몰려들어 문후는 수많은 인재를 거느리게 되었다. 그러자 이웃 진秦나라는 이들을 두려워하여 감히 위나라를 넘보지 못했다.

진심과 정성을 다해 사람을 대할 때는 그가 부귀한 사람이든 한 나라의 임금이든 혹은 평범한 백성이든 모두 평등하게 대해야 한다. 문후가 온 정성을 다해 단간목을 등용한 이야기를 통해 그가 너그럽고 인자하며, 절대 타인에게 까다롭거나 각박하게 굴지 않고, 한결같은 평등원칙을 고수했던 임금이었음을 알 수 있다. 단간목 역시 재능을 뽐내거나 과장하는 사람이 아니었기 때문에 처음 문후가 찾아왔을 때 자리를 피했던 것이다. 두 사람의 겸손 처세법은 막상막하라 하겠다.

높은 곳에 오르면 위태로움을 알게 되고
말이 적으면 시끄러움의 문제점을 알게 된다

居卑而後知登高之爲危 處晦而後知向明之太露
거비이후지등고지위위 처회이후지향명지태로
守靜而後知好動之過勞 養默而後知多言之爲躁.
수정이후지호동지과로 양묵이후지다언지위조

역 문

낮은 곳에 살아 본 후에야 높은 곳에 오르는 일이 위태로움을 알게 된다. 어두운 곳에 처해 본 후에야 밝은 곳을 향하기가 눈부심을 알게 된다. 고요함을 지켜 본 후에야 분주한 움직임이 헛수고임을 알게 된다. 침묵해 본 후에야 말 많은 것이 시끄러움을 알게 된다.

예 화

일이 진행되는 상황을 면밀히 살피며, 어떤 일이든 표면적인 현상에 현혹되지 말고 그 본질을 꿰뚫어볼 줄 알아야 한다. 동시에 차분히 절개를 지키면서 순수하고 깨끗한 마음을 잃지 않도록 해야 한다. 이것이 바로 세상을 살아가는 가장 현명한 방법이다. 정말 현명한 사람은 물러남으로써 나아가고, 부드러움으로 강한 것을 이길 수 있으며, 말 한마디 하지 않고도 상대방을 제압할 수 있다.

　제齊나라 위왕威王은 왕위에 오른 후, 매일 연회를 열어 음주가무를 즐기며 향락에만 빠져 지냈다. 그 사이 9년이라는 세월이 흐르고 제나라는 점점 혼란스러워 졌다. 수많은 대신들이 상소를 올려 끊임없이 충언했지만 전혀 소용이 없었다. 오히려 위왕은 바른 말을 하는 신하들을 입궁하지 못하게 했다.

그러던 어느 날, 추기鄒忌라는 거문고 연주자가 위왕을 찾아왔다. 거문고 연주를 특히 좋아하는 위왕 앞에서 추기는 거문고를 가리키며 정중하게 말했다.

"거문고 소리는 인격을 수양하는 데 크게 도움이 됩니다. 이 거문고의 길이는 3척, 3촌, 3분으로 나누어져 있으니, 마치 1년을 365일로 나누어놓은 것과 비슷합니다. 또 그 모양이 위는 둥글고 아래는 네모지니 이것은 마치 왕께서 다스리고 있는 천하와 같은 형태입니다. 다섯 개의 줄은 군신의 도를 뜻합니다. 따라서 거문고 연주는 폐하께서 매일매일 정도를 지키며 천하를 다스리는 일과 같습니다. 퉁겨야 할 줄을 퉁기고 퉁기지 말아야 할 줄은 퉁기지 말아야 하는 것처럼 임금과 신하는 각기 주어진 본분을 지켜야 합니다. 모두가 자신의 맡은 바 책임을 다해야만 나라가 편안해지고, 민심이 안정되며, 백성들의 생활이 풍요로워지고, 나라가 부강해질 수 있습니다."

위왕은 듣다못해 화를 내며 말했다.

"내가 너를 부른 이유는 좋아하는 거문고 연주를 듣기 위해서이다. 그런데 너는 지금 내 앞에서 거문고를 가지고 무얼 하려는 것이냐?"

잠시 침묵을 지킨 추기가 웃으며 답변했다.

"제가 거문고를 만지기만 하고 연주를 하지 않으니 화가 나셨군요. 하지만 왕께서는 즉위하신 지 9년이 넘도록 나라를 다스리는 일에 관심이 없으시니 제나라 백성들은 얼마나 화가 나겠습니까?"

그말에 부끄러워진 위왕은 추기의 손을 꼭잡으며 말했다.

"자네가 나를 깨우쳤네. 이제야 올바른 도리가 무엇인지 알겠네. 정말 고맙네."

얼마 후 추기는 제나라의 재상이 되었고, 이후로 제나라는 급속도로 부강해지기 시작했다. 추기는 비록 미천한 신분이었지만 거문고 기법에 군왕의 도리를 접목시켜 향락에 빠진 왕을 일깨우고 위기에 빠진 제나라를 구해냈다.

공명을 좇는 자는 오히려 이름을 더럽히고
사심 없이 애쓰는 자는 절로 향기로운 이름을 얻는다

放得功名富貴之心下 便可脫凡
방득공명부귀지심하 변가탈범
放得道德仁義之心下 纔可入聖.
방득도덕인의지심하 재가입성

역 문

부귀공명에 대한 욕심을 버려야 용렬함에서 벗어날 수 있고, 인의와 도덕에 대한 구속에서 벗어나야 비로소 성인의 경지에 들어설 수 있다.

예 화

중국 고전 소설 『홍루몽紅樓夢』 중에 「호료가好了歌」라는 시구가 나온다. 이 시는 "사람들이 모두 신선을 좋아한다고 말하는 것은 그 이름에 대한 욕심에 끝이 없기 때문이다."고 시작하여 "잡초가 온 들판을 뒤덮어버렸다."고 끝을 맺는다. 결국 너무 '좋아했기好' 때문에 실패로 '끝나버린了' 것이다.

사람들은 모두 명예와 부귀는 물과 구름처럼 흘러가는 것이라고 말하면서도 결국 재물과 명예, 부귀영화의 욕심에 얽매여 스스로 파멸을 향해 치닫는다.

당나라 권고權皐는 앞날을 내다볼 줄 아는 현명한 사람이었다. 권고는 자가 자유子由이고, 청렴결백한 성품으로 명성이 높았다. 당시 권력을 독점하고 있던 안녹산安祿山이 권고를 자신의 참모로 임명했다.

권고는 안녹산이 시기 질투가 심하고 장차 모반을 일으킬 것임을 예감하여 그를 멀리하려 했으나, 자신의 부모가 안녹산에게 연루되어 있어서 드러내고 거절할 수 없었다. 천보天寶 14년, 안녹산은 권고를 경성으로 파견하여 포로들을 호송하도록 명령했다. 권고는 포로를 호송하던 도중에 복창福昌 태수 중모仲謨를 만나, 병을 핑계삼아 잠시 그에게 머물며 기회를 엿보아야겠다고 마음먹었다. 그러나 권고는 막상 중모를 만나자 너무 떨려 "죽네."라는 모호한 말밖에 못했다.

이에 권고의 의도를 파악한 중모는 그가 부모님 상을 당해 고향으로 돌아가는 것처럼 일을 꾸며 주었고, 권고는 이 기회를 틈타 안녹산에게서 도망칠 수 있었다. 모반에 실패한 안녹산이 사형을 당하고, 권고가 안녹산의 모반을 미리 예상하여 그 곁을 떠났음이 알려지자 천하의 영웅호걸들이 앞다퉈 그를 등용하려 했다. 하지만 권고는 모든 제의를 거절했다.

역사상 권고처럼 훌륭한 인재들은 주인을 가려 섬기거나, 공을 세운 후 알맞은 시기에 스스로 물러날 줄 아는 지혜를 발휘했다. 때에 따라서 아예 혼란한 속세를 멀리하고 은거를 선택하기도 했다. 이와는 반대로, 물러나야 할 때를 지나쳐 목숨을 잃은 사람도 많았으니, 준양準陽 사람 한신韓信이 그러했다. 한신은 유방이 천하를 제패할 때 가장 많은 공을 세운 인물이다. 유방은 한신의 공을 높이 인정하여, 그를 '삼걸三杰' 중 한 명으로 꼽았고, 제왕齊王에 봉했다. 그러나 누군가 유방에게 한신이 모반을 꾀하고 있다고 말했고, 유방은 당장 한신을 잡아들였다.

이에 한신은 "교활한 토끼가 죽고 나면 사냥개는 주인에게 삶아 먹히고, 잡을 새가 없어지면 좋은 활도 쓸모없어진다더니, 천하가 평정되니 나를 죽이려 하는구나."라고 말했다. 한신은 경성으로 압송되었고, 준음후準陰候로 관직이 강등되었다. 그리고 결국 10년 후 유방의 손에 죽임을 당했다. 한신은 분에 넘치는 풍요로움과 부귀공명을 누렸기에 비극적인 결말을 맞이했다. 한신은 유방이 인의도덕에 충실한 사람이기 때문에 자신의 말을 무조건 믿어줄 것이라고 믿었다. 그러나 바로 이런 생각이 화를 자초했고, 나중에 후회해 봤자 이미 소용없었다.

재주를 과신하면 자신을 해치고
지나친 편견은 남을 해친다

利欲未盡害心 意見乃害心之蟊賊
이욕미진해심 의견내해심지모적
聲色未必障道 聰明乃障道之藩屛.
성색미필장도 총명내장도지번병

역 문

욕심이 사람의 마음을 해치는 것이 아니라, 독선적인 생각이 마음을 해치는 가장 큰 적이다. 여색이 도를 가로막는 것이 아니라, 총명함이 오히려 도를 가로막는 장애물이다.

예 화

명예냐 치욕이냐, 혹은 성공이냐 실패냐 하는 문제는 '탐욕' 이란 두 글자에 달려 있다. 탐욕을 버리면 마음이 평온해지고 심적으로 자유로워진다. 이런 상태에서는 재능과 용기, 지혜를 최대한 발휘할 수 있기 때문에 뜻하는 바를 모두 이룰 수 있다. 그러나 탐욕에 얽매이면 아무것도 이루지 못한다. 한때 온갖 부귀영화를 누렸던 많은 사람들이 결국 화를 면치 못해 제명에 죽지 못한 이유가 바로 여기에 있다.

　진秦나라 역사를 살펴보면 진이세(秦二世, 진시황의 아들—옮긴이)가 이사李斯를 죽이고, 조고趙高가 진이세를 죽인 사건이 있다. 이들의 최대 비극은 자신이 세상에서 가장 똑똑하다고 생각하여 아집을 버리지 못했기 때문이다.

이사는 조고에게 모진 고문을 당하자 결국 고통을 견딜 수 없어 거짓 자백을 하고 말았다. 그러나 여전히 망상을 버리지 못하고 자신을 변호하는 상소를 써서 진이세에게 올리려고 했다. 이사는 상소에서 지난날 자신이 세운 공적을 내세우며 절대 왕을 배반할 뜻이 없었다며 결백을 주장했다. 그는 만일 진이세를 직접 만날 수 있다면 설득하여 죄를 벗을 수 있을 것이라고 생각했다.

그러나 조고는 사람을 시켜 이사가 감옥 안에서 쓴 편지가 진이세에게 전달되지 못하도록 가로챘다. 그러고는 오히려 "죄인이 무슨 자격으로 황제폐하께 상소를 올린단 말이냐?"라며 이사를 꾸짖었다.

조고의 권력이 점점 강대해지자, 그의 수하에는 더 많은 사람들이 모여들었다. 조고는 자기 수하들을 각각 어사御使, 알자謁者, 시중侍中 등의 요직에 배치시키고, 다시 10여 개 조로 나누어 옥에 가둔 이사를 끊임없이 괴롭혔다.

조고는 언제든지 이사가 진실을 말하면, 곧바로 부하들을 시켜 그를 독살할 계획이었다. 진이세는 감옥으로 사람을 보내 이사를 만나 그가 자백한 내용을 다시 한 번 검증하게 했다. 이사는 끝까지 아집을 버리지 못하고 결백을 주장하다가 조고의 부하들에게 모진 고문을 당했다.

그리고 결국 자신이 거짓 자백한 대로 모든 죄를 인정할 수밖에 없었다. 진이세는 최종 심문 결과를 보고 받고 매우 만족스러워하며 "조고가 아니었다면 이사에게 속아넘어갈 뻔했구나."라고 말했다. 진이세가 즉위한 지 2년 7개월째 되는 날, 이사는 오형법에 따라 함양咸陽에서 공개 처형됐다.

한편 조고를 총애하고 그의 말만 듣던 진이세는 결국 조고의 손에 죽음을 맞이했다. "독선적인 생각은 자신을 해치고 편견은 남을 해친다."와 "총명함이 도를 가로막는다."는 말은 절대 허튼 소리가 아니다.

한 걸음 물러서면 두 걸음 내밀 자리가 나고
작은 공을 양보하면 큰 공을 얻을 기회가 생긴다

人情反復 世路崎嶇.
인정반복 세로기구
行不去處 須知退一步之法 行得去處 務加讓三分之功.
행불거처 수지퇴일보지법 행득거처 무가양삼분지공

역 문

사람의 마음은 끊임없이 변하고 인생 여정은 매우 험난하다. 가다가 힘들면 한 걸음 물러설 줄 알고, 쉽게 갈 수 있는 곳에서는 공을 양보할 줄 알아야 한다.

예 화

양보와 관용은 예나 지금이나 변함없는 이상적인 처세법이다. 그래서 『채근담』에서도 양보와 관용을 여러 번 반복하여 그 뜻을 분명히 설명하고 있다.

　역사 속에서도 이런 사실을 뒷받침해 주는 사건이 수없이 많다. 인내와 양보, 즉 한 걸음 물러서서 상대방을 배려하는 자세는 우리 모두를 이롭게 한다. 원수를 만들지 않아야 세상이 넓어지고, 내가 먼저 양보하면 사람들과 화목하게 지낼 수 있으니, 이것이 곧 복을 뿌리는 일이다.

　송宋나라 곽진郭進이 조정의 명을 받아 산서山西 지역을 순찰할 때, 한 군교軍校가 그를 조정에 고발했다. 이에 송태조太祖는 곧 바로 그 군교를 불러들여 자세히 조사했고, 결과적으로 그가 곽진을 모함했다는 사실을 밝혀냈다.

　송태조는 그 군교를 산서로 압송시켜 곽진에게 직접 처리하도록 했다. 곽진의 주변 사람들은 모두 그를 죽여야 한다고 입을 모았지만, 곽진은 그렇게 하지 않았다. 그때 마침 적군이 침입해 오자 곽진이 그 군교에게 말했다.

"네가 감히 황제에게 나를 모함했으니, 너는 대단한 용기를 지닌 것이 분명하다. 나는 지금 지난날의 잘잘못을 따지려는 게 아니다. 대신 네게 죄를 씻을 수 있는 기회를 주려고 한다. 지금 네가 불시에 적을 공격하여 임무를 완수한다면, 나는 너를 조정에 추천할 것이다. 그러나 만일 실패한다면 내가 검을 더럽히지 않도록 스스로 강에 몸을 던져라."

그 군교는 곽진의 말에 크게 감동하고 고무되어 목숨을 걸고 용감히 싸워 기습 작전을 승리로 이끌었다. 곽진은 약속대로 그 군교를 조정에 추천했고, 그는 죄를 씻고 높은 관직에 올랐다.

다른 사람이 나에게 잘못한 일이 있어도 너그럽게 용서하고 원한을 만들지 않아야 상대방도 나에게 진심을 다해 보답한다. 한 번 참고 한 걸음 양보하면, 나에게도 남에게도 이롭다. 이렇게 하면 인생의 모든 장애물을 제거할 수 있고, 미래로 향하는 길은 탄탄대로가 될 것이다.

속 좁은 자를 미워하지 말고
마음이 넓은 자를 공손하게 대하라

待小人 不難於嚴 而難於不惡
대소인 불난어엄 이난어불오
待君子 不難於恭 而難於有禮.
대군자 불난어공 이난어유례

역 문

소인을 대할 때 엄하게 꾸짖기는 어렵지 않으나, 미워하지 않기는 어렵다. 군자를 대할 때 공손히 대하기는 어렵지 않으나, 올바른 예를 갖추기는 어렵다.

예 화

"소인을 대할 때 엄하게 꾸짖기는 어렵지 않으나, 미워하지 않기는 어렵다. 군자를 대할 때 공손히 대하기는 어렵지 않으나, 올바른 예를 갖추기는 어렵다."는 이 말은 상대방에게 적합한 예의를 갖추는 일이 얼마나 어려운지를 말해 준다. 소인배를 꾸짖고 군자를 존경하는 일은 누구나 쉽게 할 수 있지만, 누구에게나 지조를 지키고 법도에 맞는 예를 갖추기란 결코 쉬운 일이 아니다.

　작자 미상으로 전해지는 명明나라 소설『양가장연의楊家將演義』를 보면, 양문광楊文廣의 아들 양회옥楊懷玉이 절대 권력을 지닌 세력가들에게 아부하거나 빌붙지 않는 강직한 성품을 지닌 것으로 묘사되어 있다.

　송宋나라 신종神宗이 즉위할 때, 양문광은 서역 이민족과 신라를 토벌한 공을 인정받아 '무적대장군無敵大將軍'에 봉해졌다.

그러나 얼마 지나지 않아 간신 장무張茂가 양문광을 모함하여 양씨 집안은 멸문지화의 위기에 놓였다.

바로 이때 양회옥이 장무를 죽이고 속세를 떠나는데, 강직한 성품을 지닌 양회옥에게도 장무처럼 간악한 인간을 미워하지 않기란 결코 쉽지 않았다.

양문광의 결백이 밝혀지고 신종은 양회옥을 조정관리로 등용하여 국사를 돌보게 하려 했으나, 그는 이를 끝까지 거절하고 속세를 떠났다. 양회옥은 신종에게 군신간의 바른 예의를 갖출 자신이 없었던 것이다.

결국 고향으로 돌아간 양회옥은 몸소 밭을 갈고 씨를 뿌리며, 평생 자급자족함으로써 한 세상 청백리로 이름을 남겼다.

모든 사람에게 올바른 예를 갖추며 살아가기란 결코 쉽지 않다. 특히 간악한 소인배와 고상한 군자를 대하는 일은 더욱 어렵다. 양회옥처럼 강인한 정신을 지닌 사람도 이를 견뎌내지 못한 채 지친 심신을 이끌고 속세를 떠나 은거함으로써 괴로움을 해결하지 않았는가.

우직함을 모아서 세상을 바르게 하고
분수를 지켜서 세상을 깨끗하게 한다

寧守渾噩而黜聰明 有些正氣還天地
영수혼악이출총명 유사정기환청지
寧謝紛華而甘澹泊 遺個淸白在乾坤.
영사분화이감담박 유개청백재건곤

역 문

총명하기보다는 우직함을 지켜 세상에 바른 기운을 남겨라. 화려하기보다는 소박함을 지켜 세상에 맑고 깨끗한 이름을 남겨라.

예 화

간악한 속임수와 가식을 버리고, 소박하고 진실한 삶을 살아야 세상에 바른 기운을 남길 수 있다. 부귀영화의 유혹을 떨쳐버리고 속세의 이권 다툼을 멀리하면서, 소박하고 조용한 삶을 추구해야 깨끗하고 바른 기운을 얻을 수 있다.

   예로부터 청렴결백한 관리들이 대중의 존경을 받은 이유는 늘 진실하고 도리에 어긋나지 않게 행동하면서 솔직하고 욕심 없는 깨끗한 마음을 지녔기 때문이다. 부귀영화와 명예, 권력 등은 결국 구름과 연기처럼 한 순간에 사라질 수 있으니, 오직 고요하고 깨끗한 마음만이 행복을 오랫동안 누리게 해준다.

   조궤趙軌는 수隋나라 하남河南 낙양洛陽 사람이다. 아버지 조숙趙肅은 동위東魏의 태위太衛를 지내면서 청렴결백한 관리로 세상에 이름을 떨쳤다. 조궤는 어려서부터 학문을 좋아했고, 인격을 수양하는 데에도 최선을 다했으며, 어른이 된 후에는 아버지의 뜻을 이어 역시 청빈한 삶을 산 것으로 유명하다.

수나라 초, 조궤는 제주(齊州, 지금의 산둥성 지난시) 별가別駕로 부임하여 뛰어난 업적을 남겼다. 조궤의 이웃집에는 뽕나무가 있었는데, 그 가지가 조궤의 집으로 뻗어 들어와 열매가 정원으로 떨어졌다.

이것을 본 조궤는 하인을 시켜 뽕나무 열매를 모두 주워 이웃집에 돌려주도록 했고, 이것을 기회삼아 자식들에게 엄하게 충고했다.

"나는 명성을 높이려고 뽕나무 열매를 돌려준 것이 아니다. 이는 내가 노력하여 얻은 것이 아니니, 당연히 내가 가지면 안 된다고 생각한 것뿐이다. 너희도 항상 이 점을 명심해야 한다."

조궤는 제주에서 일하는 4년 동안, 훌륭한 업무성과를 올려 조정의 중요 관직에 임명되었다. 그가 제주를 떠날 때, 아버지 조숙과 많은 친지들이 전송 나와 아쉬움에 눈물을 흘렸다. 전송 나온 사람들 중 누군가 이렇게 말했다.

"별가는 이곳에 부임해 있는 동안 단 한 번도 뇌물을 받지 않았으니, 이는 물과 불이 서로 섞일 수 없는 것과 같은 이치요, 그를 위해 성대한 송별연을 벌이지 못한 까닭도 그 때문이오. 별가는 물처럼 맑고 깨끗한 사람이니, 이 맑은 물 한잔을 올리는 것으로 송별연을 대신 할까 하오."

조궤는 두 손으로 물을 받아들고 단숨에 마셨다.

조궤는 평생 맑고 깨끗한 인품과 진실하고 올바른 인간성을 지켰으니, "세상에 바른 기운을 남기다.", "세상에 깨끗한 이름을 남기다."라는 말을 분명히 실천한 사람이었다. 조궤의 고상한 인품과 맑은 지조가 시대를 뛰어넘어 많은 사람들에게 칭송받는 데는 그럴 만한 이유가 충분히 있다.

마귀를 제압하려면 먼저 마음을 제압하고
포악함을 제압하려면 먼저 객기를 제압하라

降魔者 先降自心 心伏 則群魔退聽.
항마자 선항자심 심복 즉군마퇴청
馭橫者 先馭此氣 氣平 則外橫不侵.
어횡자 선어차기 기평 즉외횡불침

역 문

마귀를 제압하려면 먼저 자신의 마음부터 제압하라. 마음을 제압하면 모든 마귀는 스스로 물러난다. 포악함을 제압하려면 먼저 객기부터 제압하라. 객기가 제압되면 포악한 마음이 침입할 수 없다.

예 화

불교에서는 마음을 육적六賊 중의 하나로 보았다. 모든 망상과 욕심이 마음에서 비롯되기 때문이다. 망상과 욕심은 마음을 고요하고 평온하게 내버려두지 못하고 이리저리 날뛰게 만든다. '지혜'로도 어지러운 마음을 다스릴 수 없기 때문에 불교에서는 마귀가 내리면 마음은 무릎을 꿇을 수밖에 없다고 한다.

그러나 이때 채근향으로 마음을 안정시킬 수 있고, 마음이 안정되면 자연히 열기가 가라앉으며, 마음이 평안하면 가정도 안정된다. 불교에서는 "마음이 평화로우면 이것이 곧 부처이다."라고 말했다.

이처럼 평상심을 유지하면 곧 사람이 편안해지니, 이것은 나라를 다스리는 데도 아주 효과적이다. 망상과 욕심을 버리고 모든 속박에서 벗어나면, 자연스럽게 마음이 평안해지고 아무도 나를 침범할 수 없다.

이응李膺의 자는 원예元禮이며, 동한東漢 말기의 청렴결백한 관리로 유명하다. 그는 처음 벼슬길에 들어섰을 때부터 사악함을 아주 혐오했고, 곧고 바른 행동을 고집하여 깨끗하고 공평하게 일을 처리했다.

이응의 곧은 성품은 그가 새로운 임무를 부여받을 때마다 부패한 관리들이 미리 겁을 먹고 스스로 관직에서 물러날 정도로 유명했다.

한나라 환제桓帝가 가장 총애했던 환관 장양張讓의 동생 장삭張朔이 야왕野王 현령으로 임명되었다. 장삭은 천성이 간사하고 탐욕스러운데다 임산부를 칼로 찔러 죽일 만큼 흉악하고 인간으로서의 도리를 전혀 갖추지 못한 사람이었다.

장삭은 어느 날 이응이 사예교위司隸校尉에 임명된다는 소식을 듣고 두려워하여 스스로 현령직에서 물러났다. 또한 그동안 지은 죄를 추궁당할 것이 염려되어 수도 낙양에 있는 형 장양의 집으로 도망가 벽장 속에 숨어 지냈다.

이 사실을 알게 된 이응은 포졸들을 데리고 장양의 집으로 가 벽장을 뚫고 장삭을 체포했다. 그러고는 장삭을 낙양 감옥으로 압송하여, 신속하게 사건을 심문한 뒤 처리했다. 장삭은 머리를 조아리며 죄를 인정했으나, 곧 바로 사형을 당했다.

이응은 법을 어긴 사람을 체포하여 죗값을 엄격히 치르게 하는 데 추호의 망설임도 없었다. 가장 높이 평가할 일은 이응의 일처리가 늘 공평했고 일말의 사심도 없었다는 점이다. 이응은 모든 일을 차분하고 담담하게 처리하면서 단 한 번도 개인적인 명예나 이해득실을 따진 적이 없었다.

따라서 이응은 근심걱정이나 조급해할 이유가 없었다. 또한 물욕에 흔들리지도 않았고 단단한 바위처럼 어떤 권력에도 두려워하지 않았다. 수많은 부패 관리들이 그의 이름만 듣고도 스스로 관직을 버리고 도망칠 정도로 강직했다.

부실한 씨앗을 뿌리면 수확이 적고
나쁜 친구를 사귀면 인생을 그르친다

敎弟子如養閨女 最要嚴出入 謹交游.
교제자여양규녀 최요엄출입 근교유
若一接近匪人 是淸淨田中下一不淨種子 便終身難植嘉禾矣!
약일접근비인 시청정전중하일부정종자 변종신난식가화의

역문

제자를 교육할 때는 딸아이를 기르듯 출입을 엄격히 단속하고 친구 관계를 신중히 관리해야 한다. 만일 나쁜 친구와 가까이 하게 되면, 깨끗한 논밭에 안 좋은 씨앗을 심는 것과 같으니 평생 풍성한 수확을 기대할 수 없다.

예화

제자에게 학문을 가르칠 때, 반드시 엄격하고 분명한 원칙을 세워두어야 한다. 특히 제자들이 친구를 사귈 때, 신중하고 조심스럽게 행동하도록 해야 한다. 옛말에 "인주를 가까이 하면 붉게 물들고, 먹을 가까이 하면 검게 물든다."고 했다. 환경이 사람을 바르게 만들 수도 있고, 나쁘게 만들 수도 있다는 말이다.

　유종주劉宗周의 어머니 장章씨는 명明나라 가정嘉靖 30년, 산양현山陽縣의 한 선비 집안에서 태어났다. 그녀는 한 번 본 책의 내용을 모두 기억할 만큼 총명했다. 특히 시문과 역사를 좋아해 장씨가 지은 시를 읽은 사람들은 칭찬을 아끼지 않았다.

　성인이 된 후, 장씨는 같은 마을에 사는 수재秀才 유파劉坡와 혼인했다. 그러나 그녀가 27세가 되던 해, 유파는 갓 돌을 넘긴 딸과 아직 뱃속에 있는 유종주를 남기고 세상을 떠났다. 장씨는 두 아이를 데리고 친정으로 돌아가 집안의 가장으로서 가족들의 생계를 책임지는 한편, 아들을 훌륭한 인재로 키우기 위해 힘썼다.

유종주는 어린 시절 놀기만 좋아하여 매일 이웃 아이들과 어울려 물고기를 잡으러 가거나 숨바꼭질 놀이를 했다. 그러던 어느 날, 장씨는 작은 방을 깨끗이 비운 다음 베틀 옆에 유종주를 앉혀 놓고 아침부터 저녁까지 직접 글을 가르쳤다.

장씨는 유종주가 외부의 유혹에 흔들리지 않도록 하기 위해 아예 방에서 나오지 못하게 하고 하루종일 책읽기에만 매진하도록 했다.

그러나 유종주는 게으름을 피우기 시작했고, 그러한 유종주를 장씨는 베틀 앞에 꿇어앉히고 엄하게 꾸짖었다.

"네가 이렇게 책을 읽는 데 전혀 집중하지 못하니, 무슨 결과가 있겠느냐. 네가 학문에 매진하지 않는다면, 내가 베를 짜는 것이 무슨 의미가 있겠느냐."

그리고 장씨는 송곳으로 북(베틀에서 씨올의 실꾸리를 넣는 것으로 날 틈으로 오가며 씨를 푸는 것—옮긴이)을 끊어버렸다. 유종주는 당황하며 황급히 빌었다.

"어머니, 제가 잘못했습니다. 다시는 딴 생각을 하지 않겠습니다."

이날 이후 유종주는 열심히 학문에만 매진했다. 얼마 후 그는 남들보다 어린 나이에 수재秀才에 합격했고, 곧이어 향시鄕試에 장원으로 뽑혔다. 그러나 장씨는 아들이 여기에 만족하지 않고 더욱 분발할 수 있도록 끊임없이 격려했다.

장씨의 엄격한 가정교육 덕분에 유종주는 23세에 진사進士에 합격했고, 고금의 학문에 두루 능통한 지조 있는 사상가로 널리 이름을 널리 떨칠 수 있었다.

장씨의 자식교육 성공비법은 아들의 바깥 출입을 엄격히 통제하여 나쁜 친구 관계를 끊어버리는 데서 시작되었다. 그리고 아들이 스스로 신중하게 생각하고 조심스럽게 행동하면서 최선을 다해 학문에 매진하도록 끊임없이 격려했다.

욕망을 이루는 일로 손을 더럽히지 말고
도리를 지키는 일에서 발을 물리지 말라

欲路上事 毋樂其便而姑爲染指 一染指便深入萬仞.
욕로상사 무락기편이고위염지 일염지변심입만인
理路上事 毋憚其難而稍爲退步 一退步便遠隔千山.
이로상사 무탄기난이초위퇴보 일퇴보변원격천산

역문

욕망을 아주 쉽게 얻을 수 있더라도 절대 손가락 끝에도 물들게 하지 말라. 일단 가까이 하면 깊은 낭떠러지로 떨어진다. 도리를 지키는 일이 아무리 어려워도 절대 물러서지 말라. 일단 물러서면 커다란 산이 가로막힌 듯 아득해진다.

예화

속세의 더러움에 때묻지 않고 순수한 본성을 지키기 위해서는 반드시 올바른 정신 수양이 필요하다. 정확히 언제쯤 기회가 다가올 것인지 자신의 미래를 알 수 있는 사람은 이 세상에 아무도 없다.

　노자는 "화는 복 안에 숨어 있고, 복은 화에서 생겨난다."고 말했다. 결국 세상의 모든 성공과 실패, 인생의 모든 불행과 행복은 개인적인 생각의 차이일 뿐이다.

　따라서 우리는 가장 먼저 마음을 비우고 바른 기운을 키워 이성적으로 생각하여 욕망에 끌려 다니지 않도록 해야 한다. 욕망에 얽매이지 않으면, 위기에서 벗어나 평안해질 수 있고, 화를 복으로 만들 수도 있다. 역사 속에서 살펴볼 때 욕망을 제어하는 데 가장 뛰어난 인물로 산도山濤를 꼽을 수 있다.

산도는 서진西晉 사람으로 죽림칠현 중의 한 사람이다. 산도가 관리가 되기 전 그는 아내 한韓씨에게 말했다.

"지금 우리는 비록 고생스럽긴 하지만 굶주림과 추위를 잘 견디며 부끄럽지 않은 삶을 살고 있소. 내가 걱정되는 것은 나중에 내가 삼공(三公, 최고위 관직—옮긴이)의 자리에 올랐을 때, 당신이 삼공부인으로서 여전히 올바르게 처신할 수 있을까 하는 것이오."

후에 산도는 자신의 예언대로 과연 높은 관직에 올랐다. 산도는 제후국 군주에 버금가는 작위와 봉록을 받았지만, 여전히 부지런하고 검소하게 생활하면서 청렴한 마음을 잃지 않았다. 다른 고관대작들처럼 첩을 두거나 여색을 가까이 하지도 않았고, 왕에게 하사받은 봉록이나 선물들을 모두 어려운 주변 사람들에게 나누어주었다.

한편 격현鬲縣 현령인 원의袁毅는 부패한 탐관오리의 전형으로, 중앙의 높은 관직에 있는 사람들에게 뇌물을 바쳤다. 그는 자신의 존재를 알리기 위해 산도에게도 비단 100필을 보내 왔다. 산도는 당시의 풍습에 따라 어쩔 수 없이 비단을 받긴 했으나, 바로 다락방에 넣어두고 풀어보지도 않았다.

얼마 후 원의의 부패행각이 밝혀지자, 관부에서는 그를 체포하여 정위처(廷尉處, 당시의 사법부—옮긴이)로 압송하여 심문했다. 원의는 뇌물을 받은 사람들의 이름을 낱낱이 자백했다. 산도는 원의가 체포되었다는 소식을 듣고, 다락방에 놓아두었던 뽀얗게 먼지 앉은 비단을 꺼내어 관부에 바쳤다. 그 비단 뭉치는 원의가 처음 가져왔을 때 그 모습 그대로 봉인되어 있었다.

산도는 눈앞의 이익을 탐하지 않고 욕심을 버렸기 때문에 자칫 인생을 그르칠 수도 있었던 커다란 화를 모면할 수 있었다. 순간의 선택이 생사를 결정할 수도 있다. 언제나 신중한 자세로 인간의 기본적인 도리를 지키는 데 힘써야 한다.

모든 일은 너무 깊어도 안되고
너무 얕아도 안된다

念頭濃者 自待厚 待人亦厚 處處皆濃
염두농자 자대후 대인역후 처처개농
念頭淡者 自待薄 待人亦薄 事事皆淡.
염두담자 자대박 대인역박 사사개담
故君子居常嗜好 不可太濃艶 亦不宜太枯寂.
고군자거상기호 불가태농염 역불의태고적

역 문

생각이 깊은 사람은 자신에게 후하고 남에게도 후하며 언제나 사려가 깊다. 생각이 얕은 사람은 자신에게 박하고 남에게도 박하며 하는 일마다 모두 신통치 않다. 따라서 군자의 평소 기호는 너무 농염해도 안 되고, 너무 고적해서도 안 된다.

예 화

세상의 모든 사물과 사람에게 바른 행동과 예의를 갖추려면 깊은 학식이 필요하다. 올바른 행동이냐, 잘못된 행동이냐 하는 것은 알맞은 정도를 지켰는가에 따라 결정된다. 사람을 대할 때 너무 열정적이면 상대에게 존경심이나 위엄을 느끼게 할 수 없다. 반면 너무 냉정하면 상대와 가까워질 수 없다.

따라서 우리는 항상 너무 지나치거나 부족하지 않도록 주의해야 한다. 모든 상황을 충분히 고려한 다음 가장 적당한 방법이나 행동을 취하여 중용의 도를 지켜야 한다.

송나라 철종哲宗 원우元祐 연간, 소식蘇軾이 항주杭州 행정관으로 취임했다. 그가 부임한 지 얼마 되지 않았을 때 세무관이 탈세혐의자를 압송해 왔다.

탈세혐의자는 남검주南劍州의 향공鄕貢 오미도吳味道였다. 오미도는 둘둘 말린 큰 보따리 두 개를 가지고 있었는데, 그 위에는 '서울 소시랑(蘇侍郞, 소식의 동생 소철蘇轍이 서울에서 시랑을 맡고 있었다) 댁으로 보낼 것'이라고 씌어 있었다.

이것은 음모가 분명했다. 소식은 오미도를 가까이 다가오게 하여 그 보따리 안에 무엇이 들어 있는지 물었다. 오미도는 당황해하며 떨리는 목소리로 말했다.

"저는 올 가을 운 좋게 향시에 합격했습니다. 서울로 가는 여비를 마련하기 위해 마을 사람들에게 돈을 빌려 건양建陽 비단 200필을 샀습니다. 그리고 서울로 가는 도중에 지방 도시를 지날 때마다 하나씩 하나씩 세금으로 내다보니, 서울에 도착했을 때 비단은 반도 남아 있지 않았습니다. 지금 세상에 가장 명망이 높고, 인재를 육성하고 등용시키는 데 관심이 있는 사람은 소 형제뿐이니, 나중에 사실대로 말하면 용서받을 수 있으리라 생각했습니다. 그래서 저는 선생님의 이름을 사칭하여 물건을 보낸 것입니다. 부디 용서해 주십시오."

소식은 오미도를 한번 훑어본 뒤, 문서 담당 관리를 불러와 보따리 위에 붙어 있는 종이를 떼어내고, 자신의 직함을 정확히 다시 써 붙여 그 보따리를 소시랑에게 보냈다. 그리고 따로 자유(子由, 소철의 자―옮긴이)에게 편지를 써서 오미도를 잘 보살펴주도록 부탁했다. 오미도는 여러 번 감사인사를 하고 길을 떠났다. 다음 해 서울에 잘 도착한 오미도는 과거시험에 합격했다. 오미도는 즉시 소식에게 감사편지를 썼고, 소식 또한 매우 기뻐하며 그를 초대하여 함께 옛일을 추억했다.

소식은 인생의 진정한 의미를 알고 있었다. 그는 넓은 도량을 지녀 언제나 타인에게 후하게 대했고, 덕을 베풀면서도 절도와 지조를 잃지 않았다.

재산을 자랑하면 인자한지를 묻고
권세를 내세우면 의로운지를 따져라

彼富我仁 彼爵我義 君子固不爲君相所牢籠
피부아인 피작아의 군자고불위군상소뇌롱
人定勝天 志一動氣 君子亦不受造物之陶鑄.
인정승천 지일동기 군자역불수조물지도주

역문

상대가 부를 내세우면 나는 인을 내세우고, 상대가 지위를 내세우면 나는 의로움을 내세운다. 자고로 군자는 지위에 농락되지 않는다. 사람은 반드시 하늘을 이길 수 있고, 뜻을 하나로 모으면 기질을 바꿀 수 있다. 때문에 군자는 조물주의 틀 속에 갇히지 않는다.

예화

인생의 모든 불행과 행복은 분명한 인과응보의 결과이기 때문에 지금 부귀하다고 해서 무조건 부러워할 필요는 없다. 군자는 높은 인덕을 지녔기 때문에 어떤 관직이나 봉록도 부러워하지 않는다. 깨끗하고 순수한 마음을 지닌 사람에게 부귀영화와 고관대작의 봉록 따위는 큰 의미가 없다.

　왕승건王僧虔은 환관 세도가에서 태어났다. 그는 랑아琅琊 임기(臨沂, 지금의 산둥성 린이 북부) 사람으로 왕조가 교체되는 매우 혼란한 시기에 살아 매우 신중하게 처신해야 했다. 왕승건은 여러 가지 재능 중 특히 서법에 뛰어났는데, 마침 제나라 고제高帝 소도성蕭道成도 서법에 관심이 매우 높았다.

어느 날, 소도성이 왕승건에게 서법을 겨루자고 제안했다. 글씨를 다 쓴 소도성은 왕승건에게 "누가 이겼는가?"라고 물었다.

왕승건은 "신의 글씨는 신하들 중 일등이고, 폐하의 글씨는 군주 중에 일등입니다."라고 대답했다. 이 말을 들은 소도성은 크게 웃으며 "네가 내 속셈을 알아차렸구나."라고 말했다.

소도성이 세상을 떠나고, 그 아들 소색蕭賾이 왕위에 오른 후에도 왕승건은 승진을 거듭하여 시중侍中, 좌광록대부左光祿大夫, 삼사三司직을 역임했다. 왕승건은 당시 삼사의 자리에 있는 조카 왕검王儉을 찾아가 이렇게 말했다.

"네가 이미 중책을 맡아 높은 자리에 있는데, 또 내가 나선다면 한 집안에 두 명의 삼사가 있게 되니 분명 사람들의 시선이 곱지 않을 것이다."

이런 이유로 왕승건이 삼사직을 거절하자, 소색도 어쩔 수 없이 그를 다시 시중, 좌부록대부에 임명했다. 그의 행동을 이해할 수 없었던 사람들은 그에게 왜 그 좋은 자리를 마다했느냐고 물었다. 이에 왕승건이 대답했다.

"군자는 어떻게 덕을 세울 것인가를 고민해야 합니다. 지금 나는 먹을 것과 입을 것이 풍족하고, 사회적 명예도 이미 충분합니다. 항상 나라에 보답하지 못해 부끄러움을 감출 수가 없거늘 어떻게 또 더 높은 관직에 오를 수 있겠습니까? 평범하고 아무것도 할 줄 모르는 사람이 높은 자리에 있으면 사람들의 웃음거리가 되지 않겠습니까?"

왕승건이 진정 원했던 것은 정신적으로 한없이 자유로운 세계였다. 무릇 군자와 소인의 구분이 생기는 이유는 군자는 덕을 쌓아 몸을 세우고, 소인은 겉으로 드러난 명예로 몸을 세우기 때문이다.

왕승건이야말로 『채근담』에서 말한 "상대가 부를 내세우면 나는 인을 내세우고, 상대가 지위를 내세우면 나는 의로움을 내세운다. 자고로 군자는 지위에 농락되지 않는다."는 인생의 진리를 몸소 실천한 진정한 군자라고 할 수 있다.

뜻을 세울 때는 한 걸음 높이 서고
행동으로 옮길 때는 한 걸음 물러선다

立身不高一步位 如塵裡振衣 泥中濯足 如何超達?
입신불고일보립 여진리진의 이중탁족 여하초달
處世不退一步處 如飛蛾投燈 羝羊觸藩 如何安樂?
처세불퇴일보처 여비아투등 저양촉번 여하안락

역 문

뜻을 세울 때는 남보다 한 걸음 높이 서라. 그렇지 않으면 먼지 속에서 옷을 털고 진흙탕 속에서 발을 씻는 것과 같으니, 어떻게 남을 뛰어넘을 수 있겠는가! 세상을 살면서 한 걸음 물러서라. 그렇지 않으면 마치 불나방이 등불에 뛰어들고 숫양이 울타리를 들이받는 것과 같으니, 어떻게 평온할 수 있겠는가!

예 화

한 걸음 더 높이 서지 않으면, 먼지 구덩이 속에서 옷을 털고 진흙 속에서 발을 씻는 것과 다를 바 없다. 한 걸음 물러서서 양보할 줄 모르면, 불나방이 불 속으로 뛰어들고 숫양이 울타리를 들이받는 것과 다를 바 없다.

위기 상황에 처했을 때, 과감히 포기하는 지혜를 발휘하라. 예로부터 많은 철학자들이 즐겨 사용해 온 "벼랑에 매달렸을 때는 손을 놓아라."는 말 역시 같은 맥락이다. 청나라 명신 증국번曾國藩은 관리사회의 속성을 누구보다 잘 알고 있었기 때문에 항상 가족들에게 신중히 행동하도록 충고했다.

"지금 누리고 있는 부귀는 결코 영원한 것이 아니다. 근검절약하는 습관을 길러야만 오랫동안 평안한 삶을 이어갈 수 있다."

증국번은 높은 자리에 있으면서도 사리사욕과 오만함을 멀리하여 모든 불행과 비난의 근원을 없앴다.

"우리가 지금은 풍족한 삶을 누리고 있지만, 우리 집안이 언제까지나 높은 관직에 있을 수는 없는 법이니 항상 평민으로서의 자세를 잊지 말라."

증국번은 이렇게 항상 한 걸음 물러서는 지혜를 몸소 실천했다.

그러나 역사상 수많은 명장과 명신들이 자신의 공을 지나치게 과시하거나, 중용되지 못한 울분을 참지 못해 죽음을 자초하는 등 불행한 종말을 맞이했다.

월越나라 구천句踐이 나라의 부흥에 큰 공을 세운 대부大夫 문종文種을 높은 관직에 임명하자, 범려范蠡는 문종에게 이 관직을 받아들이지 않는 것이 좋다고 충고했다. 그러나 문종은 충고를 귀담아듣지 않았다. 범려는 구천이 다른 사람과 어려움을 함께 이겨내기는 하지만, 다른 사람과 복을 함께 나눌 줄은 모르는 사람임을 알았던 것이다. 문종은 결국 범려의 예상대로 구천의 손에 죽고 말았다.

위급한 상황에서 과감히 포기하고 물러설 때 오히려 오랫동안 이뤄지지 않던 바람이 쉽게 해결될 수 있으니, 양보야말로 가장 훌륭하고 효과적인 처세철학이라 할 수 있다. 이렇게 한 걸음 물러서는 양보의 미덕은 혹시 모를 불행에서 자신을 지키는 동시에 다른 사람을 이롭게 하는 완벽한 방법이다.

그러나 지금 사회에는 명예와 이익을 좇으려는 탐욕에 눈 먼 사람들이 가득하니 참으로 안타깝다. 허영과 탐욕은 날이 갈수록 더 강해지는 법이니, 이들은 영원히 만족하지 못하고 결국 스스로 파멸을 초래하거나 비극적인 인생을 맞이할 것이다. 과감히 포기하고 한 걸음 물러서면 기쁨과 만족을 얻을 수 있는데, 이를 굳이 마다할 이유가 무엇인가?

덕을 쌓으려면 명예를 버리고
학문에 매진하려면 마음을 움직여야 한다

學者要收拾精神 倂歸一路.
학자요수습정신 병귀일로
如修德而留意於事功名譽 必無實詣. 讀書而寄興於吟咏風雅 定不深心.
여수덕이류의어사공명예 필무실예 독서이기흥어음영풍아 정불심심

역 문

학문을 하는 자는 정신을 가다듬어 뜻을 한 곳으로 모아야 한다. 만일 덕을 쌓으면서 사업이나 명예를 이루려 한다면, 절대 진리를 깨달을 수 없다. 책을 읽을 때 우아한 겉모습에만 신경 쓰며 입으로만 읊조린다면, 절대 깊은 마음으로 이해할 수 없다.

예 화

『채근담』에서는 세상 사람들과 어울려 화목하게 사는 방법과 최선을 다해 학문에 매진할 수 있는 방법 등을 알려준다. 덕을 쌓으려면 명예를 버려야 하고, 학문에 매진하려면 깊은 마음을 움직이는 것이 기본원칙이다. 다시 말해, 학문을 닦으려면 반드시 부귀공명의 유혹을 떨쳐버려야 하며, 고상하고 우아한 겉모습에 연연하지 말아야 한다는 의미이다. "공을 들이면 자연스럽게 성공할 수 있다."는 말을 실현하려면 마음을 편안히 가라앉히고 오직 한마음으로 매진하라.

송나라 태종太宗 조광의趙廣義는 황제의 자리에 오른 후에도, 한마음으로 정신을 집중하여 책을 읽고 학문을 닦는 데 게을리하지 않았다. 조광의는 책을 읽는 일이

덕을 쌓는 가장 좋은 방법이며, 책을 읽으면 반드시 얻는 것이 있다고 생각했다. "책을 펼치면 곧 이로움이 있다."는 말은 바로 그가 남긴 명언이다.

송태종 조광의가 아직 어린 시절, 그의 아버지 조홍은趙弘殷은 회남淮南 군대를 통솔하고 있었다. 조홍은은 전쟁에 나가 성을 함락시키고 승리를 쟁취했지만, 언제나 성 안에 남아 있는 재물에는 전혀 손을 대지 않았다.

다만 진귀한 고서가 있으면 챙겨 아들에게 가져다주었다. 조홍은은 언제나 아들이 책읽기를 게을리 하지 않도록 독려했고, 이런 아버지의 영향으로 청년 조광의는 박학다식하고 다방면에 뛰어난 재주를 지닌 인재가 되었다.

조광의는 황제가 된 후, 학문을 중시하고 책읽기를 널리 권장했다. 태평흥국太平興國 연간에 조광의는 훗날 역사적 자료로서 중요한 가치를 지니게 된 수많은 책들을 편찬하도록 명령했다. 그중 이예李銳 등이 편찬한, 한나라에서 송나라 초기에 이르는 소설, 수필, 패사(야화 혹은 야사—옮긴이)는 거의 500여 종에 달했고, 권수로는 1,000여 권이 넘었다. 이것이 바로 『태평어람太平御覽』이다.

이예는 500백 권에 이르는 또 다른 야사집을 편찬했는데, 이것이 바로 『태평광기太平廣記』이다. 또 선대 문인들의 글을 정선하여 편찬한 『문원정화文苑精華』도 권수로 1,000권이 넘는다. 조광의는 새로 편찬된 책들을 부지런히 읽고, 틈틈이 시간을 내어 부족한 부분을 보충했다. 당시 한 신하가 밤을 새우며 독서에 몰두하느라 피곤에 지친 송태종을 보고 염려스러운 듯 말했다.

"전하, 옥체를 보존하시려면 책 읽는 시간을 줄이셔야 합니다. 매일 하루도 빠짐없이 책을 읽는 것은 좋지 않습니다."

그러자 송태종이 대답했다.

"책을 펼치면 그 안에서 얻는 것이 있으니, 나는 전혀 고생스럽지 않다."

바로 여기에서 유래된 "책을 펼치면 곧 이로움이 있다."는 고사성어는 지금까지 불변의 진리로 통한다.

탐욕을 부릴수록 복의 뿌리가 시들어가고
선행을 베풀수록 복의 뿌리가 깊어진다

人人有個大慈悲 維摩屠劊無二心也.
인인유개대자비 유마도회무이심야
處處有種眞趣味 金屋茅檐非兩地也.
처처유종진취미 금옥모첨비량지야
只是欲閉情封 當面錯過 使咫尺千里矣.
지시욕폐정봉 당면착과 사지척천리의

역 문
누구에게나 자비심이 있으니 부처와 백정의 마음이 다르지 않다. 어디에나 참다운 풍취가 있으니 대저택과 초가집이 서 있는 땅이 다르지 않다. 다만 욕심에 눈이 멀고 사사로운 정에 얽매여 작은 실수가 지척의 차이를 천리로 만든다.

예 화
"부귀할수록 자만심을 버리고 자애로운 마음을 지녀야 한다."는 말은 인간이 지녀야 할 기본적인 덕목이다. 부귀는 모든 사람이 갈망하는 것으로, 불교에서는 이를 전생에 쌓은 복의 결과로 본다. 부귀하면 선행을 베풀 수 있는 조건을 하나 더 갖추고 있는 것이니, 보통 사람들보다 쉽게 복과 덕을 쌓을 수 있다. 선행을 많이 베풀수록 복의 뿌리는 더욱 깊고 튼튼해지기 때문에 그 복은 자손만대에 길이 이어진다.

그런데 현실에서는 부귀하지만 자비심이 없고 오만한 사람들이 대부분이다. 이들은 사치와 향락에 쉽게 빠지기 때문에 복의 뿌리는 척박한 자갈밭에 심은 곡식처럼 시들어간다. 선과 악에는 그에 따른 분명한 결과가 따르는 법이어서 나쁜 짓을 일삼는 사람은 반드시 혹독한 대가를 치르게 된다. 부귀는 양날검과 같고, 탐욕은 영혼을 죽이는 칼과 같으니 항상 신중하고 조심해야 한다.

물론 탐욕을 이겨내는 일이 결코 쉽지는 않다. 그렇기 때문에 부귀하면서도 욕심과 자만심을 버릴 수 있다면 훌륭한 인격의 소유자임에 틀림없다. 고상함과 비열함의 차이가 한 순간의 선택으로 좌우되듯 선과 악의 경계 역시 아주 사소한 차이에서 출발한다.

자고로 성현들은 후인들을 위해 많은 교훈과 충고를 아끼지 않았다.

공자는 "부귀하고 또한 신중히 예의를 지켜라."라는 교훈을 남겼다. 맹자孟子는 "부귀를 얻기 위해 인의를 버리지 말라."고 충고했다. 인의를 베풀면 화를 면하고 행복을 찾을 수 있으며, 예의를 목숨처럼 소중히 여기면 기존의 성공을 지키면서 또 다른 실패를 방지할 수 있다. 자신이 부귀하다고 다른 사람을 업신여기는 사람의 인생은 자우子羽가 미리 예견한 자철子晢의 결말처럼 별로 좋을 것이 없다.

사어史魚는 부유하면서 오만하지 않은 사람이 거의 없음을 잘 알고 있었기 때문에, 공손公孫에게 다음과 같이 엄중히 경고했다.

"경봉(慶封, 제나라 장공莊公을 죽이고 경공景公을 세운 뒤 실권을 장악했던 인물로 결국 인과응보의 대가를 치르게 됨—옮긴이)이 누린 부귀영화는 하늘이 내린 선물이 아니라 오히려 불행의 씨앗이었다. 이 점을 잘 아는 안자晏子는 부귀영화를 누리는 데 분명한 원칙과 한계를 정해 두었다."

자만심과 인색한 마음을 버리고, 화를 참고, 정욕을 자제할 수 있으면 반드시 큰 복을 누릴 수 있다. 이곳에 소개된 문장은 모두 정곡을 찌르는 바늘과 같고, 인생의 가장 중요한 혈에 정확히 놓는 침과 같다.

목석처럼 굳은 마음을 지니고
구름과 물처럼 담담한 감정을 유지하라

進德修道 要個木石的念頭 若一有欣羨 便趣欲境
진덕수도 요개목석적염두 약일유흔선 변추욕경
濟世經邦 要段雲水的趣味 若一有貪著 便墮危機.
제세경방 요단운수적취미 약일유탐착 변타위기

역 문

도와 덕을 닦을 때는 목석처럼 굳은 마음을 지녀야 한다. 만일 탐내고 부러워하는 마음이 일어나면 바로 물욕의 세계로 치닫게 된다. 세상을 구하고 나라를 다스릴 때에는 흐르는 물이나 구름처럼 담담한 감정을 유지해야 한다. 만일 탐욕에 집착하면 바로 위기에 떨어진다.

예 화

도덕 수양은 인간이 기본적으로 갖추어야 할 자세 가운데 하나이다. 수양함으로써 탐욕과 헛된 망상 때문에 생기는 생각과 행동 사이의 모순을 해결할 수 있기 때문이다. 『채근담』에서 사람들에게 "목석처럼 굳은 마음을 지녀야 한다."고 말한 것도 이와 같은 맥락이다. 언제나 한결같은 의지를 굳게 지키면서 구름이나 물처럼 자유롭게 행동할 수 있으면, 진정한 행복을 누리는 군자가 될 수 있다.

　서한西漢시대, 장량張良은 자가 자방子房이고, 어려서부터 하비下邳 지역을 두루 돌아다니며 견문을 넓혔다. 그러던 어느 날, 장량은 낡은 다리 위에서 우연히 황석공黃石公을 만났다. 그는 황석공이 신발을 신을 수 있게 도와주었고, 황석공은 그 보답으로 장량에게 '태공병법太公兵法'을 전수해 주었다.

그 이후 유방劉邦의 수하에 들어간 장량은 초한楚漢전쟁 당시 뛰어난 계략을 생각해내어 큰 공을 세웠다. 유방이 홍문鴻門연회의 위기에서 목숨을 구할 수 있었던 것도 모두 장량의 지혜 덕분이었다.

항우項羽와 황하를 기준으로 '초한 경계'를 정한 뒤, 장량은 관중關中으로 돌아가 군대를 정비하려는 유방에게 지금 곧바로 항우를 쳐야 한다고 강력히 주장했다. 그래서 유방과 한신韓信은 장량의 의견대로 해하垓下에서 항우의 초군을 전멸시켰다. 서한 건국 이후에도 유방은 장량의 의견을 받아들여 천하가 분열되지 않도록 하기 위해 제후국에 토지를 나누어주지 않았다.

대신 공신들에게 상을 내리면서 가장 먼저 장량에게 제齊나라 지역 3만 호 토지를 하사했다. 그러나 장량은 이렇게 말하며 거절했다.

"예전에 제가 유현留縣에서 폐하를 만났을 때 등용될 수 있었던 것은 하늘이 주신 기회였습니다. 그 후로 지금까지 폐하께서 미천한 저의 의견을 모두 받아들여 주셨으니, 저는 그것만으로도 충분히 영광으로 생각합니다. 저는 유현에 있는 토지만으로도 충분합니다."

장량이 말한 유현은 많아봐야 1만 호를 넘지 않는 곳으로, 제나라 지역의 땅만큼 비옥하지도 않았다. 장량은 만년에 은퇴하고 유현으로 돌아와 학문에 몰두하면서 방대한 양의 군사전략을 수집하고 정리했다.

한나라 왕조가 다스리는 천하는 겉으로는 안정돼 보였으나, 그 안에는 통치 집단 내부의 격렬하고 복잡한 세력 다툼이 끊이지 않았다. 자칫 잘못하여 정치 분쟁에 휘말려들면, 최악의 경우에는 목숨을 잃었다. 이런 상황 속에서 장량은 굳은 신념을 바탕으로 뛰어난 지혜를 발휘하여 수많은 난제를 해결했다. 그는 혁혁한 공을 세워 널리 이름을 떨쳤으나 조금도 부귀공명을 탐하지 않았기 때문에 평생 명예와 목숨을 보전할 수 있었다.

선한 사람은 온기가 넘치고
악한 사람은 살기가 가득하다

善人無論作用安詳 卽夢寐神魂 無非和氣
선인무론작용안상 즉몽매신혼 무비화기
凶人無論行事狼戾 卽聲音笑語 渾是殺機.
흉인무론행사낭려 즉성음소어 혼시살기

역문

착한 사람은 언행이 점잖고, 잠들어 있는 영혼에도 온화함이 가득하다. 악한 사람은 언행이 사납고, 목소리와 웃음소리에도 살기가 가득하다.

예화

인간의 선악은 마음의 바탕에 의해 결정된다. 악한 사람은 교화되어 잠시 선해졌다가도 결국 악의 본성이 다시 나타난다. 반면 착한 사람은 선의 근본이 이미 마음 깊이 뿌리내렸기 때문에 사악함이 침범할 수 없다.

명明나라 초방焦芳은 오로지 관직에 나갈 목적으로 공부에 매달렸고, 마침내 천순天順 8년, 진사에 합격했다. 이후 같은 고향 사람인 대학사大學士 이현李賢에게 빌붙어 그의 집을 드나들며 마치 노예처럼 행동했다.

덕분에 초방은 손쉽게 한림원翰林院에 들어갈 수 있었다. 초방은 "젖을 주는 사람이 어머니이다. 즉, 이익을 주는 사람이라면 누구에게나 들러붙는다."는 신조를 세워놓은 사람이었다. 그는 한림원에 있는 동안에도 더 강한 권력에 빌붙기 위해 늘 주변을 살피며 기회를 노렸다. 그때 이부상서吏部尙書 윤호尹旲의 세력이 날로 강력해지자, 초방은 즉시 그의 문하에 들어가 충성을 다했다.

초방은 한림원에 들어간 후, 늘 더 큰 권력의 끈을 잡기 위해 신경을 곤두세우고 온갖 수단과 방법을 가리지 않았다. 얼마 후, 효종孝宗이 죽고 명나라 역사상 가장 우매한 황제로 유명한 무종武宗이 즉위했다.

무종은 하루종일 여색과 사냥에 빠져 지내고, 아부에 능한 환관들을 총애하며, 돈을 물 쓰듯 하니 국가 경제는 곧 파탄에 이르렀다. 조정 대신들은 모두 무종에게 절제할 것을 간언했으나, 초방은 오히려 이 기회를 틈타 무제의 환심을 얻기 위해 온갖 아첨으로 그의 비위를 맞추었다.

"일반 백성들도 돈을 써야 할 곳이 한두 군데가 아닌데, 하물며 나라살림이야 말할 필요 있겠습니까? '돈이 없으면 휴지조각이라도 주워라.' 라는 속담도 있지 않습니까? 지금 세금을 체납하고 탈세하는 자들이 수없이 많다고 하니, 이것을 조사하면 큰 이익이 생길 것입니다."

이에 무종은 "초방은 과연 그릇이 크도다."라며 칭찬을 아끼지 않았다.

무종이 향락을 즐기느라 정신없는 사이, 태감太監 유근劉瑾이 조정을 장악하여 그의 권세가 하늘을 찌를 듯했다. 이에 초방은 다시 유근의 수하에 들어가 심부름꾼을 자처했다. 어느 날, 조정 대신들이 힘을 모아 유근을 탄핵하자 초방은 재빨리 유근에게 이 사실을 보고했다.

유근은 사람들 눈을 피해 즉시 무종을 만나 눈물을 흘리며 원통함을 호소했고, 무종은 다시 생각을 바꾸었다. 다음날 아침, 유근을 탄핵했던 충신들은 관직을 박탈당하거나 무고한 죄를 뒤집어쓰고 체포되었다.

유근은 다시 사예감司禮監을 장악하고 병권까지 손에 넣었다. 초방은 유근에게 보고한 공로를 인정받아 문연각文淵閣 대학사大學士에 임명되어 내각 사무 책임자가 되었다. 이후로 유근은 초방과 결탁하여 반대세력을 배척하고, 충신들을 음해하는 등 온갖 악행을 저지르니 후세에 영원히 씻을 수 없는 오명을 남겼다.

병은 안 보이는 곳에서부터 생기고
인품은 사소한 일에서부터 드러난다

肝受病 則目不能視 腎受病 則耳不能聽.
간수병 즉목불능시 신수병 즉이불능청
病受於人所不見 必發於人所共見.
병수어인소불견 필발어인소공견
故君子欲無得罪於昭昭 先無得罪於冥冥.
고군자욕무득죄어소소 선무득죄어명명

역문

간이 병들면 눈이 멀고, 콩팥이 병들면 귀가 들리지 않는다. 병은 눈에 보이지 않는 곳에서 먼저 생기지만, 반드시 눈에 보이는 곳에 나타난다. 자고로 군자는 밝은 곳에서 죄를 짓지 않으려면, 먼저 사람들이 보지 않는 곳에서부터 죄를 짓지 말아야 한다.

예화

대개 아주 사소한 일에서 그 사람의 인품이 드러난다. 혹은 아주 사소한 일 때문에 큰 손해를 보기도 하고 생사의 운명이 뒤바뀌기도 한다. 따라서 우리는 항상 신중하고 조심스럽게 행동해야 하며, 특히 말 한마디에도 각별히 신경을 써야 한다. 역사 속에서도 아주 작고 사소한 일이 사람의 운명을 바꾸는 경우가 수없이 많았다.

춘추전국시대에 있었던 일이다. 선공宣公 4년, 초楚나라에서 정鄭나라 영공靈公

에게 자라를 보내 왔다. 마침 자공子公과 자가子家가 영공을 만나러 가는 길이었는데, 갑자기 자공의 식지가 저절로 움직이기 시작했다. 자공은 자가에게 손가락을 내보이며 말했다.

"내 식지가 이렇게 움직이는 날에는 항상 맛있는 음식을 먹을 일이 생긴다네."

영공의 궁에 들어가니 과연 요리사들이 한창 자라 요리를 하고 있었고, 자공과 자가는 서로 마주보며 웃음을 터트렸다. 영공이 그 이유를 묻자 자가가 도중에 있었던 일을 말해 주었다. 잠시 후, 자라 요리가 완성되자 영공은 다른 사람에게는 모두 음식을 먹어보라며 권했으나, 자공에게는 일부러 권하지 않았다.

그러자 자공은 화를 내며 손가락으로 솥단지 안의 국물을 찍어 맛본 후 나가버렸다. 영공 역시 자공의 행동에 크게 노했고, 그를 죽여 버리겠다고 결심했다. 한편 자공 역시 자가와 함께 영공을 죽일 계략을 꾸몄다.

이 일화를 통해 보건대, 영공은 절대 현명한 군주라고 할 수 없다. 영공은 자공을 놀려주려고 일부러 그에게 요리를 권하지 않았다. 이에 자공은 심한 모욕을 느꼈고, 그 역시 영공을 무시하고 솥단지 안에 손가락을 넣어 음식을 맛보는 강수를 두었다. 영공은 단지 잘난 척하는 자공에게 맛있는 자라 고기를 주기가 아까웠을 뿐이었지만, 그 결과 자공의 손에 죽고 말았다.

물론 자공이 오래전부터 영공을 죽이려 계획하고 있었다. 그런데 마침 자라 고기 사건으로 영공을 제거할 기회를 잡은 셈이었다.

이 이야기에서 영공이 탐했던 자라 고기는 단순히 먹고 마시는 음식 그 자체만을 의미하지는 않는다. 자라 고기 사건의 배후에는 복잡한 인간관계가 얽혀 있었으니, 이로 인해 한 사람의 인생과 국가의 존망이 결정되었다.

"작은 일을 참지 못하면, 큰일을 망쳐버리게 된다."는 속담이 있다. 비록 작고 사소한 일이지만, 그로 인해 한 인간의 정신과 성격, 인격이 표현되기도 한다. 따라서 작고 보잘것없는 일에서부터 신중하고 조심스럽게 행동해야 한다.

일이 적은 것보다 큰 복은 없고
마음 쓰는 일이 많은 것보다 큰 불행은 없다

福莫福於少事 禍莫禍於多心.
복막복어소사 화막화어다심
唯苦事者 方知少事之爲福 唯平心者 始知多心之爲禍.
유고사자 방지소사지위복 유평심자 시지다심지위화

역문

일이 적은 것보다 더한 복은 없고, 마음 쓸 일이 많은 것보다 더 큰 불행은 없다. 고생스럽게 일해 본 사람만이 일이 적은 것이 복임을 알고, 평안한 마음을 품은 사람만이 마음 쓸 일이 많은 것이 불행임을 안다.

예 화

솔직하고 진실한 삶을 위해서는 먼저 의심을 버려야 한다. 의심은 자신에게나 상대방에게나 모두 상처를 주기 때문이다. "쓸데없이 의심하기보다는 신중하게 거절하는 편이 낫다."는 말이 있다. 한 번 의심하기 시작하면 곧 세상 모든 것이 다 의심스러워진다. 이런 쓸데없는 의심 때문에 혼자 고민하지 말고 차라리 서로 툭 터놓고 이야기하는 편이 모두에게 이롭다.

   솔직하고 진실한 사람들은 항상 몸가짐을 바로 하기 때문에 그림자가 비뚤어질 것을 걱정하지 않고 한밤중에 문 두드리는 소리가 나도 놀라지 않는다. 그러나 의심과 걱정이 많은 사람은 항상 먹어도 먹는 것 같지 않고 잠을 자도 자는 것 같지 않으니, 늘 마음이 괴롭고 정신이 지쳐 있다.

조예曹睿는 조조의 장손이자 조비의 큰아들로 어려서부터 매우 총명하여 조조의 총애를 받았다. 그의 어머니 진甄씨 또한 조비에게 매우 큰 사랑을 받았다. 그러나 후에 조비의 마음이 진씨에게서 점점 멀어져 결국 진씨가 자살을 해 조예는 곽郭 황후의 손에서 자라났다. 조예는 생모의 비참한 죽음을 목격하자 매우 괴로웠다. 그러나 모든 원한과 감정을 가슴속에 묻어둔 채 겉으로는 아주 기쁘게 곽황후를 새어머니로 받아들였다.

어느 날, 조예는 아버지와 함께 사냥을 나갔다가 함께 뛰어가는 사슴 모자母子를 발견했다. 조비가 화살을 날려 어미 사슴을 명중시키고, 조예에게 아기 사슴을 쏘라고 말했다.

그러나 조예는 화살을 쏘지 않고 "아버지께서 이미 어미 사슴을 쏘아 죽였으니, 저는 차마 다시 아기 사슴을 죽이지 못하겠습니다."라고 말한 뒤 눈물을 흘렸다.

조비는 즉시 사냥을 중지하고 궁으로 돌아왔다. 그 후 조비는 아들이 한 말을 곰곰이 생각해 보았다. 조비는 아들이 아기 사슴을 죽이지 않겠다고 말한 것에 또 다른 의미가 담겨 있음을 깨달았다. 그것은 바로 조예가 자신의 운명에 대한 바람을 표현한 것이었다. 모든 상황을 파악한 조비는 즉시 조예를 태자로 책봉했다.

사실 조비는 진씨 일 때문에 조예를 경계하고 있었으나, 모두 쓸데없는 걱정이었음을 깨달은 것이다. 황제와 황태자가 서로 의심하고 원수지간이 되어 잔혹하게 죽이려 한다면, 조정이 어지러워지며 백성들도 안심하고 편안히 살 수 없다.

다행히 조비는 조예의 뜻을 분명히 파악하고 모든 의심을 거두었으니, 과연 현명한 군왕이었다. 부자간에 놓여 있던 벽이 사라지면서 복이 시작되었고, 조예는 자신의 바람대로 황위를 계승했다.

몸가짐을 바르게 해야 할 때가 있고
인간관계를 원만히 해야 할 때가 있다

處治世宜方 處亂世當圓 處叔季之世當方圓倂用
처치세의방 처난세당원 처숙계지세당방원병용
待善人宜寬 待惡人當嚴 待庸衆之人當寬嚴互存.
대선인의관 대악인당엄 대용중지인당관엄호존

역 문

평화로운 세상에서는 방정하게 행동해야 하고, 어지러운 세상에서는 원만하게 행동해야 하며, 말세에는 방정함과 원만함을 모두 갖추어야 한다. 착한 사람에게는 너그럽게 대해야 하고, 악한 사람에게는 엄하게 대해야 하며, 보통 사람들에게는 너그러움과 엄한 태도를 겸비하여 대해야 한다.

예 화

명확한 원칙이 없으면, 어느 때 엄격하고 어느 때 너그러워야 하는지 행동 기준을 세울 수 없다. 강직할 때와 너그러워야 할 때를 구분하는 것은 타고난 본성에 따라야 알 수 있다. 마찬가지로 훌륭한 장수가 되려면 "억압을 받다가 다시 일어선 군대는 반드시 승리한다."와 "인자함으로 군대를 통솔할 수 없다."는 말을 명심해야 한다. 또한 전쟁시에는 철저히 계급 관계에 따르지만 평상시에는 같은 뜻을 가진 자와 친구가 될 수도 있어야 한다.

"긴밀히 단결하여 엄숙하면서도 활기가 넘친다."는 말은 바로 군대의 규칙이 너그러우면서도 엄격해야 함을 보여준다. 이 부분에서 가장 현명했던 사람이 바로 당태종 이세민이다.

당唐나라 초기, 이정李靖이 돌궐을 토벌하고 개선했을 때, 어사대부御使大夫 소우蕭瑀가 이정의 과실을 폭로했다. 소우는 이정이 힐리가한頡利可汗의 근거지를 함락시킨 후, 엄격한 규율로 병사들을 단속하지 않았기 때문에 병사들이 함부로 돌궐의 진귀한 보물들을 약탈했다고 말했다. 소우는 이정을 사법부에 넘겨 그 죄를 엄중히 문책해야 한다고 주장했다. 그러나 이세민은 "이정은 군대를 이끌고 원정을 나가 돌궐을 단번에 섬멸시켰다. 이것은 우리 당나라에게 늘 골칫거리였던 북부 변경지역의 변란을 깨끗이 해결한 것이니, 분명 큰 공이라 할 수 있다. 그런데 그가 작은 실수를 범했다 하여 벌을 내리면 다른 장수들의 사기를 떨어뜨릴 수 있다."고 말하며 이정의 허물을 덮어두었다. 그러나 이세민은 이정이 직접 찾아오자 그를 크게 꾸짖었다.

"자네는 전쟁중에 군대를 통솔하면서 마땅히 규율을 바로 세워 엄격히 단속해야 하거늘, 어찌하여 병사들이 함부로 재물을 약탈하도록 내버려두었는가?"

이정은 너무 놀라 등에 땀줄기가 흘러내릴 지경이었다. 그는 곧 바닥에 엎드려 머리를 조아리며 깊이 사죄했다.

이세민은 이정을 꾸짖고, 며칠 후 그에게 비단 1,000필과 500가구의 세금 액수에 해당하는 봉록을 내려 그의 공을 치하했다. 당태종은 밝혀야 할 일은 아주 철저하게 밝혔고, 원만하게 넘어가야 할 때는 자연스럽게 일을 마무리지을 줄 알았던 것이다.

아랫사람에게 너그러움과 엄격함, 상과 벌을 적절히 조절하여 베푸는 것은 나라를 다스리는 데 가장 중요하다. 이정은 상을 받은 후에야 불안하고 초조한 마음을 떨쳐버렸고, 다시 한 번 깊이 감동하여 왕궁을 향해 거듭 머리를 조아리며 성은에 감사했다. 이 일이 있은 뒤, 이정은 수하 장수들과 병사들을 엄격히 단속하여 군의 기강이 흐트러지지 않도록 최선을 다했다.

나의 공과 남에 대한 원망은 빨리 잊고
남의 도움과 나의 잘못은 깊이 새겨둔다

我有功於人不可念 而過則不可不念
아유공어인불가념 이과즉불가불념
人有恩於我不可忘 而怨則不可不忘.
인유은어아불가망 이원즉불가불망

역 문

내가 남에게 베푼 공은 마음에 새겨두지 말고, 나의 잘못은 마음 깊이 새겨두어라. 남이 내게 베푼 은혜는 잊지 말고, 남에게 원한이 있거든 잊어버려라.

예 화

다른 사람에게 베푼 은혜를 떠벌리거나 뽐내지 말고, 다른 사람에게 잘못한 일이 있으면 깊이 반성하라. 반대로 다른 사람이 나에게 은혜를 베풀었을 때는 비록 작은 것이라도 반드시 크게 보답하고, 다른 사람이 나에게 잘못한 일이 있을 때는 너그럽게 용서하라. 그러면 현실의 자아를 초월하여 보다 완벽한 자아를 형성할 수 있다. 여기에 가장 훌륭한 본보기로 꼽을 만한 사람이 바로 당태종 이세민이다.

정관貞觀 22년, 이세민은 얼마 살지 못할 것을 예감하고 「제범帝范」 12편을 지어 태자 이치李治에게 하사하며 말했다.

"몸과 마음을 수양하고 덕을 쌓아 나라를 다스리는 일이 모두 이 안에 들어 있다. 내가 언제 어떻게 될지 모르는 상황이니, 이것이 나의 마지막 유언이 될 수도 있다. 그러나 이것말고 달리 할 말은 없다."

태자는 「제범」을 받아들고, 눈물을 흘리며 매우 슬퍼하자 이세민이 일렀다.

"너는 이제 옛 성인들을 본보기로 삼아야 한다. 만일 나를 본받으려 한다면, 아마 나만큼에도 미치지 못할 것이다."

"폐하께서 예전에 저를 데리고 순시를 다니시면서 제게 백성들의 고초를 이해하도록 하신 적이 있었습니다. 그때 제가 만났던 백성들은 모두 즐겁게 노래 부르며 백성을 사랑하는 폐하의 너그러운 마음을 칭송하고 있었습니다."

태자의 말에 이세민은 다시 일렀다.

"나는 백성들을 무리하게 착취하지 않고, 더 많은 이익을 얻을 수 있도록 노력했다. 백성들은 이익이 많고 손해가 적으면 불평하지 않기 때문이다. 그러나 완벽하고 훌륭했던 옛 성현들에 비하면, 나는 그들의 발끝에도 미치지 못한다. 더욱이 너는 나라에 아무 공도 세우지 않고 내가 가진 모든 것을 계승하게 되었다. 그러니 열심히 나라를 다스리지 않으면 절대 평온한 나라를 만들 수 없다. 만일 게으르거나 자만하거나 혹은 주색에 빠진다면, 네 몸 하나도 지키지 못할 것이다. 새로운 정권을 세우는 일은 매우 힘든 과정을 거쳐야 하지만, 정권이 무너질 때는 아주 순식간에 사라진다. 황제의 자리 역시 힘들게 얻지만, 순식간에 잃을 수 있다. 너는 이 점을 반드시 명심하여 신중하고 조심스럽게 행동해야 한다."

태자는 머리를 조아리며 다짐했다.

"신은 폐하의 가르침을 반드시 마음속에 깊이 새겨 절대 폐하를 실망시키지 않겠습니다."

당태종은 태자에게 늘 아랫사람에게 너그럽게 대하고 백성들의 충심에 보답해야 한다고 가르쳤다. 또한 잘못이 있으면 깊이 반성하고, 단점을 고쳐서 언제나 바르게 행동해야 한다고 강조했다. 큰 포부를 지니고 자신에게 엄격하면서 상대에게 너그러웠던 당태종은 많은 사람들의 본보기가 되어 왔다. 특히 오늘날의 정계 혹은 학계의 지도자에게 반드시 필요한 자세이다.

은혜를 베풀면 계산하지 말고
은혜를 받으면 널리 자랑하라

施恩者 內不見己 外不見人 則斗粟可當萬鍾之惠
시은자 내불현기 외불현인 즉두속가당만종지혜
利物者 計己之施 責人之報 雖百鎰難成一文之功.
이물자 계기지시 책인지보 수백일난성일문지공

역 문

은혜를 베푼 사람이 안으로 자신을 의식하지 않고 밖으로 상대방을 의식하지 않는다면, 한 알의 곡식도 1만 섬의 은혜가 된다. 남을 이롭게 하는 사람이 자기가 베푼 은혜를 일일이 따져 상대방의 보상을 바란다면, 아무리 많은 돈을 베풀어도 그 공은 한 푼어치도 안 된다.

예 화

『채근담』에서는 자신을 엄격히 단속하고 타인에게 너그럽게 대할 것을 강조하고 있다. 다른 사람에게 은혜를 받았다면 그것은 타고난 복이므로 자랑해야 당연하다. 그러나 타인에게 물질적인 도움을 주었을 때는 상대방이 갚아야 할 액수를 따지고 계산하지 말라. 이 두 가지를 지킬 수 있으면 모두에게 존경받아 마땅하다. 여기에서 우리는 다시 한 번 이세민을 본보기로 삼으려 한다.

어느 날 이세민이 여산驪山으로 사냥을 나갔다. 여산은 황제 전용 사냥터로 황제의 안전을 위해 사방에 높은 담을 둘러쌓아 외부인의 출입을 엄격히 통제하고 있었다. 이세민이 여산의 높은 언덕에 올라가 사냥터를 둘러보다가 멀리 담장 일부가 무너져 있는 것을 발견했다.

주변의 신하들은 모두 한목소리로 말했다.

"이것은 관리인이 책임을 다하지 않은 것이 명백하니, 그 죄는 반드시 엄하게 다스려야 합니다."

이에 이세민이 대답했다.

"그가 분명히 책임을 다하지 않았으니 큰 벌로 다스리지 않으면 군의 기강이 해이해질 것이다. 그러나 그를 큰 죄로 다스리면 마치 내가 일부러 그 사람의 과오를 들추어낸 것처럼 보이지 않겠느냐?"

그래서 이세민은 길이 험하다는 핑계로 말머리를 돌려 아무 일도 없었다는 듯 다른 길로 돌아갔다.

또 한번은 이세민이 가마를 타고 궁 밖에 나갔는데, 호위병 한 명이 실수로 그의 옷을 잡아당기는 바람에 하마터면 가마에서 떨어질 뻔했다. 호위병은 자신이 저지른 엄청난 실수에 너무 놀라 정신이 하나도 없었다.

그러나 이세민은 아무렇지도 않다는 듯 웃으며 말했다.

"지금 여기엔 어사御使가 없으니, 내 너의 과실을 묻어두겠다."

이에 호위병은 그의 너그러움에 감격해 마지않았다.

이세민은 늘 남들에게 너그러운 태도로 은혜를 베풀었다. 이것은 그에게는 아주 간단한 일이었으나 상대방에게는 큰 복이었다. 이세민은 수많은 은혜를 베풀었지만 단 한 번도 자신이 베푼 것을 들먹이며 덕을 뽐내지 않았다. 그래서 그 덕은 더 크게 느껴졌고 사람들은 그의 어질고 넉넉한 인품에 깊이 감동했다.

내가 항상 풍족하기를 바라지 말고
남이 항상 관대하기를 기대하지 말라

人之際遇 有齊有不齊 而能使己獨齊乎?
인지제우 유제유부제 이능사기독제호
己之情理 有順有不順 而能使人皆順乎?
기지정리 유순유불순 이능사인개순호
以此相觀對治 亦是一方便法門.
이차상관대치 역시일방편법문

역문
사람은 갖출 수도 있고 갖추지 못할 수도 있거늘, 어떻게 저 혼자서만 모든 것을 갖출 수 있는가? 나의 마음도 평온할 때가 있고 그렇지 못할 때가 있거늘, 어떻게 다른 사람의 마음이 항상 평온하기만을 바라는가? 이렇게 서로 비교하여 균형을 잡는 일은 세상을 살아가는 한 가지 방법이다.

예화
삼국시대에 관녕管寧은 인仁과 예禮를 몸소 실천한 진정한 군자였다.
　공손도公孫度가 관녕을 높은 관직에 등용하려 했지만 그는 이를 거절했다. 공손도가 다시 관녕을 붙잡기 위해 호화저택을 준비하자, 이것 역시 거절하고 그는 인적이 드문 깊은 산골에 은거했다. 관녕이 깊은 산속에 은거하고 있다는 소식이 알려지자, 그를 흠모하는 수많은 사람들이 각지에서 몰려들었다.
　얼마 후 관녕의 집 주변에는 닭 울음소리와 개 짖는 소리가 들리기 시작했고, 집들이 하나 둘 들어서더니 어느새 작은 마을이 생겨났다. 사람들이 개간한 밭에서는 오곡이 풍성하게 여물어갔다.

관녕은 여전히 학문에 매진하고 도를 실천하는 데 최선을 다했다. 그는 언제 어디서나 유교적 예의규범에 어긋나지 않는 언행을 중요시했다.

그래서 주변에 모여든 수많은 추종자들에게 『시경詩經』과 『상서尙書』 등을 강독했다. 또 그는 제단을 마련하고 엄숙한 태도로 몸소 바른 예의를 갖춤으로써 예의의 중요성을 다시 한 번 강조했다.

어느 날 이웃집 소 한 마리가 관녕의 밭에 들어와 곡식을 짓밟고 보리이삭을 뜯어먹었다. 그러나 관녕은 지키는 사람이 없으면 소는 곧바로 들짐승에게 잡아먹힐 우려가 크기 때문에 그 소를 쫓아내지 않았다.

관녕은 사람들을 시켜 소를 그늘 아래로 끌고 가, 물과 먹이를 충분히 주고 세심히 보살펴주었다. 이 소의 주인은 소가 없어진 것을 알고 사방으로 찾으러 다녔다. 관녕의 집에서 소를 발견한 주인은 자기 소가 남의 밭을 망쳐놓았는데도 오히려 극진한 보살핌을 받고 있는 것을 보고는 부끄럽고 미안한 마음에 관녕에게 거듭 사죄를 하며 고마움을 표시했다.

관녕은 이렇게 늘 너그럽고 예의 바른 태도와 고상한 지조로 주변 사람들을 감동시켰다. 살다보면 일이 잘 풀릴 때도 있고 뜻대로 되지 않을 때도 있지만, 관녕은 언제나 평온하고 온화한 마음을 잃지 않았다.

이렇게 진실하고 깨끗한 마음으로 이웃 사람들을 감동시키고 교화시켰으니, 덕을 베푸는 것이야말로 세상을 다스리는 최고의 방법임을 증명한 셈이다.

남의 선행으로 자기 욕심을 채우지 말고
남의 좋은 말로 자기 잘못을 덮지 말라

心地乾淨 方可讀書學古.
심지건정 방가독서학고
不然 見一善行 竊以濟私 聞一善言 假以覆短
불연 견일선행 절이제사 문일선언 가이복단
是又藉寇兵而濟盜糧矣.
시우자구병이제도량의

역문

깨끗한 마음으로 책을 읽어야 옛것을 배울 수 있다. 그렇지 않은 사람은 남의 선행을 보고 몰래 자기 욕심을 채우는 데 이용하며, 좋은 말을 듣고 그것을 빌려 자신의 잘못을 덮으려 한다. 이는 적에게 무기를 내어주고 도둑에게 양식을 내어주는 것과 다를 바 없다.

예화

책을 읽고 학문을 쌓는 일은 그것을 하는 사람의 마음가짐이 어떠한지에 따라 결과가 달라진다. 훌륭한 문장이나 글에는 세상의 진실과 진리가 담겨 있다. 완전무결한 마음이란 일부러 다듬거나 꾸미지 않은 자연 그대로의 옥과 같고, 그 성품은 물처럼 자연스럽고 깊은 향기를 내뿜는다.
 책을 읽는 일은 외롭고 고독한 일이다. 글을 쓰는 사람들은 대부분 가난하여 칭송받지 못할 때가 많지만, 천지의 미묘함을 꿰뚫어보고 자연의 이치를 알고 있다.

'당송팔대가唐宋八大家' 중 한 사람인 유종원柳宗元은 일생 동안 수많은 문학작품을 지었다. 특히 『영주팔기永州八記』는 영주永州 일대의 명승지를 직접 두루 돌아다니며 간결하면서도 세련되고 생동감 넘치는 필체로 쓴 그의 대표작이다.

『영주팔기』에는 산수의 아름다움을 만끽하는 무한한 감흥이 전편에 가득하다. 그중 「고무담서소구기鈷鉧潭西小丘記」의 한 소절을 예로 들어보자.

"연못 서쪽으로 스물다섯 걸음을 가니 물살이 빠르고 깊은 곳에 방죽이 있다. 방죽 위에 자그마한 언덕이 있는데 대나무가 자라고 그곳의 돌들은 노한 듯 우뚝 솟아, 흙 속에서 몸을 내밀려 다투고 있는데 그 수를 헤아릴 수 없다."

유종원은 자연이 만들어놓은 정취 속에서 인생의 즐거움을 찾았다. 그의 산수시와 여행기는 형식은 다르지만 그 필법은 크게 다르지 않다. 소박한 듯하면서 특별하고 심오한 의미가 담겨 있다. 지금까지 많은 사람들에게 회자되는 「강설江雪」을 살펴보자.

"산이란 산에는 새 한 마리 날지 않고, 길이란 길에는 사람의 발자취 끊어졌는데, 작은 배 안에 도롱이 입고 삿갓 쓴 늙은이, 눈 내리는 강에 홀로 낚시질하네."

이 시는 고독하고 적막한 풍경을 통해 작자의 쓸쓸한 심경을 표현하고 있다. 우리는 유종원의 수많은 작품을 통해 그의 고결하고 순결하며, 소박하면서도 단아한 인품을 느낄 수 있다. 이것이 바로 유종원의 작품이 수천 년이 지난 지금까지 수많은 사람들의 입에 오르내리는 이유이다.

사치에 매달리는 사람은 만족을 얻기 어렵고
재주를 내세우는 사람은 원망을 듣기 쉽다

奢者富而不足 何如儉者貧而有餘?
사자부이부족 하여검자빈이유여
能者勞而府怨 何如拙者逸而全眞?
능자노이부원 하여졸자일이전진

역문
사치하는 사람은 아무리 많아도 만족하지 못하니, 어찌 검소한 사람이 가난하지만 여유로운 것만 하겠는가? 유능한 사람은 애써 일하고도 원망을 살 수 있으니, 어찌 무능한 사람이 안일하지만 순수함을 지킬 수 있는 것만 하겠는가?

예화
부지런히 수양하고 덕을 쌓는 것이 군자의 길이다. 이렇게 깨끗하며 명확한 뜻을 세우고, 평온한 마음을 품을 수 있으면 이것이 최상의 즐거움이다.
　아무리 큰 부자라도 돈을 물 쓰듯 하며 사치와 향락에 빠지면 곧 게을러지고 머지않아 파산할 수밖에 없다. 부유하면서 사치스러운 것은 가난하지만 검소하고 청렴한 것만 못하다. 지혜롭지만 게으른 사람은 멍청하지만 다른 사람보다 부지런히 행동하고 착실히 생활하는 사람만 못하다.
　가장 이상적인 인생의 본보기로 꼽을 수 있는 이가 바로 강희康熙 황제이다. 강희 황제만큼 부와 가난, 사치와 검소함에 대해 정확하고 뚜렷한 주관을 지닌 사람도 드물다.

강희는 인생의 근본은 부지런함이라고 생각했다. 따라서 부지런히 일하는 사람은 무엇이든 이룰 수 있다고 보았다. 만일 농부가 밭을 갈지 않으면 굶어죽을 수밖에 없고, 농부의 아내가 누에를 치지 않으면 얼어죽을 수밖에 없다.

그러므로 부지런히 일하는 사람만이 추위와 굶주림에서 벗어날 수 있다. 한 사람이 평생 살면서 누리는 옷과 음식, 재산과 권력은 하늘에 의해 정해져 있다.

만일 천성이 욕심이 없고 근검절약이 몸에 밴 사람이라면, 평생 행복하게 장수를 누릴 것이다. 또한 이런 사람이 나라를 위해 일하게 된다면, 청렴결백한 지조를 지닌 훌륭한 관리가 될 것이다. 조정 대신이든 작은 지방 도시에 한거하는 말단 관리든 사치하고 낭비하는 습관이 있다면, 횡령을 하지 않고서는 생활에 필요한 돈을 충당할 수 없다.

그렇다고 해서 지나치게 청렴한 것은 바람직하지 않으니, 욕심을 조금 덜 부리는 편이 현명하다. 옛말에 이르길, "근검절약은 사람을 청렴하게 만들고, 사치는 사람을 탐욕스럽게 만든다."고 했으니, 이는 영원불변의 진리이다.

강희는 "농부가 밭을 갈지 않으면 굶주려야 하고, 아낙네가 누에를 치지 않으면 추위에 떨어야 한다."고 했고, "근검한 자세는 사람을 청렴하게 만들고, 사치는 사람을 탐욕스럽게 만든다."며 도리를 가장 중요시했다. 강희는 근검과 도덕의 상관관계를 매우 정확히 인지하고 있었던 것이다.

이것은 바로 『채근담』에서 말하는 "사치하는 사람은 아무리 많아도 만족하지 못하니, 어찌 검소한 사람이 가난하지만 여유로운 것만 하겠는가? 유능한 사람은 애써 일하고도 원망을 살 수 있으니, 어찌 무능한 사람이 안일하지만 순수함을 지킬 수 있는 것만 하겠는가?"라는 말과 같은 의미이다.

실천 없는 가르침은 공허하고
덕이 없는 사업은 위태롭다

讀書不見聖賢 如鉛槧傭 居官不愛子民 如衣冠盜
독서불견성현 여연참용 거관불애자민 여의관도
講學不尙躬行 如口頭禪 立業不思種德 如眼前花.
강학불상궁행 여구두선 입업불사종덕 여안전화

역 문
글을 읽어도 성현의 뜻을 보지 못하면 종이와 붓의 노예에 불과하고, 공직에 있으면서 백성을 사랑하지 않으면 의관 입은 도둑에 불과하다. 가르치면서 몸소 실천하지 않으면 입으로만 참선하는 것과 같고, 큰일을 하면서 덕을 베푸는 데에 인색하면 한순간 피고 지는 꽃일 뿐이다.

예 화
학식을 쌓기 위해 책을 읽고, 나라를 다스리고, 기술을 연마하는 일은 모두 마음을 움직여야 가능하다. 만일 마음으로 이해하여 깊은 깨달음을 얻지 못하면, 어떻게 그 안에 담긴 미묘한 진리를 풀어나갈 수 있겠는가? 만일 명확한 도덕 기준이 없다면 어떻게 자손만대 길이 남겨질 위대한 업적을 남길 수 있겠는가?

범중엄范仲淹은 소년 시절 큰 뜻을 품고 학문에 매진하여, 27세에 진사시험에 합격하고 광덕군廣德軍 참군參軍이 되었다. 당시 범중엄의 상사는 어리석고 부패하여 늘 일처리가 정확하지 못했다.

그러나 범중엄은 원리원칙을 중시했기 때문에 문서를 정리하다가 잘못된 부분을 발견하면 그냥 넘어가지 못하고 상사와 끝까지 논쟁을 벌였다. 이들을 중재해야 할 현지 태수 역시 부패하여 권력을 이용해 백성을 착취하는 데만 정신이 팔려, 하부 조직 관리에는 전혀 신경을 쓰지 않았다.

얼마 지나지 않아 범중엄은 모든 관료와 정부기관의 부정부패가 심각하다는 사실을 뼈저리게 깨달았다. 그래서 1043년 부필富弼과 한기韓琦 등과 함께 재상에 임명된 범중엄은 그들과 함께 대대적인 개혁을 단행했다. 빈틈없이 철저한 계획에 따라, 범중엄 등은 먼저 1043년 가을, 개혁조치 10개조를 발표했다.

첫째, 명확한 기준을 세워 관리를 파직 혹은 승진시킨다. 이는 능력과 업무성과를 근거로 인재를 선발, 배치하고 특별한 재능을 갖춘 인재를 중용하자는 것이다.

둘째, 관리들의 자녀에게 주던 특혜를 없앤다.

그리고 이외에 지방 관리의 처우를 개선하고, 농업 생산력을 높이기 위해 해마다 각 지방에 중앙 관리를 파견하여 철저히 관리 감독하도록 했다.

또, 상벌제도를 개혁하여 상과 벌의 구분을 명확히 하고, 상을 남용하는 폐해를 바로잡았다. 제도도 개혁하고 확고한 법령을 세워 백성들이 수시로 변하는 법규 때문에 혼란스러워하는 일이 없도록 했다. 그리고 부역을 줄여 농민들의 부담을 덜어주었다.

이러한 조치들을 역사에서는 '경력신정慶歷新政'이라 칭한다. 그러나 기득권층에서는 '경력신정'이 자신들의 이익을 침해하는 일이었기에 이러한 개혁 조치를 강력히 반대하고, 범중엄을 맹렬히 비난했다.

결국 범중엄과 부필, 한기 세 사람은 1년이 채 못 되어 차례로 관직에서 물러났다. '경력신정'은 비록 실패로 끝났지만, 그 후에도 범중엄은 "천하의 일을 자신의 소임으로 삼는다."는 정신으로 나라와 백성을 위해 덕을 베푸는 데 앞장섰다. 이리하여 범중엄과 부필, 한기는 당시 백성들에게는 물론이거니와 후세의 많은 사람들에게 모범적인 관리로 오랫동안 존경받고 있다.

지혜로운 마음속에는 훌륭한 말이 있고
맑은 마음속에는 아름다운 곡조가 있다

人心有一部眞文章 都被殘篇斷簡封錮了.
인심유일부진문장 도피잔편단간봉고료
有一部眞鼓吹 都被妖歌艶舞淹沒了.
유일부진고취 도피요가염무엄몰료
學者須掃除外物 直覓本來 纔有個眞受用.
학자수소제외물 직멱본래 재유개진애용

역 문

사람마다 마음속에 진실한 문장이 있지만 옛 사람의 쓸데없는 말에 모두 막혀 버린다. 사람마다 마음속에 참된 풍류를 지니고 있지만, 속세의 난잡한 가무에 모두 묻혀 버린다. 학문을 하는 사람은 반드시 겉모습을 쓸어 버리고, 본성을 찾는 데 힘써야 참된 문장과 풍류를 누릴 수 있다.

예 화

지혜로운 마음속에는 훌륭한 말이 있고, 맑고 투명한 마음속에는 사기를 북돋우는 아름다운 곡조가 흐른다. 그러나 대다수 사람들은 속세의 화려하고 저속한 가무에 눈이 멀어 마음속의 아름다운 곡조를 듣지 못한다.

그렇기 때문에 학문에 뜻을 둔 선비가 밤을 새워 책을 읽어도 세상을 살아가는 데 지극히 적은 지식을 얻을 뿐이다. 스스로 똑똑하다고 생각하는 사람은 진정한 인생의 의미를 알지 못한 채 얄팍한 지식으로 세상을 바꾸려 한다.

학문을 하면서 지나치게 자신을 단속하지 말고, 세상을 바라볼 때 표면적인 현상에만 치우치지 말라. 겉모습에 현혹되지 말고 본질을 이해해야 세상과 조화를 이룰 수 있다. 세상을 혼자 살 수 있는 사람은 없기 때문이다.

부하(傅嘏, 209~255)는 삼국시대 위나라의 문학가로 자는 난석蘭石이고, 이양泥陽 사람이다. 일찍이 그는 사공연司空掾, 황문시랑黃門侍郎, 상서尙書 등의 관직을 역임했다. 위나라 정시正始 연간, 명사로 알려진 하안何晏, 하후현夏侯玄, 등양鄧颺 세 사람이 그와 친구가 되려 했으나, 부하는 끝까지 이들을 받아들이지 않았다. 이때 순찬荀粲이 부하에게 말했다.

"하후현은 영웅호걸입니다. 그가 대감을 존경하고 있으니, 만일 두 사람이 친구가 되어 좋은 관계를 유지할 수 있다면 나라를 위해서도 분명 좋은 일입니다."

그러자 부하가 이렇게 대답했다.

"하후현은 입에서 나오는 대로 경박하게 지껄이는 사람이니, 그의 명성은 속 빈 강정일 뿐이오. 그가 자신의 잘못을 깨닫지 못한다면, 결국 나라를 망치는 죄인이 될 것이오. 하안과 등양은 비록 큰 포부를 지녔으나 성미가 너무 급할 뿐 아니라, 남의 말하기를 좋아하고, 자신의 행동을 되돌아보고 반성할 줄 모르는 사람들이오. 또한 같은 패거리끼리 뭉쳐 다른 사람들을 배척하고, 시기와 질투를 일삼으면서 타인에게 기본적인 인정조차 베풀지 않는 사람들이오. 지금 그들을 멀리해도 모자랄 판에 어찌 가까이 할 수 있단 말이오?"

부하는 과연 진실을 꿰뚫어보고 있었다.

부하는 인간관계를 맺을 때, 하후현과 같은 사람들의 요사스런 노래와 화려한 춤사위에 현혹되지 않았고, 헛된 명성과 실속 없는 소문의 실체를 정확히 파악했다. 그리하여 상대방의 본심을 정확히 꿰뚫어보고 그 사람의 미래까지 예측할 수 있었다. 이렇듯 사람의 됨됨이를 정확히 파악하고 올바른 인간관계를 맺었으니, 과연 현명하다고 할 수 있다.

괴로움 속에 기쁨이 있고
성취 안에 슬픔이 있다

苦心中 常得悅心之趣
고심중 상득열심지취
得意時 便生失意之悲
득의시 변생실의지비

역문

괴로움 속에서 마음을 즐겁게 하는 기운이 생겨나고, 뜻을 이루었을 때 실의의 슬픔이 찾아온다.

예화

도연명陶淵明은 격변의 세상에서 만남의 기쁨과 헤어짐의 슬픔이 수없이 반복되는 삶을 살았기 때문에 불후의 명작을 남길 수 있었다. 도연명은 세상을 피해 살면서 도화원 안에서 행복을 찾으려 했다. 「도화원기桃花源記」에는 신비로운 요소뿐 아니라 도연명 문학의 진실함과 기쁨이 총체적으로 표현되어 있다.

  도연명은 문장을 통해 마음의 세계를 생생하게 그려냈을 뿐 아니라, 날카로운 통찰력으로 사회문제를 꿰뚫어보아 독자들이 많은 것을 생각하게 한다.

  "갑자기 복숭아꽃 핀 숲에 들어서니, 양쪽 언덕 수백 보 안에 다른 나무는 없네. 향기로운 꽃들이 아름답게 피어 있고, 꽃잎이 떨어져 어지러이 나뒹구네."

  이 문장은 사람을 현혹하는 아름다운 봄 경치를 묘사하고 있다.

  "땅은 평평하고 넓으며, 집들은 질서 정연하다. 비옥한 논밭, 아름다운 연못, 뽕나무와 대나무가 있고, 논둑길이 이어져 서로 통하고, 개가 짖고 닭이 운다. 그 안에 오고가는 사람과 농부들은 모두 이 세상 사람 같지 않았고, 노인이나 어린이나 모두 즐거워 보였다."

이 글을 보면 사람들의 시선을 머물게 하는 평화로움과 편안함이 가득하다. 그러나 마지막에 "한나라가 있다는 사실도 모르니 위진魏晉은 말할 것도 없다."고 했으니, 도화원은 이 세상에 존재하지 않는 오직 도연명의 마음속에만 존재하는 환상과 이상일 뿐이었다.

좀 더 명확한 이해를 위해 도연명이 살았던 당시의 사회상을 살펴보자. 동진東晉 왕조의 통치자들은 중원을 잃고 강남 땅에 만족하고 있었다.

부패한 통치 집단은 권력과 이익을 다투는 데 정신이 없었고, 점점 더 무거운 세금을 거두어들이니 백성들의 고달픈 삶은 끝이 없었다. 매년 치르는 전쟁으로 우물과 부뚜막은 흔적만 남았을 뿐 뽕나무와 대나무는 모두 부러져 썩은 그루터기밖에 남지 않았다.

사람들은 하나 둘 난리를 피해 깊은 산속으로 들어가기 시작했다. 어지러운 속세를 멀리하고 변변치 않은 음식을 먹더라도 마음 편히 농사를 지으며 평화롭게 살기를 원했다. 이것이 바로 「도화원기」 중에 나오는 "처자식과 마을 사람들을 데리고 이곳으로 온" 이유였다. 도화원은 도연명이 추구한 평화롭고 안정적인 삶의 청사진이었다.

열심히 애쓰고 노력하는 중에 기쁨을 얻을 수 있는 도화원은 도연명이 괴로운 삶 속에서 어떻게 인생의 낙을 찾으려 했는지 잘 말해 준다.

부귀명예는 도덕에서 나와야 하고
권력을 이용해 얻으면 금방 사라진다

富貴名譽 自道德來者 如山林中花 自是舒徐繁衍
부귀명예 자도덕래자 여산림중화 자시서서번연
自功業來者 如盆檻中花 便有遷徙興廢.
자공업래자 여분함중화 변유천사흥폐
若以權力得者 如瓶鉢中花 其根不植 其萎可立而待矣.
약이권력득자 여병발중화 기근불식 기위가립이대의

역 문

부귀와 명예가 도덕에서 생겨난 것이라면, 산속의 꽃처럼 자연스럽게 번성할 것이다. 공을 세워 생겨난 것이라면, 화분 속의 꽃처럼 옮기는 자리에 따라 흥하거나 망할 것이다. 만일 권력을 이용해 얻은 것이라면, 화병 속의 꽃처럼 뿌리를 심지 않았으니 금방 시들어 버릴 것이다.

예 화

중국인들은 "물이 빠지면 바닥의 돌이 드러나고, 물이 모이면 시내를 이룬다."는 말과 "고생한 만큼 낙이 온다."는 말을 자주 사용한다. 이는 표현상의 차이는 있지만, 결국 『채근담』에서 말하는 것과 같은 의미이다.

　춘추 시대, 송宋나라의 한 농부가 아주 기괴한 바위를 발견했다. 농부는 그 바위를 집으로 가져와 조각 전문가를 불렀다. 조각가는 바위를 보자마자 그것이 매우 희귀한 보석이라는 사실을 깨달았다. 조각가는 농부에게 보석의 존재를 절대 다른 사람에게 말하지 말라고 충고했다. 그렇지 않으면 보석을 도둑맞거나 어쩌면 화를 자초하여 목숨을 잃을 수도 있다고 말했다.

이 말을 듣고 농부는 기쁘면서도 걱정스러웠다. 그래서 생각 끝에 그 보석을 높은 사람에게 선물하기로 했다. 그러면 보석으로 인한 화근을 제거할 수 있을 뿐 아니라 은혜를 베풀 수 있으니 앞으로 살아가는 데 도움이 되리라 생각했던 것이다.

그래서 농부는 사람들의 눈을 피해 보석을 가지고 수도로 가서 자한子罕을 만나 바쳤다. 그러나 뜻밖에도 자한은 이렇게 말했다.

"나는 이 보석을 받을 수 없다. 나는 청렴결백을 보석보다 소중하게 생각하는데, 너는 보석을 가장 소중하게 여긴다. 만일 네가 준 보석을 내가 받는다면 우리 두 사람 모두 자신이 가장 소중하게 생각하는 것을 잃어버리는 게 아니냐?"

농부는 자한의 말을 듣고 매우 감동하여 황급히 머리를 조아리며 사죄했다.

"대인은 정말 훌륭한 인격과 굳은 지조를 지니셨습니다! 대인께 솔직히 아뢰겠습니다. 저는 사실 이 보석을 가지고 있다가 화를 당하면 어쩌나 하는 걱정 때문에 대인께 드리려고 했던 것입니다. 그러나 지금 대인께서 저에게 다시 가지고 돌아가라고 하시니, 집에 도착하기도 전에 강도를 당할까 걱정이 앞섭니다."

이 말을 들은 자한은 보석을 조각내어 팔았고, 그 돈을 농부에게 주었다. 이렇게 하여 농부의 고민을 해결해 주고 자신의 마음도 편해졌으니, 이것이야말로 『채근담』에서 말하는 "부귀와 명예가 도덕에서 생겨난 것이라면, 산속의 꽃처럼 자연스럽게 번성할 것이다."라는 말을 몸소 실천한 것이라 할 수 있다.

아름다운 꽃이 가득 피어나면
사람도 좋은 일을 해야 한다

春至時和 花尙鋪一段好色 鳥且囀幾句好音.
춘지시화 화상포일단호색 조차전기구호음
士君子幸列頭角 復遇溫飽
사군자행렬두각 부우온포
不思立好言 行好事 雖是在世百年 恰似未生一日.
불사입호언 행호사 수시재세백년 흡사미생일일

역 문

봄이 되어 따사로워지면 꽃들은 아름답게 피어나고, 새들은 고운 노래를 지저귄다. 군자가 다행히 두각을 나타내어 부유하게 살더라도 좋은 말과 좋은 일을 하지 않으면, 백 년을 살아도 하루를 산 것 같지도 않다.

예 화

봄이 되어 세상이 따뜻해졌다. 군자가 세상에 공을 세우는 일은 그의 인생에서 가장 기쁜 일이다. 그러나 여기서 한 걸음 더 나아가 군자는 대중을 위해 좋은 일을 하고, 더 많은 덕을 베풀어야 한다. 이미 뜻을 이루어 명예를 얻었다면, 당연히 백성들을 평안하게 하고 공익을 위해 일해야 한다.

 범중엄范仲淹은 평생 남에게 베풀기를 좋아하여 항상 남을 돕는 일에 앞장섰다. 그는 고위관직에 오른 후 비옥한 땅으로 삼만 평을 사들여 그곳을 '의전義田'이라 이름을 붙인뒤 가난한 사람들을 구제하는 데 사용했다. 범중엄은 친척 중 나이가 많고 행실이 바른 사람을 뽑아 '의전' 장부를 관리하게 하고 분기마다 수입과 지출을 공개했다.

당시 기록에 따르면, 매일 한 사람에게 쌀 한 되와 매 년 한 사람에게 비단 한 필을 나누어주었다고 한다. 결혼하는 신부에게는 5,000냥을 주고, 신랑에게는 3만 냥을 주었다. 또 재혼하는 여자에게는 3,000냥을 주고, 남자에게는 1만 5,000냥을 주었다. 사람이 죽으면 당사자 몫으로 3,000냥을 주고, 상주에게 다시 1만 냥을 주어 상을 치르도록 했다.

같은 성씨 90여 가구가 함께 모여 농사를 지으니, 해마다 의전에서 거두어들이는 쌀은 800가마가 넘었다. 이것은 90여 가구 사람들이 먹고사는 데 충분한 양이었다. 은퇴하고 고향으로 돌아오는 사람이나 임용을 기다리는 사람 모두 의전의 도움을 받을 수 있었으나, 현직 관리에게는 혜택을 주지 않았다.

범중엄이 어려운 사람을 돕고 베풀기를 좋아했던 것은, 그의 저서 『악양루기岳陽樓記』의 문장을 보아도 알 수 있다. 그의 선행은 그가 쓴 문장만큼 아름다웠다. 범중엄은 마치 따뜻한 봄바람 속에 아름다운 새들의 지저귐이 들려오고, 형형색색 아름다운 꽃이 앞다퉈 들판을 가득 채우듯 온정을 베풀었다. 그리하여 그는 모든 사람에게 존경을 받았고, 인생에서 가장 큰 기쁨을 누릴 수 있었다.

배울 때는 집중하는 힘에 의지하고
즐길 때는 소탈한 멋에 기댄다

學者有段兢業的心思 又要有段瀟灑的趣味.
학자유단긍업적심사 우요유단소쇄적취미
若一味斂束淸苦 是有秋殺無春生 何以發育萬物?
약일미렴속청고 시유추살무춘생 하이발육만물

역 문
배우는 사람은 항상 조심하는 마음이 있어야 하며, 또한 활달한 풍류가 있어야 한다. 만일 너무 엄격하고 지나치게 깨끗하려 한다면, 차가운 가을의 냉기만 있고 따뜻한 봄의 기운이 없으니 어떻게 만물을 자라게 할 수 있겠는가?

예 화
학문에 매진하는 사람은 낡은 규칙과 관습에 얽매이지 않아야 한다. 하지만 지나치게 자유로워서도 안 된다. 학문에 매진할 수 있는 올바른 자세를 갖추려면, 먼저 마음속의 복잡한 근심 걱정을 떨쳐버려야 한다. 그래야 비로소 인생의 참 의미를 이해할 수 있다.

　사마휘司馬徽가 방통龐統에게 했던 충고를 통해 "배우는 사람은 항상 조심하는 마음이 있어야 하며, 또한 활달한 풍류가 있어야 한다."고 말한 『채근담』의 취지를 좀 더 명확히 파악할 수 있다.

　방통은 자가 사원士元이고, 양양襄陽 사람이다. 방덕공龐德公의 조카로 나중에 유비劉備 수하에서 군사중랑장軍師中郎將을 지냈다.

그는 소년 시절, 과묵하고 말이 없어 사람들의 눈에 전혀 띄지 않았다. 열여섯 살이 되던 해, 그가 명사로 소문난 사마휘를 찾아갔다. 그때 사마휘는 나무 위에서 뽕잎을 따고 있었다. 이를 보고 방통이 물었다.

"대장부는 반드시 용감하고, 적극적으로 세상에 맞서야 하며, 자기만의 작은 우물에서 벗어나 넓은 세상으로 나아가야 한다고 들었습니다. 그런데 선생께서는 어찌하여 여기서 이렇게 부인네들이나 하는 누에치기를 하고 계십니까?"

사마휘는 방통의 말을 듣고 빙그레 웃으며 대답했다.

"자네는 지름길로 가면 목적지에 조금 더 빨리 도달할 수 있다는 건 알지만, 지름길로 가다가 쉽게 길을 잃을 수 있다는 사실은 모르는군. 백성자伯成子는 제후 자리를 버리고 들판에 나가 밭을 일구면서 평생 명예와 이익에 연연하지 않았네. 공자의 제자 원헌原憲은 크고 화려한 저택을 마다하고 뽕나무로 문기둥을 세운 집에서 살았지. 이들은 모두 사치스럽고 화려한 생활을 버리고 평범하고 조용한 삶을 원했다네. 여불위呂不韋처럼 간교한 방법이나 편법으로 관직을 얻고, 제나라 경공景公처럼 부당한 방법으로 준마를 얻는 어리석은 군주가 결코 자랑스럽지 못하다는 사실을 명심해야 하네."

방통은 사마휘의 일장 훈계를 듣고 인생의 참뜻을 깨달았다.

사람은 반드시 정도를 지키면서 꼭 필요한 것만 취해야 하며 명예와 이익을 지나치게 탐하지 말아야 한다. 온갖 수단과 방법을 가리지 않고 부당한 이득을 얻어 부귀영화를 누리는 삶은 정도를 지키며 평범한 인생을 사는 것만 못하다.

사마휘는 정직한 인품을 갖추고 부지런히 학문에 매진한 진정한 현자였다. 비록 그는 평생 가난하고 궁핍하게 살았지만, 아무것도 얽매이지 않고 무한한 정신적 자유를 누리며 인생의 참뜻을 깊이 이해했다.

명예를 탐하는 자는 이름을 내세우고
졸렬함을 감추는 자는 재주를 뽐낸다

眞廉無廉名 立名者正所以爲貪 大巧無巧術 用術者乃所以爲拙.
진렴무렴명 입명자정소이위탐 대교무교술 용술자내소이위졸

역 문

진실로 청렴한 사람에게는 청렴하다는 이름이 없으니, 명성을 얻는 사람은 그들이 명성을 탐했기 때문이다. 진실로 뛰어난 재주는 특별한 기교가 없으니, 재주를 부리는 사람은 그 자신의 졸렬함을 감추려 하는 것이다.

예 화

진정한 군자는 명예를 탐하지 않고, 부정한 편법을 경멸한다. 그렇기 때문에 본성에 따라 자연스럽게, 또 구름이나 물이 흘러가듯 자유롭고 활기찬 기운을 지니는 것이 가장 바람직한 군자의 태도이다. 이것을 여덟 글자로 표현하면 '솔성이위 방일소탈(率性以爲 放逸瀟脫, 본성에 따라 행동하고 거리낌 없이 자유롭다―옮긴이)'이라고 할 수 있다. 그래서 군자에게는 명예도 기교도 필요치 않은 것이다. 진정한 군자의 대표적인 본보기로 미불米芾을 꼽을 수 있겠다.

미불은 북송北宋시대, 단도(丹徒, 지금의 장쑤성 전장) 사람이다. 서화학(書畵學, 서예와 미술) 박사博士를 지냈으며, 채양蔡襄, 소식蘇軾, 황정견黃庭堅과 함께 '송사가宋四家'로 불린다.

미불의 문장은 신비로운 분위기를 자아내는데, 특히 기존의 형식에 얽매이지 않아 매우 신선했다. 미불은 서예와 그림에도 뛰어난 재능을 보였다. 그의 서법은 매우 힘차고 막힘이 없으며 생동감이 넘쳐 흐르니 그 기세가 왕헌지(王獻之, 왕희지의 아들―옮긴이) 못지않았다. 미불은 만년에 자신만의 새로운 서법을 창시하기도 했다. 또한 산수화나 인물화를 잘 그렸고, 특히 타인의 서법을 본뜨는 재주가 뛰어나, 그가 모방한 것을 놓고 보면 어느 것이 진짜이고 어느 것이 가짜인지를 구분하기 힘들 정도였다. 또한 골동품에도 조예가 깊어, 고대문물과 고대서화를 보석보다 소중하게 다루었다. 미불은 매우 명쾌하고 유창한 언변을 지녀 그가 가는 곳에는 항상 그를 보기 위해 몰려든 사람들로 인산인해를 이루었다.

그러나 미불은 청렴함을 지나치게 고집한 나머지 그것이 고질적인 버릇으로 굳어졌고, 여기에서 비롯된 그의 돌출행동은 종종 사람들에게 웃음거리가 됐다.

한번은 미불이 무위(無爲, 지금의 안후이安徽성 우웨이無爲) 시내에서 기이하게 생긴 큰 바위를 보고 "이 바위는 나의 절을 받아야 한다."고 말하며, 의관을 갖추고 바위에 절을 한 뒤, 형님으로 모셨다.

미불은 일찍이 조정의 명을 받아 『황정黃庭』의 해서체와 주흥사周興嗣의 『천자운어天字韻語』의 사본을 만들었다. 이를 계기로 선화전(船和殿, 도서와 서화 등을 보관하던 곳―옮긴이)을 자유롭게 출입하면서 그곳에 보관된 다양하고 훌륭한 서법을 자기 것으로 익힐 수 있었다. 보통 사람이었다면 이러한 특혜를 대단한 영광으로 생각했겠지만, 미불은 의연하고 담담하게 받아들였으니 과연 기인이었다.

미불은 자신의 이름을 알리기 위해 어떤 수단도 이용하지 않았기 때문에 그의 인품이나 서화기법은 언뜻 보면 별것 아닌 듯 보이기도 한다. 미불에게 흠이 있다면 바로 지나친 결벽증과 바위에 절을 하는 것과 같은 이해할 수 없는 돌출행동을 들 수 있다. 이 때문에 미불은 현실 속에서 사람들과 어울리지 못했고, 벼슬길도 순탄치 못했으니 생활형편은 날로 궁핍해질 수밖에 없었다. 그러나 미불은 겉으로 보이는 졸렬함과 세상과 어울리지 못할 정도의 자유로움을 바탕으로 뛰어난 재주를 키웠고, 역사에 길이 남을 뛰어난 서화가가 될 수 있었다.

비어 있어야 넘치지 않고
완벽하지 않아야 온전할 수 있다

欹器以滿覆 撲滿以空全.
의기이만복 박만이공전
故君子寧居無不居有 寧居缺不處完.
고군자영거무불거유 영거결불처완

역문

기울어진 그릇이 가득 차면 엎질러지고, 박만은 비어 있어야 온전하다. 군자는 무無에 살지언정 유有에 살지 않는다. 모자라는 곳에 머물지언정 완전한 곳에 머물지 않는다.

예화

"기울어진 그릇이 가득 차면 흘러넘친다."는 말은 그릇이 기울어져 안에 담긴 물이 넘쳐 흐르니 대바구니로 물을 긷는 일처럼 헛수고일 뿐이라는 뜻이다. '박만'은 일종의 저금통으로 안에 돈이 가득 차면 부수어 돈을 꺼내야 한다.

　사람도 마찬가지다. 몸을 온전히 보존하려면 반드시 필요한 것만 취해야 한다. 절대 가득 채워 넘치게 하거나 완벽한 것을 추구하지 말아야 한다. 이 세상에는 완전무결한 것이 존재하지 않으며, 내가 원하는 대로 이루어지는 일도 흔치 않다.

　만일 모든 일이 내가 원하는 대로 이루어진다면, 그것은 복이 아니라 불행이 닥칠 조짐이다. 오대五代 말기의 여여경呂余慶은 총명하고 유능한 인재로 특히 정사에 정통했다.

그는 후주後周시대 조광윤趙匡胤의 참모였으며, 조광윤의 깊은 신임을 얻어 그와 친형제처럼 가까이 지냈다. 조광윤은 전쟁에 나갈 때마다 국사를 모두 여여경에게 맡겼다. 조광윤이 후주를 멸하고 송宋나라를 세워 황제에 오른 후 조보趙普와 이처운李處耘 등이 조정의 주요 관직에 차례로 임명되었다.

그러나 여여경을 비롯한 다른 참모, 장수들은 오랫동안 중용되지 못한 채 겨우 호부戶部, 병부兵部 시랑 혹은 지방도시의 지부장 등 보잘것없는 관직에 머물러 있었다. 여여경은 이런 일들에 연연하지 않았다. 오로지 욕심을 버린 채 평화롭고 자유로운 삶을 즐길 뿐이었다. 그는 특히 개인의 욕심을 채우기보다는 공익을 위해 힘써 일함으로써 존경을 받았다.

여여경이 사주四州 관리로 있을 때 장군 왕전빈王全斌의 부하가 술에 잔뜩 취해 칼을 휘두르며 난동을 부렸다. 여여경은 법을 명백히 어긴 그를 체포하여 사형에 처했다. 당시 왕전빈의 세도가 하늘을 찌르고 있었지만, 여여경은 전혀 개의치 않았다.

얼마 뒤 조보와 이처운 등이 모함을 받아 조정에서 쫓겨나는 일이 있었다. 모두가 그들의 억울함을 알고 있었지만, 아무도 감히 나서서 진실을 말하지 못하고 있을 때, 여여경이 나섰다. 그는 도리를 목숨처럼 여기는 사람이었기 때문에 황제에게 진실을 말하고 두 사람의 억울한 죽음을 막았다.

여여경은 어떤 권력도 두려워하지 않는 군자 중의 군자였다. 그는 권력가들에게 미움을 살지언정 절대 지조를 버리지 않는 강직한 성품의 소유자였다.

또한 권력과 이익의 다툼을 멀리하고 욕심을 버린 채 평안한 마음으로 삶을 즐기며, 누구에게나 공명정대하게 행동했다. 이처럼 모자라지만 더 많이 가지려 애쓰지 않고, 부족하지만 완벽하려 하지 않는 여여경의 처세법은 모두에게 깊은 존경을 받기에 충분하다.

그릇이 커야 많이 담을 수 있고
욕심이 없어야 강해질 수 있다

名根未拔者 縱輕千乘甘一瓢 總墮塵情
명근미발자 종경천승감일표 총타진정
客氣未融者 雖澤四海利萬世 終爲剩技.
객기미융자 수택사해리만세 종위잉기

역 문

명예를 탐하는 생각을 뿌리뽑지 못하면, 부귀영화를 누리는 사람이나 표주박 한 그릇의 물을 달게 마시는 사람이나 속세의 욕망에서 벗어나지 못하는 것은 같다. 쓸데없는 객기를 버리지 못하면, 오랫동안 세상을 널리 이롭게 하더라도 결국 보잘것없는 잔재주에 그칠 뿐이다.

예 화

"명예욕을 뿌리뽑고, 객기를 없애라."는 이 말에 가장 훌륭한 모범이 되는 인물이 바로 적청狄靑이 아닐까 싶다.

   북송北宋의 명장 적청狄靑은 이름이 알려지기 전, 법을 어겨 그 죄로 열형(涅形, 얼굴에 글자를 새기고 먹물로 칠하는 형벌—옮긴이)에 처해진 적이 있었다. 후에 추밀樞密 부사副使가 되었지만 적청의 얼굴에는 열형으로 새겨진 글자가 선명하게 남아 있었다. 송나라 인종仁宗은 적청에게 약을 써서 열형 흔적을 지우라고 권했으나, 적청은 당당하게 자신의 얼굴을 가리키며 말했다.

   "신은 모든 장수와 병사들을 격려하기 위해 이 흔적을 지우지 않을 것입니다.

그들은 이것을 통해 폐하가 과거의 내력이나 집안 배경 등을 따지지 않고, 공이 있는 신하를 중용한다는 사실을 분명히 알게 될 것입니다. 오늘날의 신이 있을 수 있었던 것도 바로 이 열형의 흔적이 있었기 때문입니다."

이를 계기로 황제는 적청을 더욱 신임했다.

적청은 어린 시절 집안이 매우 가난하여 공부를 할 기회가 없었다. 그러던 중 범중엄范仲淹이 적청의 인물됨을 알아보고 그에게『좌씨춘추左氏春秋』를 선물로 주면서 이렇게 충고했다.

"대군을 이끄는 장군이 옛것을 알지 못한다면, 평범한 남자와 다를 바 없다."

적청은 이 말을 듣고 열심히 학문에 매진했다. 적청은 진秦, 한漢 이후 명장들의 병법을 숙지하여 실제 전쟁에 나갔을 때 크고 작은 공을 세웠다. 그는 과묵한 성격에 생각이 깊었고, 항상 먼저 도리를 세우고 그에 맞는 행동 전략을 구상했다. 전쟁중에는 군 기강을 엄하게 세우고 상벌을 명확히 구분했으며, 병사들과 함께 고생하며 추위와 허기를 견뎌냈다. 특히 적청은 아랫사람에게 공을 돌릴 줄 알았기 때문에 모든 장수와 병사들에게 존경받는 장군이 될 수 있었다.

적청의 이야기에서 우리는 다음의 몇 가지에 주목할 필요가 있다.

먼저 가난한 집에서 태어났다는 것은 인생을 살아가는 데 전혀 중요하지 않다는 사실이다. 그보다 중요한 점은 어떻게 명예욕과 물욕을 뿌리뽑고, 객기를 없애 진실한 삶의 의미를 찾을 것인가이다.

또 하나는 사심을 버리고 항상 공정하고 자유롭게 행동하는 군자의 모습을 추구해야 한다는 것이다. 이는 곧 "욕심을 버리고 마음에 거리낄 것이 없으면 세상이 한없이 넓어진다."는 속담을 몸소 실천하는 것이 된다.

임칙서林則徐가 "그릇이 커야 많이 담을 수 있고 욕심이 없어야 강해진다. 그래야 바다가 끊임없이 시냇물을 받아들이고 절벽이 수천 길 낭떠러지를 세우는 것처럼 자신을 크게 키울 수 있다."고 말한 것도 이와 같은 맥락이다.

마음이 밝으면 어두운 데서도 빛을 보고
생각이 어두우면 태양 아래서도 암흑을 본다

心體光明 暗室中有靑天 念頭暗昧 白日下生厲鬼.
심체광명 암실중유청천 염두암매 백일하생려귀

역 문

마음 바탕이 밝으면 어두운 방에서도 푸른 하늘을 볼 수 있고, 생각이 어두우면 밝은 태양 아래서도 도깨비가 보인다.

예 화

"마음 바탕이 밝으면 어두운 방에서도 푸른 하늘을 볼 수 있다."는 말은 곧 "몸가짐이 바르면 그림자가 기울어질 것을 두려워할 필요가 없다."는 말이나 "양심에 부끄러운 일을 하지 않는다면, 한밤중에 귀신이 문을 두드려도 두렵지 않다."와 일맥상통한다.

 군자는 먼저 자신의 몸가짐을 바르게 함으로써 주변 사람들이 올바른 도리를 자연스럽게 깨닫도록 만든다. 왕양명(王陽明, 이름은 수인守仁)이야말로 이런 몸가짐을 지켜 치욕을 이겨내고 성공을 거둔 훌륭한 본보기이다.

 명明나라 무종武宗 때, 영왕寧王 주신호朱宸濠가 반란을 일으키자 환관 장충張忠과 주태朱泰는 어리석은 무종을 꾀어 직접 군대를 이끌고 전쟁에 나가게 만들었다. 그러나 곧 왕수인이 주신호를 생포했다며 승전보를 전해 왔다.

 장충 등은 자신의 계략이 물거품이 되자 왕수인을 원망하고 미워하게 되었다. 그래서 이들은 왕수인이 원래 영왕과 한편이었다며 유언비어를 퍼뜨렸다. 또 왕궁 친위대 호위병들을 부추겨 왕수인을 욕하게 만들었고, 왕수인의 의장기를 일부러 부러뜨리는 등 끊임없이 문제를 일으켰다. 그러나 왕수인은 매번 참고 양보하면서 문제를 일으키지 않으려고 노력했다.

한번은 그가 왕궁 친위대 병사들의 노고를 치하하고 그들에게 포상을 내리려 준비했으나, 주태 등이 중간에서 병사들이 포상을 받지 못하도록 계략을 꾸미기도 했다. 왕수인은 주태 등이 의도적으로 계속해서 군대와 일반 평민들을 이간질시키려 하자, 백성들에게 다음과 같은 조서를 발표했다.

"모든 병사들은 고향을 떠나 수차례 전쟁을 치르며 많은 고초를 겪었다. 그러므로 현지 백성들은 예의를 갖추고 손님을 대접하는 주인으로서의 도리를 다해야 한다."

왕수인은 군대 안에서 사망자가 생길 때마다 반드시 직접 찾아가 조문했다. 그는 장례에 필요한 비용을 충분히 하사하고 남은 사람들을 진심으로 위로했다. 왕수인이 오랫동안 한결 같은 모습을 보여주니, 병사들은 모두 마음 깊이 그를 존경하게 되었다. 당시 풍속에 따르면 동지 무렵, 민간에서는 먼저 세상을 떠난 가족들을 위해 제사를 지냈다. 이에 왕수인은 성 안에 있는 군사들과 일반 백성들을 모이게 하여 다 함께 추모 의식을 거행했다.

주신호의 난을 겪은 지 얼마 되지 않아 전쟁중에 가족을 먼저 떠나보낸 사람들이 많았기 때문에 성 안은 온통 울음바다로 변했다. 왕궁 친위대 군사들도 이 분위기에 젖어드니 감정이 격해져 눈물을 흘리지 않는 자가 없었다.

왕수인은 항상 밝은 마음을 유지하며 절대 부정적인 생각을 품지 않았다. 그는 대의를 위해 개인적인 치욕을 참아내고, 진심을 다해 타인을 감동시켰다. 왕수인은 훌륭한 지도자로서 지녀야 할 가장 중요한 덕목을 두루 갖추었던 것이다. 옛 사람들은 이렇게 말했다.

"군자는 평안하고 너그러우며, 소인은 늘 초조하고 근심한다."

지위가 높다고 다 즐거운 것은 아니고
궁핍하다고 모두 근심스러운 것은 아니다

人知名位爲樂 不知無名無位之樂爲最眞
인지명위위락 부지무명무위지락위최진
人知饑寒爲憂 不知不饑不寒之憂爲更甚.
인지기한위우 부지불기불한지우위갱심

역 문

사람들은 높은 명예와 지위만이 즐거움인 줄 알고, 이름 없고 지위 없는 즐거움이 더 큰 줄은 모른다. 사람들은 굶주리고 추운 것만이 근심인 줄 알고, 굶주리지 않고 춥지 않은 근심이 더 큰 줄은 모른다.

예 화

『채근담』에서 말하는 "사람들은 높은 명예와 지위만이 즐거움인 줄 알고, 이름 없고 지위 없는 즐거움이 더 큰 줄은 모른다. 사람들은 굶주리고 추운 것만이 근심인 줄 알고, 굶주리지 않고 춥지 않은 근심이 더 큰 줄은 모른다."라는 문구는 인생만사를 통달한 경지를 표현하고 있다. 이 말이야말로 인생만사를 통달한 경지를 표현한 말이다. 명예와 지위를 초월하면 마음속에 꺼릴 것이 없으니, 아무런 근심걱정도 없다. 바로 이것이 진정한 자유의 세계이다.

진晉나라의 뛰어난 서예가 왕희지(王羲之, 321~379)는 자가 일소逸少이고, 낭아琅玡 임기臨沂 사람이다. 그는 일찍이 참군參軍, 회계會稽 내사內史 등의 관직을 역임했고, 저서로는 『왕우군집王右軍集』 10권 등이 있다.

동진東晋 경구(京口, 지금의 장쑤성 전장시)에 사는 치감郗鑒이 제자를 시켜 당시 승상이었던 왕도王導에게 사돈이 되기를 희망한다는 편지를 전했다. 승상은 이를 흔쾌히 받아들여 치감의 제자에게 말했다.

"동편 곁채로 가 마음대로 고르시게."

치감의 제자는 동편 곁채에서 승상의 아들들을 면밀히 살피고 돌아가 치감에게 이렇게 전했다.

"왕씨 집안의 자제들은 모두 훌륭합니다. 그런데 그중 한 도련님은 아무 일도 없다는 듯 배를 드러내 놓고 침상에 누워 있었습니다."

"바로 그 사람일세."

치감은 그 배를 드러내고 누워 있는 사람이 왕희지임을 알아차리고, 딸을 그에게 시집보냈다. 지금까지도 사위라는 뜻으로 쓰이는 '단복동상(袒腹東床, 동쪽 침상에 배를 드러내고 눕다—옮긴이)'과 '동상東床'이라는 말은 바로 여기에서 유래되었다.

왕희지의 '단복동상'은 명예와 이익을 추구한 다른 형제들이 일부러 점잖고 엄숙한 척 행동하는 것과는 다르게 명예와 지위에 연연하지 않는 자신만의 즐거움과 자유로운 세계를 표현한 행위이다.

왕희지는 어떤 상황에서도 당황하거나 근심걱정하지 않고, 본성에 따라 자연스럽게 행동했다. 치감은 이런 왕희지의 됨됨이를 제대로 알아본 것이다.

악행은 숨길수록 커지고
선행은 드러낼수록 작아진다

爲惡而畏人知 惡中猶有善路
위악이외인지 악중유유선로
爲善而急人知 善處卽是惡根.
위선이급인지 선처즉시악근

역 문

악한 일을 하고 나서 남이 알까 두려워한다면, 아직 선으로 돌아갈 수 있는 길이 남아 있기 때문이다. 선한 일을 하고 나서 남들이 알아주지 않아 조급해한다면, 선행 속에 아직 악의 뿌리가 남아 있기 때문이다.

예 화

나쁜 일을 저지르고 남이 알까 두려워하는 사람에게는 아직 선한 의지가 남아 있어 정상인으로 돌아갈 수 있는 기회가 남아 있다. 그 두려움이란 곧 진실한 마음이기 때문이다. 그러나 착한 일을 하고 여기저기 떠벌리고 다니는 사람은 위선자이다.

   어떤 일이든 최고조에 달하면 반드시 반전이 있게 마련이다. 이 반전의 기회를 잘 살리면, 과오를 저질렀으나 아직 양심이 남아 있는 사람을 구제하여 사회에 유익한 사람으로 만들 수 있다. 양심이 남아 있는 범법자는 충분히 구제할 수 있다. 중요한 점은 알맞은 교도 방법을 선택하는 것이다.

   수문제隋文帝 때, 대장군大將軍 금성군공金城郡公 조경趙煚이 익주翼州 자사에 임명되었다. 조경은 현지 상인들이 온갖 속임수와 편법을 이용해 백성들을 속이고 괴롭히는 것을 보고, 담당 관리에게 표준 도량 기구를 만들도록 지시했다.

이윽고 표준 도량 기구를 만들어 시장에 내놓고 백성들이 자유롭게 사용하도록 했으니, 상인들이 백성들을 함부로 속이거나 사기 치지 못했다. 표준 도량 기구의 사용 효과가 매우 긍정적으로 나타나자 조경은 이 일을 수문제에게 보고했다. 수문제 역시 이 방법을 크게 반겨, 전국 각지에 이 기구를 이용하도록 공표하는 동시에 이것을 법으로 체계화시켰다.

그러던 어느 날, 조경의 밭에 도둑이 들어 쑥을 훔쳐갔다. 도둑은 곧 포졸에게 잡혔는데, 조경은 그를 보고 이렇게 말했다.

"이것은 모두 내가 백성들을 널리 교화시키지 못했기 때문이니, 자네한테 무슨 잘못이 있겠는가?"

그리고 따뜻한 말로 도둑을 격려하고 돌려 보냈다. 여기에 그치지 않고 조경은 사람을 시켜 쑥 한 수레를 가득 실어 그 도둑의 집으로 보냈다. 뜻밖의 선물을 받은 도둑은 부끄러움을 감추지 못했고, 다시는 남의 물건을 훔치지 않겠다고 다짐했다.

조경이 도둑에게 쑥을 선물한 이유는 비록 그가 도둑질을 하긴 했지만 남의 눈을 두려워하는 것을 보고 정상인으로 되돌아갈 여지가 남아 있다고 생각했기 때문이다. 조경은 아주 작은 희망이라도 남아 있다면, 누구든지 반드시 구제할 수 있다고 생각했다.

그러나 타인을 교화시키는 과정은 벌을 주는 것처럼 간단한 일이 아니다. 진심을 다해 덕을 베풀고 상대를 감동시켜야만 그 사람의 마음을 움직여 선하게 만들 수 있기 때문이다. 마오쩌둥毛澤東의 "과거의 과오를 뒷날의 경계로 삼고 병폐를 고쳐 사람을 구한다."는 말 역시 이와 같은 이치이다.

평화로울 때 위기에 대비하면
하늘도 마음대로 할 수 없다

天之機緘不測 抑而伸 伸而抑 皆是播弄英雄 顚倒豪傑處.
천지기함불측 억이신 신이억 개시파롱영웅 전도호걸처
君子只是逆來順受 居安思危 天亦無所用其伎倆矣.
군자지시역래순수 거안사위 천역무소용기기량의

역 문

하늘의 뜻은 아무도 예측하지 못한다. 수시로 눌렀다가 펴고 폈다가 다시 누르니, 영웅을 조롱하고 호걸을 자빠뜨린다. 그러나 군자는 역경이 다가와도 순리에 따라 받아들이고, 평화로울 때 위태로움을 생각하기 때문에 하늘도 마음대로 할 수가 없다.

예 화

"하늘의 뜻은 아무도 예측하지 못한다. 수시로 눌렀다가 펴고, 폈다가 다시 누르니 영웅을 조롱하고 호걸을 자빠뜨린다."라는 이 말을 한마디로 표현하면 '조화농인(造化弄人, 조물주가 인간을 농락하다—옮긴이)'이라고 할 수 있다. 또한 "외부의 시련과 고난을 꿋꿋하게 이겨내고, 평화로울 때 위급함을 잊지 않는다."고 했으니, 이는 먼저 마음을 바르게 하고, 옳고 그름을 명확히 구분할 수 있어야 가능하다.

부귀영화를 누리면서 쇠락한 후를 대비하고, 쇠락해 있을 때는 훗날의 즐거움을 생각하는 것이 바로 유비무환 정신이다. 이러한 『채근담』의 취지를 가장 현실적으로 표현한 것이 서교徐僑가 말하는 가난이다.

송朱나라 황제는 서교가 입고 있는 낡고 해진 관복을 보고 "그대는 정말 청빈한 선비로다."라고 말하며 놀라움을 금치 못했다. 그러나 서교는 "저는 결코 청빈한 선비가 아닙니다. 폐하야말로 진실로 청빈한 분이십니다."라고 대답했다.

황제가 이 말뜻을 이해하지 못하자 서교가 다시 말을 이었다.

"지금 송나라는 안으로 종묘사직의 기틀을 바로잡지 못했을 뿐 아니라, 밖으로 변방의 상황이 매우 위급한 실정입니다. 장수들은 하나같이 용속하고, 민가에는 가뭄과 우박의 피해가 끊이질 않으며, 온천지에 도적 떼가 들끓고 있습니다. 국고는 이미 바닥이 난 지 오래고, 백성들은 도탄에 빠져 허덕이고 있습니다. 그런데도 조정 관료들은 암암리에 결탁하여 세력 다툼에만 정신을 쏟고 있습니다. 지금 이 나라가 이렇게 위기에 빠져 있는데도 폐하는 전혀 아무것도 느끼지 못하고 계십니다. 그러니 청빈한 것은 제가 아니라 바로 폐하이십니다."

서교는 황제가 순경 뒤에 역경이 찾아오는 법이니, 편안할 때 미리 위기에 대비해야 함을 깨달을 수 있도록 진심어린 충고를 아끼지 않았다.

그러나 이것도 황제가 서교의 충심을 이해했을 때 그 가치가 있는 법이다. 만일 황제가 귀에 거슬리는 의견을 무시하고 자기 고집만 내세우며 사치와 낭비를 일삼았다면, 틀림없이 나라를 망쳤을 것이다.

그가 아무리 뛰어난 기개를 지닌 영웅이라 해도 자만하고 고집을 꺾지 않았다면, 망국의 운명을 피할 수 없었을 것이다. 서교의 충언은 황제에게 경종을 울리는 계기가 되었고, 이에 황제는 자신의 잘못을 자연스럽게 뉘우칠 수 있었다.

현명한 자는 충고를 받아들여 성공을 얻고
어리석은 자는 남을 무시해 패망을 맞는다

燥性者火熾 遇物則焚 寡恩者氷淸 逢物必殺
조성자화치 우물즉분 과은자빙청 봉물필살
凝滯固執者 如死水腐木 生機已絶 俱難建功業而延福祉.
응체고집자 여사수부목 생기이절 구난건공업이연복지

역문

성질이 조급한 사람은 타오르는 불길처럼 보는 것마다 태워버린다. 은혜가 부족한 사람은 얼음처럼 차가워 보는 것마다 얼려 죽인다. 융통성이 없고 고집 센 사람은 괴어 있는 물이나 썩은 나무토막처럼 생기가 없다. 이런 사람들은 공을 세우거나 복을 길게 누리기 어렵다.

예화

사람들이 흔히 하는 말 중에 "성격이 운명을 결정한다."는 말이 있다. 확실히 일리 있는 말이다. 사람은 생김새만큼이나 성격도 모두 다르고, 또 그 성격에 따라 각기 다른 장단점이 있다.

현명한 사람은 자신의 단점을 숨기지 않고 다른 사람의 의견을 겸허히 받아들여 스스로 잘못을 바로잡는다. 그러나 어리석고 가식적이며 잔혹한 사람들은 자신의 단점을 아무렇지 않게 생각하고, 남의 의견을 무시하며 자기 생각만 고집하여 결국 자멸하고 만다.

상商나라 주왕紂王은 총명하고 언변이 뛰어났다. 그러나 그는 지나치게 오만했고, 항상 그럴 듯한 말로 자신의 잘못을 감추었다. 주왕은 신하들 앞에서 늘 자신의 재주를 뽐냈으며, 이 세상에 자기보다 뛰어난 사람은 없다고 생각했다.

또한 달기妲己를 특별히 총애하여 그녀의 말이라면 무엇이든 다 들어주었다. 주왕은 궁중악사에게 명하여 자신과 달기를 위해 현란한 음악과 비속한 춤을 만들게 했다. 또 세금을 늘려 사치와 향락을 이어갔다.

주왕의 폭정이 계속되자 나라 곳곳에 백성들의 원성이 넘쳐흘렀고, 일부 제후들은 모반을 일으키기 시작했다. 이에 주왕은 자신의 권력을 유지하기 위해 형벌을 더욱 무겁게 만들었다. 그중 하나가 바로 '포락(炮烙, 구리 기둥에 기름을 바르고 아래에 숯불을 피운 후 사람을 그 위로 걷게 하여 탄불 속으로 떨어뜨리는 참혹한 형벌―옮긴이)'이라는 잔혹한 처벌이다.

한번은 구후九侯의 아름다운 딸이 주왕의 명을 받고 들어갔으나, 그녀는 음탕한 주왕을 좋아하지 않았다. 이에 주왕은 크게 노하여 그녀를 죽이고, 그녀의 아버지인 구후를 죽인 후 포를 떠 소금에 절였다. 이 소식을 들은 악후鄂侯가 주왕에게 상소를 올렸다가 그 역시 주왕의 손에 죽고 말았다.

주왕은 갈수록 음란하고 포악해졌다. 승상 비간比干이 죽음을 무릅쓰고 진언하자, 주왕은 크게 노하여 "듣자 하니 성인의 심장에는 구멍이 일곱 개가 있다던데, 네 심장을 꺼내 확인해 봐야겠다."고 말한 뒤 비간의 가슴을 갈라 그 자리에서 심장을 꺼내 보았다고 한다.

2년 뒤, 주周 무왕武王이 여러 제후국을 모아 군대를 일으켜 상나라를 무너뜨렸다. 모든 신하와 백성들이 등을 돌리니 주왕은 고립무원 상태에 빠져 용포를 입고 녹대(鹿臺, 주왕이 재물을 모아 두었던 곳―옮긴이)에 올라가 분신 자살했다.

주왕은 중국 역사상 가장 난폭하고 잔혹한 왕이었다. 그는 자기 생각만 고집하고 다른 사람의 충고를 받아들이지 않았기 때문에 고인 물과 썩은 나무처럼 생명력을 잃고 말았다.

즐거운 마음이 행복을 부르고
원망하는 마음은 화를 부른다

福不可徼 養喜神 以爲召福之本而已
복불가요 양희신 이위소복지본이이
禍不可避 去殺機 以爲遠禍之方而已.
화불가피 거살기 이위원화지방이이

역 문

행복은 억지로 구할 수 없으니, 즐거운 마음을 길러 행복을 부르는 근본으로 삼아야 한다. 불행은 마음대로 피할 수 없으니, 남을 해치려는 마음을 버려서 불행을 멀리하는 방법으로 삼아야 한다.

예 화

"운명에 있으면 반드시 이루어질 것이니, 운명에 없는 것은 억지로 구하려 하지 말라."는 말이 있다. 이 말은 다소 추상적이지만, 잘 생각해 보면 일종의 자기 위안 방법이며 자연에 순응하는 처세법임을 알 수 있다.

이를테면 "궁하면 통한다 했으니, 힘들게 애쓸 필요 없다."는 말과 같은 것으로, 『채근담』에서 말하는 "행복은 억지로 구할 수 없으니, 즐거운 마음을 길러야 한다."와 일맥상통한다. 시련이 닥쳐왔을 때 손놓고 앉아서 불행이 지나가기만을 바라는 피동적인 자세를 취하지 말라. 적극적으로 행동하는 사람만이 시련을 극복하고 불행에서 멀어질 수 있다.

송宋 나라의 진관陳瓘이 관리 선발 시험을 주관하게 되자, 예전부터 그를 눈엣가

시처럼 생각했던 채변蔡卞이 말했다.

"듣자 하니 진관은 이번 시험에서 사학을 하는 사람들만 뽑고 경학에 정통한 사람들은 낙방시킨다고 하니, 이것은 분명 왕안석의 변법을 무너뜨려 나라를 망하게 하려는 의도이다."

채변이 이렇게 말한 목적은 진관을 모함하고 사학을 금지시키려는 것이었다. 그리고 채변은 철저한 계획을 세워두고 진관이 합격자를 발표하기만 기다렸다.

그러나 진관은 채변의 계략을 미리 간파하여, 1등부터 5등까지 경학에 정통한 왕안석 학파의 사람들을 뽑아 합격자를 발표했다. 이렇게 되자 채변의 계략은 무용지물이 되고 말았고, 진관은 6등부터 모두 사학에 능통한 인재를 선발하여 자신의 목표를 달성할 수 있었다.

후에 진관은 이 일을 회상하며 말했다.

"그때 만일 내가 한 걸음 양보하지 않았다면, 나와 채변은 분명 감정이 격해져 정면충돌을 피할 수 없었을 것이오. 그런 불행이 있었다면 내 쪽 사람들은 큰 화를 당하고 사학은 폐지되었을 것이오."

진관은 이보전진을 위한 일보후퇴의 방법을 사용함으로써 유쾌한 마음을 지켜 스스로 행복을 만들어내고 불행을 피해 갈 수 있었다. 동시에 채변과의 원한을 풀 수 있었고 사학의 발전까지 꾀할 수 있었다. 즐거운 마음을 지켜 행복을 구하고 불행을 피하는 일은 언제나 일거양득의 효과가 있는 가장 현명한 처세법이다.

아홉 마디 명언보다 한 마디 실언이 크고
아홉 가지 공보다 한 가지 실패가 뼈아프다

十語九中 未必稱奇 一語不中 則愆尤騈集
십어구중 미필칭기 일어부중 즉건우병집
十謀九成 未必歸功 一謀不成 則訾議叢興.
십모구성 미필귀공 일모불성 즉자의총흥
君子所以寧默毋躁 寧拙毋巧.
군자소이영묵무조 영졸무교

역 문

열 마디 말 중에 아홉 마디가 맞아도 대단하다고 칭찬받지 못하지만, 단 한 마디만 맞지 않아도 비난의 목소리가 사방에 가득 찬다. 열 가지 계획 중에서 아홉 가지가 이루어져도 공을 인정받지 못하지만, 한 가지만 실패해도 비난하는 목소리가 사방에 가득 찬다. 이것이 군자가 차라리 침묵할지언정 떠들지 않고 바보 같을지언정 아는 체하지 않는 이유이다.

예 화

말이 많으면 반드시 실언을 하게 되기 때문에 입은 화근이 되기 쉽다. 그래서 "입을 다물고 말을 삼가라.", "자신을 살피고 행동을 삼가라."는 말이 오랫동안 처세술의 가장 중요한 원칙이 되어 왔다.

"잔재주를 남용하지 말고 조용히 일을 처리하라."는 말도 이와 같은 맥락이다. "침묵은 금이다."라는 속담 역시 침묵만이 몸과 마음을 평안하게 해주고 근심걱정을 없애 줄 수 있음을 말해 준다. 제멋대로 경거망동하는 사람은 반드시 화를 자초하게 마련이다.

송宋나라 간신 정위丁謂는 평소에 말을 조심하지 않았기 때문에 많은 사람들의 비난을 면치 못했다. 그는 천성이 아주 교활했으나, 한번 본 것은 모두 외울 만큼 기억력이 좋아서 시와 그림, 바둑, 법률 등 모든 방면에 능통했다.

정위는 일찍이 왕원지王元之에게 글을 배운 적이 있었는데, 왕원지는 그의 글을 보고 손하孫何와 한유韓愈, 유종원柳宗元 등과 필적할 만큼 훌륭하다며 칭찬을 아끼지 않았다. 후에 정위와 손하가 함께 진사시험에 합격했는데, 손하가 장원이었고 정위는 4등이었다.

정위는 자신이 누군가에게 뒤처졌다는 사실이 부끄럽고 화가 나서 견딜 수가 없었다. 이때 송태종太宗이 진사시험 합격자들을 불러모아 연회를 베풀었다. 정위는 여전히 분한 마음을 감추지 못하고 있었다. 송태종이 그런 정위를 보고 농담을 던졌다.

"갑을병정이 아닌가. 그러니 자네는 당연히 4등인 게야."

정위는 처음으로 할말을 잃고 입을 다물었다. 그 순간 정위는 침묵이 오히려 마음을 홀가분하고 편안하게 해준다는 사실을 깨달았다. 다시 말을 하려고 했으나, 그러면 스스로 속 좁은 마음을 드러내고 사람들의 웃음거리가 될 것이 뻔했다.

말을 아끼고 행동으로 표현하는 길이 자신을 지킬 수 있는 현명한 방법이다. 침묵은 분명 당신의 마음속에 어떤 생각이 있음을 의미한다. 하지만 남들로 하여금 그 깊이를 알 수 없게 한다. 반대로 말이 많으면 짧은 식견과 얕은 학문의 바닥을 드러낼 수밖에 없다.

냉정한 사람에게는 찾아온 복도 되돌아가고
따뜻한 사람에게는 지나가던 복도 들어온다

天地之氣 暖則生 寒則殺.
천지지기 난즉생 한즉살
故性氣淸冷者 受享亦凉薄.
고성기청냉자 수향역량박
惟和氣熱心之人 其福亦厚 其澤亦長.
유화기열심지인 기복역후 기택역장

역 문

천지의 기운이 따뜻하면 만물은 자라나고 차가우면 시들어 죽는다. 마찬가지로 성격이 지나치게 맑고 차가운 사람은 받아서 누릴 복도 박하다. 온화하고 마음이 따뜻한 사람이라야 받아서 누릴 복 또한 두텁고 오래간다.

예 화

봄날처럼 따뜻한 마음으로 타인을 대하라. 절대 가을바람처럼 쌀쌀하고 매정하게 대하지 말라. 따뜻한 손길로 곤경에 빠진 타인을 돕는 사람은 모두에게 존경받게 마련이다. 이처럼 열정적으로 타인을 대하려면 먼저 냉정함을 버려야 한다.

　즐거운 마음으로 타인을 도울 수 있는 사람은 반대로 타인의 도움을 받아 인생의 난관을 헤쳐 나갈 수 있다. 마주馬周에게 저절로 행운이 찾아온 이야기는 항상 즐거운 마음으로 다른 사람을 도운 결과가 얼마나 아름다운지 보여준다.

　당唐나라 사람 마주는 장안長安에 사는 중랑장中郎將 상하常何의 집에 식객으로 머물렀다. 마침 장안에 오랫동안 가뭄이 그치지 않자, 황제는 신하들에게 대책을 세우라고 명령했다. 상하는 무관 출신이었기 때문에 학문이나 이론에는 문외한이었다.

그래서 마주가 상하를 대신해 20여 개 방안을 적은 상소문을 작성해 주었다. 이것을 읽은 황제는 무관인 상하가 썼다고 하기에는 매우 이상하게 생각되어 상하에게 물었다. 이에 상하는 사실대로 대답했다.

"이것은 저의 집에 식객으로 있는 마주가 저를 대신하여 쓴 글입니다."

황제는 즉시 마주를 궁으로 불러들여 치국의 도에 대해 한바탕 토론을 벌였다. 그 결과 황제는 마주의 재능을 높이 인정하여, 그를 감찰어사監察御史에 임명했다. 상하는 인재를 추천한 공을 인정받아 황제로부터 비단 300필을 하사받았다. 후에 마주는 더욱 중용되어 중서령中書令까지 올라갔다.

마주에게 이런 행운이 찾아올 수 있었던 이유는 그가 열심히 학문을 쌓아두었기 때문이기도 하지만, 무엇보다도 항상 즐거운 마음으로 남을 도왔기 때문이다.

만일 그가 자신의 재능만 믿고 다른 사람을 무시하면서 잘난 척했다면, 상하를 도와 상소문을 써주지 않았을 것이다. 그럼 황제에게 자신의 재주를 보여줄 기회가 없었을 것이며, 중서령에 오르는 일도 당연히 없었을 것이다.

『채근담』의 "온화하고 마음이 따뜻한 사람이라야 받아서 누릴 복 또한 두텁고 오래간다."는 말은 의심할 여지가 없다.

하늘의 도리를 따르는 길은 넓고
인간의 욕망을 따르는 길은 좁다

天理路上甚寬 稍游心 胸中便覺廣大宏朗
천리로상심관 초유심 흉중변각광대굉랑
人欲路上甚窄 纔寄迹 眼前俱是荊棘泥塗.
인욕로상심착 재기적 안전구시형극니도

역 문

하늘의 도리를 따르는 길은 한없이 넓어서, 그곳에 조금만 마음을 두어도 즉시 마음이 넓어지고 밝아진다. 욕망의 길은 한없이 좁아서 겨우 발을 붙였는가 하면 곧 사방이 가시덤불과 진흙탕으로 가득 찬다.

예 화

욕심을 버리고 꾸밈없이 편안하게 마음먹는 것이 세상을 살아가는 기본자세이다. 그러나 현대인들은 하루도 쉬지 못한 채 힘들게 명예와 이익을 좇느라 심신이 지쳐 있다. 욕심을 버리는 순간, 자연과 하나가 되고 넓고 평탄한 길이 펼쳐지니 나의 뜻과 하늘의 뜻이 같아진다. 그러나 사람들은 욕심을 버리지 못하기 때문에 힘들고 고통스럽게 진흙탕 같은 가시밭길을 걷고 있다.

   막힘없이 고요히 흘러가는 구름과 강물처럼 끝없는 자유를 누려라. 과감히 결단을 내리고 곧바로 행동으로 옮기면 학문적으로나 사업적으로나 쉽게 성공할 수 있고, 이것은 자연의 이치에도 어긋나지 않으니 자연스럽게 공을 세우고 이름을 남길 수 있다. 모수毛遂가 자신을 추천한 이야기는 바로 여기에서 말하는 성공의 모범적인 예이다.

조趙나라는 장평長平전쟁에서 패하고, 도읍 한단(邯鄲, 지금의 허베이河北성 광핑廣平)이 진나라 군대에 둘러싸이자 큰 위기에 빠졌다.

조나라 평원군平原君은 초楚나라에 구원을 요청하기 위해 수하 식객 중 문무를 겸비한 인재 20여 명을 선발하여 초나라로 보내기로 했다. 엄격한 선발 과정을 거쳐 19명을 뽑았고, 마지막 한 명이 남은 상황에서 적당한 인재를 찾지 못하고 있었다. 이때 모수가 용감히 나서 자신을 마지막 한 명으로 추천하고, 평원군도 함께 초나라에 갈 것을 제의했다.

평원군은 깜짝 놀라며 그의 제의를 거절하고 "무릇 재능이 있는 자는 주머니 속의 송곳과 같다고 했다. 날 끝이 뾰족하면 주머니를 뚫고 나와 두각을 나타내게 마련이다. 그러나 너는 내 수하에 들어온 지 벌써 3년이 지났지만, 난 지금까지 네 이름도 들어본 적이 없다."고 말했다.

모수는 평원군의 말을 듣고도 전혀 기가 꺾이지 않았다.

"제 이름이 알려지지 않은 이유는 지금까지 주머니 안에 들어갈 기회가 없었기 때문입니다. 만일 전하께서 저를 주머니 안에 넣으셨다면, 전 그것을 반드시 뚫고 나와 두각을 나타낼 수 있었을 것입니다."

평원군은 모수의 기지 넘치는 답변을 듣고 그의 의견을 받아들였다. 그러나 다른 19명은 모수를 인정할 수 없었기 때문에 내내 그를 무시했다.

그러나 얼마 후 초나라 국경에 이르렀을 때 모수의 숨겨진 재주가 발휘되었고, 이에 탄복한 사람들은 다시는 그를 업신여기지 않았다. 모수는 초나라 왕을 만난 자리에서도 뛰어난 말솜씨로 평원군과 초나라가 진에 대항하는 동맹을 맺을 수 있도록 하는 데 결정적인 역할을 했다. 이후에도 조나라를 위기에서 구할 수 있는 방법을 끊임없이 내놓았다.

고난 속에서 얻은 행복일수록 오래가고
진통 안에서 구한 지식일수록 견고하다

一苦一樂相磨練 練極而成福者 其福始久.
일고일락상마련 연극이성복자 기복시구
一疑一信相參勘 勘極而成知者 其知始眞.
일의일신상참감 감극이성지자 기지시진

역 문

괴로움과 즐거움을 모두 겪고 충분히 단련하여 얻은 행복이라야 오래갈 수 있다. 의심과 믿음을 반복하며 충분히 연구하여 얻은 지식이라야 진리이다.

예 화

"황련나무(불교에서 지옥에 비유되는 시련의 공간을 의미함—옮긴이) 아래서 비파를 연주하니 괴로움 속에 기쁨이 있다."는 말이 있다. 즉, 괴로움과 즐거움이 서로 조화를 이룰 때, 가장 아름다운 인생이 만들어진다는 의미이다. 안빈낙도를 즐기면서 한편으로는 끊임없이 발전을 꾀한다면, 비록 물질적으로는 풍족하지 못하더라도 정신적으로 최고의 기쁨을 맛볼 수 있다.

오경재吳敬梓는 『유림외사儒林外史』의 저자로 유명한 청淸나라의 문학가이다. 그는 평생 궁핍한 생활 속에서도 인생의 진리를 찾기 위해 최선을 다했다.

어느 날 저녁, 오경재는 절친한 친구인 왕우王又와 함께 신나게 이야기꽃을 피웠다. 두 사람의 이야기는 과거와 현재를 넘나들며 매우 흥미진진하게 이어졌다. 한참이 지난 후 집으로 돌아온 후 오경재는 작은 술잔으로 술 몇 잔을 더 마셨고, 취기가 돌자 허리띠를 풀고 옷을 벗은 후 침대에 누워 잠들었다. 그런데 뜻밖에도 그는 그 자리에 누워 그대로 세상을 떠나고 말았다.

친구들은 오경재의 옷을 살피다가 그의 주머니가 깨끗이 비워져 있음을 보고 자기들끼리 돈을 모아 관을 마련했다. 오경재의 시신을 담은 관은 양주揚州에서 남경南京까지 배로 옮겨진 후 청량산淸凉山에 안장되었다. 그는 평생 가난하게 살았지만 병치레 없이 편안하게 눈을 감았으니, 이는 그의 정신이 맑고 깨끗했기 때문이다.

한 시대를 풍미한 천재 오경재는 고귀한 인품과 뛰어난 재능을 지녔으나, 온갖 고통, 시련, 고독과 치열하게 싸우며 일생을 마감했다. 그러나 오경재의 대표작인 『유림외사』는 그의 고통스러웠던 삶과는 달리 아름다운 문장으로 가득하다.

『유림외사』에 묘사된 다양한 유림의 모습은 바로 오경재가 꿈꾸었던 이상적인 인생이다. 오경재는 만년에 더 궁핍하고 어렵게 생활했지만, 괴로움 속에서 즐거움을 찾아내 정신적으로 최고의 기쁨을 만끽했다.

마음을 비워야 정의와 진리를 얻을 수 있고
마음을 가득히 채워야 욕심이 들어오지 못한다

心不可不虛 虛則義理來居.
심불가불허 허즉의리래거
心不可不實 實則物欲不入.
심불가불실 실즉물욕불입

역문

항상 마음을 비워 두어야만 정의와 진리가 들어올 수 있다. 항상 마음을 채워 두어야만 탐욕이 들어올 수 없다.

예화

겸허하게 모든 것을 받아들이는 사람은 세상을 넓게 만들 수 있다. 욕심을 버리면 인생의 깊은 참뜻을 깨달을 수 있다. 따라서 학문이나 사업, 그리고 이 외에 어떤 일을 하더라도 항상 겸허하고 욕심 없는 진실한 마음을 길러야 한다. 허상과 실체가 서로 조화를 이루면, 인생의 오묘한 이치를 알 수 있다.

그래서 성공한 사람들 중에는 겉으로는 별다를 바 없고 바보처럼 보이지만, 안으로는 분명한 행동 체계를 갖추고 있는 사람이 많다. 정말 좋은 물건은 겉으로는 좀 부족해 보이고, 정말 지혜로운 사람은 겉으로는 좀 어리석어 보이는 법이다. 이처럼 속세의 기준에 좌우되지 않는 군자만이 유림의 세계에서 독특하고 개성 있는 품격을 만들어낼 수 있다.

송宋나라에 아류阿留라는 아이는 겉으로는 조금 멍청해 보였는데, 이는 그가 그림을 그리는 데 온 정신을 다 쏟아 부었기 때문이다. 어느 날 주원소周元素가 종이를 펼쳐놓고 그림을 그리기 시작하자, 아류가 그 옆에 서서 그 광경을 열심히 지켜보았다. 주원소가 농담반 진담반으로 아류에게 말했다.

"너도 나에게 보여줄 재주가 있니? 너도 그림을 그릴 줄 알아?"

"그릴 수 있습니다."

아류는 진지하게 대답했다.

"그래? 그럼 어디 한번 내 앞에서 그려보아라."

아류는 소매를 걷어붙이고 붓을 든 다음 종이 위에 고개를 숙이고 그림을 그리는 데 몰두했다. 잠시 후, 물위에 갓 핀 연꽃 그림이 완성되었다. 전체적인 그림의 분위기가 양만리楊萬里의 시구를 표현하고 있었다.

'작은 연꽃 이제 막 고개를 내밀었는데, 어느새 잠자리가 그 위에 앉았네.'

주원소는 그림을 들고 자세히 살펴보았다. 만일 아류가 그림을 그리는 모든 과정을 자신의 눈으로 직접 보지 않았다면, 이 연꽃 그림을 그 아이가 그렸다는 사실을 절대 믿을 수 없었을 것이다. 이 일이 있은 후, 아류는 태창太倉 일대에 이름을 널리 알리게 되었다.

아류는 주원소를 섬기면서, 그가 그림을 그릴 때마다 자세히 살피고 오로지 그 방법을 익히는 데만 몰두했다. 아류가 이렇게 그림 그리기에만 정신을 쏟았기 때문에 일상생활 속에서는 다소 어리석어 보였던 것이며, 이렇게 오로지 한 마음으로 그림만을 고집했기 때문에 그림으로 성공할 수 있었다. 아류처럼 물욕을 버리고 한결 같은 마음으로 기본적인 도리를 지킨다면, 누구나 인생의 참뜻을 발견할 수 있다.

지나치게 깨끗한 사람은 친구가 없고
지나치게 맑은 물에는 고기가 살지 못한다

地之穢者多生物 水之淸者常無魚.
지지예자다생물 수지청자상무어
故君子當存含垢納汚之量 不可持好潔獨行之操.
고군자당존함구납오지량 불가지호결독행지조

역 문

더러운 곳에는 초목이 무성하게 자라지만, 물이 너무 맑은 곳에는 고기가 살지 못하는 법이다. 그러므로 군자는 때 묻고 더러운 것도 용납할 수 있는 넓은 도량을 지녀야 하고, 깨끗함만 좋아하고 혼자 고고하려는 지조를 버려야 한다.

예 화

스스로 더 고상해지기 위해 범인들과 어울리지 않고, 속세의 음식을 먹지 않으려는 사람들이 있다. 그러나 이렇게 평범함을 거부하고 스스로 고상하다고 생각하는 사람들은 대부분 고독하다. 옛말에 이르기를 "지나치게 깨끗한 사람은 친구가 없고, 지나치게 맑은 물에는 고기가 살지 못한다."고 했는데, 왜 속세의 평범한 삶에 섞이지 않으려 하는가?

『채근담』에서 "군자는 때 묻고 더러운 것도 용납할 수 있는 넓은 도량을 지녀야 하고, 깨끗함만 좋아하고 혼자 고고하려는 지조를 버려야 한다."고 말한 것도 이와 같은 이치이다. 군자가 되려면 먼저 속세의 평범한 사람들과 어울리면서 그들의 모든 것을 너그럽게 받아들일 수 있는 도량을 키워야 한다.

동한東漢의 광무제光武帝 유수劉秀와 스스로 황제를 칭하고 나선 왕랑王郎이 하북河北에서 격돌했다. 유수의 대군이 한단을 함락시키고 대승을 거두었으며 왕랑은 즉시 참수되었다.

그 후, 왕랑의 문서를 조사하는 과정에서 대량의 편지뭉치가 발견되었다. 이는 모두 왕랑이 외부 인사들과 밀통한 편지였는데, 대부분 왕랑을 치켜세우고 유수를 공격해야 한다는 내용이었다. 문제는 이 편지의 대부분이 유수의 부하들이 쓴 것이라는 사실이었다. 이에 왕랑에게 편지를 보냈던 사람들은 하루종일 불안에 떨지 않을 수 없었다.

이 사실을 보고받은 유수는 곧바로 모든 신하들을 불러모은 후, 모두가 지켜보는 가운데 편지뭉치를 화로에 집어 던져 태워버렸다. 그리고 모두에게 말했다.

"이전에 왕랑에게 편지를 쓴 자들은 분명 큰 죄를 범한 것이다. 그러나 이미 지나간 일이고, 나는 지난 일에 대해서는 죄를 묻지 않겠다. 비록 그들이 잘못을 저지르긴 했지만, 이제부터라도 편안한 마음으로 맡은 바 책임을 다하기 위해 더욱 노력하기를 바랄 뿐이다."

유수가 너그럽게 용서하고 넘어가니 왕랑과 밀통했던 사람들은 한숨을 내쉬며 걱정을 떨쳐 버리는 동시에, 유수에게 깊이 감동하여 목숨을 걸고 충성을 맹세했다.

유수는 분명 군자의 품격을 지닌 위인이었다. 그는 누구보다 넓은 도량을 지녀 아랫사람들의 잘못을 너그럽게 용서했다.

사람은 신이 아니기 때문에 어느 누구나 잘못을 저지를 수 있다. 따라서 현명한 지도자는 아랫사람이 지난날 저지른 실수를 수시로 들추어내어 비난하거나 마음속에 새겨두지 않는다.

지나친 물욕은 이성을 망가뜨리고
망가진 이성은 인생을 무너뜨린다

人只一念貪私 便銷剛爲柔 塞智爲昏
인지일념탐사 변초강위유 색지위혼
變恩爲慘 染潔爲汚 壞了一生人品
변은위참 염결위오 괴료일생인품
故古人以不貪爲寶 所以度越一世.
고고인이불탐위보 소이도월일세

역문

사람은 사적인 욕심이 생기면 곧 강직한 기질이 유약해지고, 지혜가 막혀 어리석어지며, 인자한 마음이 혹독해지고, 깨끗한 지조가 더러워지니, 그 사람의 인품은 완전히 망가지고 만다. 그러므로 옛 사람들은 탐욕을 버림으로써 세상을 초월하는 것을 보배로 삼았다.

예화

"영웅은 미인의 유혹을 뿌리치기 힘들고, 부자는 재물의 유혹을 뿌리치기 힘들다."는 중국 속담이 있다. 동양인으로서 처음으로 노벨문학상을 받은 인도의 시성 타고르는 "역사상 위대한 인물은 모두 영원한 사랑의 실패자였다."고 말했다. 그리고 나폴레옹과 톨스토이, 푸슈킨은 모두 여자에게 쥐어 살았던 것으로 유명하다.

 숭고한 사랑을 멀리하고 무관심한 척했던 사람들도 사실은 또 다른 방법으로 사랑을 표현하고자 했다. 겉으로 무관심한 척하는 사람들도 마음속으로는 틀림없이 사랑을 원했다.

그러나 무엇이든 지나치면 문제가 생기는 법이니, 특히 물욕이 지나치면 사람들은 이성을 잃기 쉽다. 이성이 무너지면 문학가는 품위를 잃고, 관리는 권력을 잃으며, 임금은 세상을 잃는다.

주인의 마음이 맑게 깨어 있으면
도둑이 들어와도 한 식구가 된다

耳目見聞爲外賊 情欲意識爲內賊.
이목견문위외적 정욕의식위내적
只是主人翁惺惺不昧 獨坐中堂 賊便化爲家人矣!
지시주인옹성성불매 독좌중당 적변화위가인의

역 문

귀로 듣고 눈에 보이는 것은 외부의 도둑이지만, 정욕의 의식은 내면의 도둑이다. 주인의 마음이 맑게 깨어서 방안에 의젓이 앉아 있으면, 도둑이 들어와도 한 식구가 된다.

예 화

좋은 것만 보려 하지 않고, 좋은 소리만 들으려 하지 않아야 세상의 유혹에 빠지지 않을 수 있다. 즉, 억지로 구하지 않고 자연스럽게 본성에 따라야 한다는 의미로 도가에서 말하는 좌망(座忘, 좌선을 통해 현신의 잡념을 버리고 무차별의 경지에 이르는 일—옮긴이)처럼 물질과 나를 분리시켜 자연으로 돌아가기를 강조한다.

『심경心經』에서 말하길 "공空의 세계에는 눈, 귀, 코, 혀, 몸, 뜻도 없고, 형상, 소리, 냄새, 맛, 촉감, 생각도 없으니, 눈으로 보는 세계, 귀로 듣는 세계, 코로 냄새를 맡는 세계, 혀로 맛을 느끼는 세계, 몸으로 촉감을 느끼는 세계, 뜻으로 생각을 일으키는 세계도 없다."고 했다. 이것은 불교에서 올바른 믿음, 올바른 생각, 올바른 행동을 강조함을 말해 준다.

자신에게 매우 엄격했던 당태종唐太宗이 말했다.

"임금이 지녀야 할 태도 중 가장 기본은 백성의 생활을 안정시킬 수 있는 방법을 생각하는 자세이다. 만일 임금이 백성을 억압하고 착취하면서 사치와 낭비를 일삼는다면, 이는 자신의 다리 살을 베어먹는 것처럼 입은 즐겁지만 결국 자신을 해치는 일이 된다. 자신의 욕망을 먼저 채우려 하는 사람은 반드시 자멸한다. 내가 최선을 다해 내 안의 욕망을 억제하려는 이유가 바로 이것이다."

위정魏征이 이 말을 듣고 고했다.

"자고로 성인으로 존경받아 온 임금들은 모두 기본을 실천하는 데 최선을 다했기 때문에 바르고 깨끗한 정치를 할 수 있었습니다. 초나라 장왕莊王이 첨하詹何를 초청하여 정치의 바른 도에 대해 자문을 구했을 때, 첨하는 '군주가 먼저 자신의 자세를 바로잡아야 합니다.' 라고 대답했습니다. 장왕은 다시 첨하에게 구체적인 방법을 물었으나 그의 대답은 똑같았습니다. '임금의 행동이 바르고 정확한데 나라가 혼란스럽다는 말은 들어본 적이 없다.' 폐하께서 말씀하신 내용은 바로 고대 성현들의 뜻과 같습니다."

당태종은 나라를 다스리면서 시시때때로 일어나는 욕망과 감정을 억누르고, 속세의 화려함과 가무, 여색의 유혹을 멀리했다. 또한 언제나 주변을 경계하고 맑고 깨끗한 정신으로 백성들의 삶을 편안하게 할 수 있는 방법을 생각했다. 당태종이 당대의 백성들과 후손들에게 존경받을 수 있었던 것은 모두 그가 끊임없이 노력한 결과였다.

끝없이 두드리는 자에게는 쇠문도 열리고
지레 포기하는 자에게는 사립문도 닫힌다

泛駕之馬可就馳驅 躍冶之金終歸型範. 只一優游不振 便終身無個進步.
범가지마가취치구 약야지금종귀형범　지일우유부진 변종신무개진보
白沙云, "爲人多病未足羞 一生無病是吾憂." 眞確論也.
백사운　위인다병미족수 일생무병시오우　진확론야

역문

수레를 뒤엎을 정도로 사나운 말도 길들이면 부릴 수 있고, 다루기 힘든 쇳물도 잘 다루면 좋은 기물이 된다. 그러나 놀기만 하고 노력하지 않는 사람은 평생 아무것도 이루지 못한다. 백사가 말하길 "사람이 병이 많은 것을 부끄러워할 필요는 없지만, 평생토록 마음의 병이 없는 것은 걱정해야 한다."고 했다.

예화

인간으로서 도리를 지키기 위해서는 바른 믿음, 바른 말, 바른 행동이 그것이다. 다시 말해 훌륭한 업적을 세우고, 훌륭한 말을 남기며, 훌륭한 공덕을 쌓는 일이다. 거칠고 사납게 날뛰는 말도 길들이면 사람이 탈 수 있고, 용솟음치는 쇳물도 사람의 손을 거치면 쓸모 있는 기물이 된다.

　끝까지 포기하지 않고 노력하는 사람은 지금 당장 세상이 박하게 대한다 해도 마음에 담아두지 않는다. 그러나 시련에 부딪혀 그대로 주저앉거나 아무 일도 하지 않는다면, 그 사람의 인생은 이미 끝난 것이다.

가난한 집이라도 청소하면 빛이 나고
박한 재주라도 갈고 닦으면 인재가 된다

貧家淨掃地 貧女淨梳頭 景色雖不艶麗 氣度自是風雅.
빈가정소지 빈녀정소두 경색수불염려 기도자시풍아
士君子一當窮愁寥落 奈何輒自廢弛哉!
사군자일당궁수료락 내하첩자폐이재

역 문

가난한 집이라도 깨끗이 청소하고, 가난한 집 여자라도 단정하게 빗질하면 그 모습이 비록 화려하고 눈부시게 아름답지 않아도 우아한 기품이 흘러나온다. 군자가 한때 곤궁하고 가난하더라도 어찌 자신을 포기하고 수양을 게을리 하겠는가?

예 화

가난하고 궁핍해도 지조를 잃지 않는다면 과연 존경할 만한 일이다. 가난한 집 아이라도 항상 몸을 깨끗하고 단정히 정리해야 하고, 가난한 집이라도 항상 깨끗이 청소해야 한다.

　가난하고 궁핍하지만 소박하고 우아한 품격을 지닐 수 있다면, 이렇게 작은 수고라도 반드시 해야 하지 않겠는가? 이는 마치 더러운 연못에서 피어난 연꽃이 더러움에 물들지 않고, 맑은 물에 씻긴 후에도 요염하지 않은 것처럼 자연스럽고 고상한 품격을 만들어 줄 것이다.

이미 세운 공은 굳건히 보존하고
다가올 잘못은 철저히 예방하라

圖未就之功 不如保已成之業
도미취지공 불여보이성지업
悔旣往之失 不如防將來之非.
회기왕지실 불여방장래지비

역문
시작하지 않은 일을 도모하는 것은 이미 이루어 놓은 공을 보전함만 못하고, 지나간 잘못을 후회하는 일은 앞으로 다가올 잘못을 예방하는 것만 못하다.

예화
역사상 훌륭한 임금들은 건국 초기에 더욱 신중하고 빈틈없는 태도로 나라가 어려워질 것에 미리 대비하고, 아랫사람의 의견을 최대한 수용하여 오랫동안 왕조를 보존하기 위해 노력했다. 그러나 후대로 가면서 점차 경계심이 풀어지니 조정이 문란해지고, 주색과 향락에 빠져 결국 돌이킬 수 없는 상황에 이른다.

　천봉天鳳 4년, 농민들이 의병을 일으키자 왕망王莽은 기술자들을 모아 구리로 북두칠성을 상징하는 위두(威斗, 일종의 주술적 용도로 쓰이는 조형물―옮긴이)를 주조하게 했다. 그는 위두가 농민 반란을 진압해 줄 것이라고 믿었기 때문에, 어디를 가든 사람을 시켜 그것을 짊어지고 따르게 했다. 위두는 항상 별들이 움직이는 방향을 향하게 했고, 왕망의 자리도 위두의 위치에 따라 달라졌는데, 그는 항상 북두칠성의 표(杓, 북두칠성의 자루 부분에 해당하는 별―옮긴이) 위에 앉았다.

곤양昆陽전쟁이 끝나고 녹림군綠林軍이 장안으로 포위망을 좁혀오자 누군가 하늘에 기도를 드리고 구원을 요청해야 한다고 주장했다. 이에 왕망은 직접 신하들을 이끌고 수도 남쪽 외곽으로 나가 하늘에 제사를 지냈다. 그는 하늘을 향해 울부짖으며 이렇게 소리쳤다.

"하늘이 저에게 명령을 내리시어 천하를 주셨는데, 어찌하여 도적 떼들을 전멸시키지 않으십니까? 만일 신에게 명령을 내린 것이 아니라면, 벼락을 내려 신을 죽여주시옵소서."

그리고 대성통곡하다가 의식을 잃고 땅에 쓰러졌다. 잠시 후 깨어난 왕망은 또다시 땅에 엎드려 머리를 조아리며 곡을 했다. 그는 정성을 다해 하늘에 곡을 하면서도 자신의 잘못은 조금도 반성하지 않았다. 당시 왕망은 한漢왕조의 왕위를 빼앗아 신新을 세운 후 주周나라를 본뜬 복고정책을 펼쳤다. 그리하여 많은 법령이 새로 바뀌고, 가혹해진 형벌이 빈번히 집행되며, 세금이 계속 늘어나니 백성들은 한시도 마음놓고 살 수가 없었다.

어쩌면 왕망은 하늘에 곡을 할 때 이미 자신의 잘못을 깨달았을지도 모른다. 그러나 그는 현실적으로 조정과 백성들 간의 모순과 갈등을 해결할 능력이 없었기 때문에 모든 것을 하늘의 힘에 의지했던 것이다. 그러나 이렇게 요행을 바라는 마음은 결국 통하지 않았다. 하늘은 왕망의 곡소리에 감동하지 않았고, 그는 결국 고립무원되어 나라와 목숨을 잃었다.

기상은 높되 소홀함이 없어야 하고
마음은 충만하되 번잡하지 않아야 한다

氣象要高曠 而不可疎狂 心思要縝密 而不可瑣屑.
기상요고광 이불가소광 심사요진밀 이불가쇄설
趣味要冲淡 而不可偏枯 操守要嚴明 而不可激烈.
취미요충담 이불가편고 조수요엄명 이불가격렬

역 문

기상은 높을수록 좋지만 소홀함이 없어야 한다. 마음은 빈틈이 없어야 하지만 번잡스럽지 않아야 한다. 취미는 깨끗해야 하지만 무미건조하지 않아야 한다. 지조는 엄격히 지켜야 하지만 과격하지 않아야 한다.

예 화

높은 기상을 갖추었지만 너무 자유롭게 행동하면 미래를 망칠 수 있다. 빈틈없고 꼼꼼하면 논리적으로 생각할 수 있지만, 복잡한 절차를 지나치게 강조하면 자기모순에 빠질 수 있다.

취미는 평범하면서도 특별한 의미가 있어야 한다. 무미건조하면 쉽게 흥미를 잃을 수 있기 때문이다. 바르고 진실한 지조라도 지나치게 극단적이면 분노를 일으킬 수 있다. 모든 일은 정도에서 벗어나 극단적으로 흐르면 본성이 변하게 되기 때문에 이 점을 항상 경계하고 조심해야 한다.

삼국시대 오吳나라 군주 손권孫權의 조카딸이 승상丞相 고옹顧雍의 조카와 결혼했다. 혼인식 날, 고옹 부자父子와 손자 고담顧譚이 손권이 베푸는 연회에 초대받았다. 당시 고담은 이부吏部 상서尙書로 있으면서 손권의 전폭적인 신임을 받고 있었다.

　연회가 무르익자 손권은 흥겨운 마음에 술잔을 돌려가며 술을 권했다. 이때 고담은 술을 적당히 자제하지 못하고 주는 대로 마셔 실수를 저지르고 말았다. 결혼식 연회에서 충동적으로 춤을 추기 시작한 것이다. 그는 흥을 자제하지 못하고 계속 춤을 추었다.

　고옹은 손자가 분별력 없이 행동하자 기분이 매우 언짢았다. 너무 흥겨운 나머지 자신의 감정을 전혀 절제하지 못한 고담의 행동은 눈살을 찌푸리기에 충분했다. 결국 고담은 비록 높은 기상을 지녔으나 결국 정도가 지나쳐 승상의 반감을 사고 말았다.

바람은 소리를 남기지 않고
기러기는 그림자를 남기지 않는다

風來疎竹 風過而竹不留聲 雁渡寒潭 雁去而潭不留影.
풍래소죽 풍과이죽불류성 안도한담 안거이담불류영
故君子事來而心始現 事去而心隨空.
고군자사래이심시현 사거이심수공

역 문

대나무 숲에 바람이 불어오면 소리를 내지만, 바람이 지나가고 나면 소리도 없어진다. 기러기가 차가운 연못 위에 그림자를 만들며 지나가지만, 지나가고 나면 그림자는 사라진다. 군자는 어떤 일이 생기면 마음이 움직이지만, 일이 끝나고 나면 마음은 자연스럽게 비워진다.

예 화

듬성한 대나무 숲에 바람이 불어오고 기러기가 맑은 연못 위를 날아간다. 잠시 후 대나무 숲의 바람 소리와 연못 위에 기러기 그림자는 흔적 없이 사라졌지만, 이들은 잠시나마 본성을 숨김없이 드러냈다.

   고상한 인품과 화려한 언변으로 주변 사람을 감탄하게 만들 수는 있지만, 결국 이것은 모두 표면적인 현상에 지나지 않는다. 조금만 주의를 기울이면 그것이 거짓으로 꾸며낸 것임을 발견할 수 있다.

   『삼국지연의三國志演義』중에 "유비劉備가 전쟁터에서 아두阿斗를 내던지다."라는 이야기가 있다. 조조曹操의 백만 대군 속에서 조자룡趙子龍이 구출해 온 자신의 아들 아두를 유비가 바닥에 내던졌다는 이야기다. 유비는 매우 침착하고 이성적이었기 때문에 늘 논리적으로 일을 처리하는 사람이었다. 그런 그가 정말 화를 참지 못해 친아들을 땅바닥에 던져버렸을까? 아니다!

이 이야기는 유비가 아두를 진심으로 사랑하지 않았음을 말하는 것일까? 절대 그렇지 않다. 유비는 오랫동안 혈혈단신으로 지내다가 늦은 나이가 되어서야 겨우 정부인에게서 아들 아두를 얻었다. 쥐면 깨질까 불면 날아갈까 애지중지했던 사실을 깡그리 잊어버리고, 유비가 아두를 내던졌던 까닭은 바로 그 순간 그의 본성이 표출되었기 때문이다.

당시 유비는 아내와 아두의 안위를 매우 걱정하고 있었는데, 조자룡이 기적처럼 아두를 구해 왔다. 만일 이 순간 유비가 자신처럼 자식을 잃어버리거나 혹은 집과 가족을 떠나와 불안해하는 부하들을 먼저 생각하지 않고, 당장 앞으로 달려나가 아두를 품에 안고 눈물을 흘렸다면 수많은 병사들의 사기를 저하시켰을 것이다. 아마 병사들은 모두 이렇게 생각했을지도 모른다.

"우리는 모두 유씨 부자를 위해 목숨을 팔고 있다. 유비의 군대는 반드시 패망할 것이다."

그러나 유비는 미칠 듯한 감정을 아들을 내던지는 것으로 표출했다. 이 일은 모두를 감동시켰다. 그 후 유비는 평소 그랬던 것처럼 여전히 아두를 사랑했다.

인자하면서도 결단력이 있어야 하고
강직하면서도 바른 것에 치우치지 말아야 한다

清能有容 仁能善斷 明不傷察 直不過矯
천능유용 인능선단 명불상찰 직불과교
是謂蜜餞不甛 海味不咸 纔是懿德.
시위밀전불첨 해미불함 재시의덕

역 문

청렴결백하면서도 너그럽고, 인자하면서도 결단력이 있고, 총명하면서도 지나치게 살피지 않고, 강직하면서도 바른 것에만 치우치지 않아야 한다. 이는 마치 꿀에 절인 음식이 달지 않고 해산물이 짜지 않은 것처럼 훌륭한 덕이라 할 수 있다.

예 화

사람은 자기 눈으로 직접 자신을 볼 수 없다. 반드시 거울을 이용해야만 자기 얼굴을 볼 수 있다. 개인의 지식에는 분명한 한계가 있기 때문에 혼자만의 생각으로는 명확한 판단을 내리기 힘들다. 그래서 각종 사회 규칙과 규범으로 개인의 행동 범위를 단속할 수밖에 없다.

그러나 사람들은 거울에 자기 얼굴이 이상하게 비춰지면 거울을 탓하는 것처럼 자신을 스스로 단속하지 못해 문제가 생겼는데도 규범을 원망한다. 거울이 없으면 자신의 얼굴을 볼 수 없기 때문에 단정히 정리하지 못하는 것처럼 사람은 규범이 없으면 시비를 가리지 못한다.

서문표西門豹는 천성이 거칠고 급하여, 부드러우면서도 질긴 허리띠를 차고 다니면서 항상 냉정하고 침착하게 행동할 수 있도록 자신을 일깨웠다. 동안董安은 천성이 너무 느려서 팽팽하게 조여진 활을 들고 다니면서 항상 명확하고 민첩하게 행동할 수 있도록 자신을 채찍질했다.

"현명한 임금이 되려면 남는 것으로 부족한 것을 보충하고, 긴 것으로 짧은 것을 이을 줄 알아야 한다."는 말도 이와 같은 맥락이다. 강함과 부드러움을 두루 갖추고 긴 것으로 짧은 것을 이어갈 수 있는 지혜야말로 최상의 처세법이다.

한가할 때 준비하면 여유가 늘고
조용할 때 경계하면 근심이 준다

閑中不放過 忙處有受用
한중불방과 망처유수용
靜中不落空 動處有受用
정중불락공 동처우수용
暗中不欺隱 明處有受用.
암중불기은 명처유수용

역 문

한가할 때 시간을 허투루 보내지 않으면 바쁠 때에 도움이 된다. 조용할 때 마음을 놓지 않으면 움직일 때 도움이 된다. 어둠 속에서 속이고 숨기는 일이 없으면 밝은 곳에서 떳떳할 수 있다.

예 화

사람이 짐승과 다른 점은 사고 능력과 이성을 지니고 있다는 것이다. 한가할 때 바쁠 것을 미리 예측하고, 고요한 곳에서 미리 변화를 내다보며, 밝은 곳에서 하듯 어둠 속에서 행동한다면 늘 평화롭고 행복할 것이다.

춘추 시대 관중管仲과 포숙아鮑叔牙, 소홀召忽 등은 아주 절친한 친구로 모두 제齊나라의 대신이었다. 제나라 왕위 계승을 놓고 논의가 벌어지자 소홀은 공자 규糾가 왕위를 계승해야 한다고 주장하면서 다른 두 사람에게 공자 규를 보좌하자고 제의했다.

그러나 관중의 생각은 달랐다. 제나라에는 규 외에 공자가 한 명 더 있었는데, 바로 소백小白이었다. 공자 규는 친모의 든든한 후원을 받고 있었으나, 사람들은 모두 이들 모자母子를 싫어했다. 반면 공자 소백은 일찍이 어머니를 여의었기 때문에 사람들은 모두 그를 가여워했다. 아직 누가 왕위를 계승하게 될지 말하기 힘든 상황이었기 때문에, 관중은 포숙아에게 공자 소백을 보좌하게 하고 자신은 소홀과 함께 공자 규를 보좌했다.

결국 공자 소백이 공자 규를 제거하고 왕위를 계승했고, 관중은 위기에 처했다. 그러나 다행히 포숙아가 중간에서 잘 조정하여 관중은 화를 모면했을 뿐 아니라 재상의 자리에까지 오를 수 있었다.

관중의 처세법은 심사숙고하여 어떤 변화에도 빈틈이 생기지 않도록 완벽하게 준비한 유비무환의 훌륭한 본보기라 할 수 있다. 만일 세 사람이 모두 공자 규를 보좌하고 소백을 등한시했다면, 훗날 이처럼 순조롭게 일이 풀려 원하는 대로 뜻을 이룰 수 없었을 것이다.

항상 한가할 때 바쁠 것에 미리 대비해야 하고, 평온할 때 움직임과 변화를 예측하여 미리 준비해 두어야만 화를 모면할 수 있다. 관중과 친구들은 언제나 어두운 곳에서도 밝은 대낮에 행동하듯 서로 속이거나 감추는 것이 없었기 때문에 평생 풍요롭고 편안하게 살 수 있었다.

탐욕이 생기는 순간에 잘못을 깨닫고
깨닫는 순간에 마음을 바로잡는다

念頭起處 纔覺向欲路上去 便挽從理路上來.
염두기처 재각향욕로상거 변만종리로상래
一起便覺 一覺便轉
일기변각 일각변전
此是轉禍爲福 起死回生的關頭 切莫輕易放過.
차시전화위복 기사회생적관두 절막경이방과

역 문

한 순간의 생각이 탐욕의 길로 향하고 있음을 느꼈다면, 즉시 되돌려 올바른 도의 길로 향하게 해야 한다. 생각이 일어나는 순간 깨닫고, 깨닫는 순간 재빨리 되돌려야 한다. 이것은 불행을 행복으로 만들고, 죽음을 삶으로 되돌리는 계기가 된다. 결코 가볍게 놓쳐버리지 말라.

예 화

성공과 실패는 순간의 생각으로 좌우되고, 모든 생각은 탐욕에서 비롯된다. 그래서 『채근담』에서는 좀 더 이성적으로 생각하고, 망상이나 유혹에 빠지지 말아야 한다고 강조한다. 생각이 바뀌는 순간, 아주 가까이 있었던 것이 멀어질 수 있고, 눈앞에 있던 성공을 그르칠 수 있으니 신중하고 또 신중해야 한다.

　　남송南宋 영종寧宗 가태嘉泰 연간에 진중미陳仲微가 포전현蒲田縣 현령으로 부임했을 때의 일이다. 포전현에 사는 한 상인이 길을 가던 진중미를 붙잡고 온갖 감언

이설로 그를 칭찬하며 편지 한 통을 몰래 그의 주머니에 쑤셔 넣었다. 진중미는 어쩔 수 없이 그것을 받았으나 봉투도 뜯지 않고 그대로 놔두었다.

1년 후, 그 상인에게 탈세 혐의가 있다는 보고를 받고 진중미는 이 사건을 조사하기 위해 상인의 하인을 잡아들였다. 그러자 상인은 진중미를 원망하며 그가 의리도 없는 사람이라고 비난했다. 이에 진중미는 1년 전 상인에게 받았던 편지를 고스란히 돌려주었다. 상인은 편지 봉투가 그대로 봉해져 있는 것을 보자 부끄러움을 감추지 못하고 진중미에게 진심으로 사죄했다.

진중미가 아첨과 뇌물의 유혹을 뿌리친 것은 과연 현명한 선택이었다. 만일 그가 사욕을 채우는 데 급급하고, 주변 사람들의 아부에 즐거워하며 그들의 더러움에 같이 물들었다면, 나중에 상인의 탈세 사건을 조사하고 처벌할 때 자신의 죄도 피할 수 없었을 것이다.

진중미의 처세법은 여기서 말하는 도리를 고스란히 반영하고 있다. 사소하고 별것 아닌 듯한 일이 생사의 운명을 바꾸어 놓을 수도 있고, 한 순간 잘못된 생각으로 큰 잘못을 저지를 수도 있다. 언제나 화는 아주 작은 곳에서 시작하는 법이니 반드시 신중하고 조심스럽게 일을 처리해야 한다.

고요한 가운데 생각을 맑게 하고
여유로운 가운데 도량을 넓게 한다

靜中念慮澄澈 見心之眞體 閑中氣象從容 識心之眞機
정중염려징철 견심지진체 한중기상종용 식심지진기
淡中意趣冲夷 得心之眞味. 觀心證道 無如此三者.
담중의취충이 득심지진미 관심증도 무여차삼자

역 문

고요한 가운데 생각이 맑으면 본래의 마음을 볼 수 있다. 여유로운 가운데 기상이 침착하면 마음의 참 근원을 알 수 있다. 담담하고 평온하면 마음의 참뜻을 얻을 수 있다. 마음을 살펴 도를 발견하는 데 이 세 가지 만한 것이 없다.

예 화

고요한 곳에서 생각을 맑게 하고, 여유로운 곳에서 침착하고 도량을 넓게 하며, 평온한 곳에서 욕심을 비우면, 인간으로서 지녀야 할 진정한 도를 지킬 수 있다. 모든 잡념을 몰아내고 생각을 비우면, 나와 물체의 경계가 사라지고, 참된 이치, 참된 본체, 참뜻이 명확해진다. 이 순간 눈앞이 환해짐을 느낄 수 있는데, 이것이 바로 장자가 말하는 진정한 자유의 세계이다.

　어느 날, 산속을 걷던 장자莊子는 나무꾼이 크고 잎이 무성한 나무를 베지 않는 것을 보고 그 이유를 물어보았다. 나무꾼은 "이 나무는 아무 짝에도 쓸모가 없기 때문입니다."라고 대답했다. 그러자 장자는 "이 나무는 대들보로 쓰기에 너무 크기 때문에 이렇게 오랫동안 생명을 이어 올 수 있었다."라고 말했다.

그러고는 산을 내려가 오랜 친구 집을 찾아갔다. 친구는 장자를 매우 반기며 하인에게 기러기를 잡아 상을 차리게 했다. 이때 하인이 물었다.

"기러기가 두 마리인데, 하나는 소리를 내어 울고 하나는 울지 못합니다. 어떤 것을 잡을까요?"

그러자 주인은 울지 못하는 기러기는 쓸모없으니 그것을 잡으라고 했다. 다음 날 제자가 장자에게 가르침을 구했다.

"선생님께서 어제 말씀하시길, 산속의 큰 나무는 대들보 재료로 쓰이지 못해 오랫동안 생명을 이어 왔다고 하셨습니다. 그러나 어제 잡은 기러기는 쓸모가 없어서 죽음을 면치 못했습니다. 그렇다면 우리는 도대체 어떤 것을 모범으로 삼아야 합니까?"

이에 장자가 웃으며 대답했다.

"나는 쓸모 있는 것과 쓸모 없는 것 사이에 있다."

이 말은 '이심관물(以心觀物, 마음으로 사물을 보다—옮긴이)'을 강조한 것으로, 장자는 스스로도 최선을 다해 이 말을 실천했다. 그는 무위와 고요 속에서 본성과 본심을 찾아냄으로써 당대와 후대의 많은 사람들로부터 칭송을 받았다.

평온한 마음으로 현묘한 이치를 찾아내면 마음이 곧 도이고 도가 곧 마음이니, 나와 물체와의 경계가 사라지고 이 순간 속세를 벗어나 맑고 깨끗한, 전혀 새로운 세계가 나타난다.

소란함 속에 참된 고요함이 있고
괴로움 속에 참된 즐거움이 있다

靜中靜非眞靜 動處靜得來 纔是性天之眞境
정중정비진정 동처정득래 재시성천지진경
樂處樂非眞樂 苦中樂得來 纔是心體之眞機.
낙처락비진락 고중낙득래 재시심체지진기

역 문

고요한 곳에서의 고요함은 참다운 고요함이 아니다. 소란함 속에서 고요함을 지켜야만 진실한 마음을 얻을 수 있다. 즐거운 곳에서의 즐거움은 참다운 즐거움이 아니다. 괴로움 가운데 즐거운 마음을 얻어야만 참된 마음을 알 수 있다.

예 화

범중엄范仲淹이 『악양루기岳陽樓記』 중에 말한 "재물 때문에 기뻐하지 말고, 자신 때문에 슬퍼하지 말라."는 말은 바로 『채근담』에서 "고요한 곳에서의 고요함은 참다운 고요함이 아니다. 소란함 속에서 고요함을 지켜야만 진실한 마음을 얻을 수 있다. 즐거운 곳에서의 즐거움은 참다운 즐거움이 아니다. 괴로움 가운데 즐거운 마음을 얻어야 참된 마음을 알 수 있다."고 말한 것과 같은 맥락이다.

  범중엄은 가난한 집안에서 태어났으나, 어려서부터 글 읽기를 좋아했을 뿐 아니라 세상을 구하는 원대한 뜻을 품었다. 그는 수양을 쌓고 지식을 넓히기 위해, 칼을 차고 책을 암송하면서 남경(南京, 지금의 허난성 상치우商丘)까지 수천 리 길을 고생고생하며 걸어갔다.

남경에 도착한 후, 범중엄은 당시 인재의 산실로 유명했던 남경학사에 들어가기 위해 시험을 치르고 합격했다. 그는 남경학사에서 공부하는 동안에도 일을 하며 학업을 병행해야 했으니 여간 고생스럽지 않았다. 한 학우는 범중엄이 이렇게 고생하는 모습을 보고 놀랍고도 존경스러웠다. 그 학우는 집에 돌아가 아버지에게 범중엄 이야기를 했다. 그 아버지 역시 이 말을 듣고 감동하여 곧바로 아들을 시켜 고기와 음식을 범중엄에게 가져다주도록 했다. 그러나 범중엄은 음식에 손도 대지 않았다. 이를 본 친구는 매우 불쾌해하며 말했다.

　"아버지께서 너의 생활이 매우 곤궁하다는 사실을 아시고 특별히 이 음식들을 주시며 너에게 가져다주고 격려하라고 하셨다. 그런데 너는 조금도 감사히 여기지 않으니, 우리가 너를 무시했다고 생각하기 때문이냐?"

　이에 범중엄은 아주 예의바르게 대답했다.

　"나는 너희 아버님의 은혜에 깊이 감동했다. 그러나 이미 매일 죽 먹는 습관이 들었는데, 만일 오늘 이렇게 좋은 음식들을 먹고 나면 앞으로 내가 다시 날마다 죽을 먹으며 견딜 자신이 없다."

　범중엄은 남경학사에서 수학하는 동안 먹고 자는 것도 잊을 만큼 열심히 공부했다. 공부를 하다가 피곤하고 졸리면 찬물로 세수를 하고, 정말 꼭 잠을 자야 할 때는 옷을 입은 채로 잠시 누웠다가 깨어나면 곧바로 다시 공부를 시작했다. 어떤 날은 하루종일 죽조차 먹지 않을 때도 있었다. 그러다 저녁때가 되어서야 겨우 한 끼를 먹었는데, 이것이 아침식사이자 저녁식사였다. 이렇게 5년간 학문에 몰두한 끝에 범중엄은 원하는 바를 이루었다. 그는 가난하고 궁핍한 생활 속에서도 학문의 즐거움을 찾아 뜻을 이루고 인생의 승리자가 되었다.

　범중엄은 관리가 된 후에도 항상 검소하고 소박하게 생활하면서 진실한 마음을 잃지 않았고, 이로 인해 많은 사람의 존경을 한몸에 받았다.

자신을 희생하려면 의심하지 말고
은혜를 베풀고 보답을 바라지 말라

舍己毋處其疑 處其疑 卽所舍之志多愧矣
사기무처기의 처기의 즉소사지지다괴의
施人毋責其報 責其報 倂所施之心俱非矣.
시인무책기보 책기보 병소시지심구비의

역 문

자신을 희생하기로 했다면 더 이상 의심하지 말라. 의심하면 자신을 희생하려는 결심이 부끄러워진다. 은혜를 베풀기로 했다면 보답을 바라지 말라. 보답을 바라면 은혜를 베푼 마음이 그릇된 것이 된다.

예 화

많은 사람들이 희생과 봉사정신을 갖추어야 한다고 말하지만, 정말 희생정신이 투철한 사람은 이렇게 목소리를 높이지 않는다. 목소리를 높이는 사람들은 대부분 이해득실을 따지게 마련이니, 이들이 베푸는 선행은 가식적이고 부자연스럽다.

　여기서 말하는 것도 인간으로서 지녀야 할 기본 정신 중 하나이다. 선행은 물론 아름다운 미덕이지만, 자신의 착한 행실을 드러내고 뽐내지 말아야 한다. 역사적으로 송경宋璟이 송덕비를 세우지 못하게 한 일은 우리 모두가 본보기로 삼을 만하다.

　명明나라 광주廣州 도독都督이었던 송경이 뛰어난 관리 능력을 발휘하여 재상에 임명되었다. 광주의 다른 관리와 백성들은 모두 이 일을 자기 일처럼 기뻐하고 또

영광스러워했다. 그래서 이들은 기념비를 세워 송경의 공덕을 기리고자 했다.

그러나 송경은 백성들의 호의를 이해하면서도 기념비를 세운다는 사실이 조금도 기쁘지 않았다 그래서 고민 끝에 송경은 명나라 황제에게 송덕비를 세우는 관습을 금지시켜야 한다고 강력하게 제안했다.

"신은 광주 도독으로서 조정의 명령에 따라 업무를 이행했을 뿐입니다. 특별히 뛰어난 업적을 세우지도 못했는데, 영광스럽게도 신을 재상으로 임명해 주셨습니다. 이에 현지 백성들은 송덕비 건립을 준비하며 아부하는 데만 정신이 팔려 있으니, 이것은 분명 잘못된 풍습입니다. 그리하여 이러한 악습을 없애고자 하오니 청컨대 신으로부터 시작하게 해주십시오."

황제는 송경의 건의를 받아들여 현지 백성들이 그를 위해 비석을 세우는 일을 금지시켰다.

송경은 백성들에게 많은 덕을 베풀었지만 절대 보답을 바라지 않았다. 또한 그는 이해득실에 따라 행동하지 않음으로써 훌륭한 관리라는 명성을 얻고, 모두에게 존경받을 수 있었다.

그러나 오늘날의 정치가들은 어떠한가? 입만 열면 공치사를 늘어놓을 뿐이니 정말 낯부끄러워 볼 수가 없을 지경이다.

덕을 쌓아 복을 만들고
마음을 편안히 하여 수고로움을 던다

天薄我以福 吾厚吾德以迓之 天勞我以形 吾逸吾心以補之.
천박아이복 오후오덕이아지 천로아이형 오일오심이보지
天厄我以遇 吾亨吾道以通之 天且奈我何哉?
천액아이우 오형오도이통지 천차내아하재

역 문

하늘이 내게 복을 박하게 준다면, 나의 덕을 두텁게 하여 맞서겠다. 하늘이 내 몸을 수고롭게 한다면, 나의 마음을 편하게 하여 내 몸을 도울 것이다. 하늘이 내 처지를 곤궁하게 생각한다면, 나의 도를 형통케 하여 그 길을 열 것이다. 이러하니 하늘인들 나를 더 어떻게 하겠는가?

예 화

사람마다 정해진 운명은 공평할 수도 있고 불공평할 수도 있다. 그렇다면 정해진 운명에 현명하게 대처할 수 있는 방법은 무엇일까? 『채근담』에는 이러한 운명에 대처하는 긍정적이고 적극적인 처세법이 제시되어 있다. 불행이나 시련은 두려워해야 할 대상이 아니다. 정말 무서운 것은 불행을 피해 가려는 마음과 시련 앞에 쓰러져 포기하려는 정신이다. 맹자孟子가 말했다.

"하늘은 어떤 사람에게 큰 임무를 맡기기 전에 반드시 먼저 그 몸을 배고프게 하고 수고롭게 한다. 마찬가지로 정말 사회에 도움이 되는 인재가 되려면 반드시 오랫동안 힘겨운 단련을 이겨내야 한다. 보검의 예리함은 부지런히 갈고 닦은 결

과이며, 매화의 은은한 향기는 고통과 추위를 견뎌낸 것에 대한 보상이다.'

사마천司馬遷이 세상에 품은 울분을 안으로 삭이고 『사기史記』를 완성한 것이 그 대표적인 본보기이다. 사마천은 역사학자이자 문학가로, 서한西漢시대 좌풍익(左馮翊, 장안의 북부를 가리킴—옮긴이) 하양夏陽 사람이며, 무제武帝 때 중서령을 지냈다.

그는 어려서부터 학문을 좋아하여 다방면의 지식을 두루 갖춘 인재로 성장했다. 동중서董仲舒에게 『춘추春秋』를 배우고, 공안국孔安國에게 『상서尙書』를 배웠다.

사마천은 마흔두 살부터 『사기』 편찬을 시작했는데, 얼마 후 이릉李陵을 변호하다가 관직을 박탈당하고 옥에 갇혔다. 그 후 사마천은 궁형(宮刑, 거세하여 생식을 못하게 하던 형벌—옮긴이)을 받고 정신적, 육체적으로 큰 충격에 휩싸였다.

감옥에서 풀려나고 얼마 후 다시 중서령에 임명되었을 때, 사마천은 절친한 친구 임안任安에게 편지를 받고, 곧바로 답장을 썼다. 거기에 오랫동안 소식을 전하지 못해 미안하다는 말로 시작하여 우울한 마음에서 오는 고통과 끝없는 억울함과 분노를 모두 털어놓았다. 사마천의 편지 중에는 이런 글도 씌어 있다.

'나는 이미 조정에 관련된 일이라면 조금도 관심이 없네. 지난날의 모욕은 가슴 깊이 새겨져 하루에도 장이 아홉 번씩 뒤집히는 듯하고, 정신이 문득문득 몽롱해지네. 밖으로 나가면 어디로 가야 할지 갈피를 잡을 수 없다네. 이 치욕을 생각할 때마다 식은땀이 등줄기로 흘러 옷을 적시지 않은 적이 없네.'

사마천은 죽더라도 의롭게 죽어야 한다고 생각했다.

"사람은 반드시 한 번 죽는다. 그것은 태산보다 무거울 수도 있고 기러기 털보다 가벼울 수도 있으니, 사람마다 죽음을 맞이하는 방법이 다르기 때문이다."

사마천이 모든 굴욕을 참아내고 구차하게 살아남은 이유는 가슴에 품은 오랜 바람이 아직 남아 있었기 때문이다. 그래서 일생일대의 커다란 불행을 겪었는데도 끝내 『사기』를 완성해냈다. 그 결과 사마천은 스스로 분발하여 뜻을 이루어낸 가장 훌륭한 인물로 후세에 길이 이름을 남길 수 있었다.

뜻이 곧으면 저절로 복이 찾아오고
마음이 음흉하면 애써 복이 피해간다

貞士無心徼福 天卽就無心處牖其衷
정사무심요복 천즉취무심처유기충
憸人著意避禍 天卽就著意中奪其魄.
섬인착의피화 천즉취착의중탈기백
可見天之機權最神 人之智巧何益?
가견천지기권최신 인지지교하익

역문

뜻이 곧은 선비는 애써 복을 구하지 않아도 하늘이 그에게로 찾아가 마음을 열어 준다. 음흉한 사람은 불행을 피하려고 애쓰지만 하늘이 그에게로 찾아가 넋을 빼앗는다. 이처럼 신비로운 하늘의 힘 앞에 인간의 지혜와 잔재주가 무슨 소용 있으리오?

예화

하늘이 정해 놓은 운명과 예측할 수 없는 세상의 변화를 지혜롭게 헤쳐 나가기 위해서는 늘 굳은 절개와 한결 같은 태도를 잃지 말아야 한다. 얄팍한 지식으로 잡은 기회와 부당한 이익은 결코 오래가지 못하기 때문이다. 하늘은 바른 정신과 자세로 성실히 일하는 사람을 절대 저버리지 않는다.

    무측천武則天시대, 어사御使 중승中丞 위원충魏元忠은 사람됨이 진실하고 충성스러웠으며, 아첨을 일삼는 무리들을 매우 싫어했다.

어느 날, 위원충이 중병에 걸려 자리에 눕자, 아부의 달인이었던 감찰監察 어사御史 곽패郭覇가 병문안을 왔다. 곽패는 위원충을 보자마자 아부를 시작하더니 곧 위원충이 배설물을 먹으라 하면 정말 먹을 듯한 기세였다. 곽패의 아부는 정말 그럴 듯했다.

"만일 대인의 배설물을 먹어보아 달면 대인의 병은 심각한 것입니다. 그러나 지금은 쓴맛이 나니 대인의 병은 대단치 않은 것이어서 곧 나으실 것입니다."

위원충은 곽패를 완전히 무시했고, 사람들을 만날 때마다 그의 추악한 행동에 대해 치를 떨며 이야기했다. 그리하여 곽패는 아첨쟁이로 저잣거리 사람들의 웃음거리가 되었다. 그러나 운명은 늘 사람을 농락하기를 좋아하는 법이니, 진실하고 충성스러운 위원충이 뜻밖에도 화를 당하게 되었다. 누군가 위원충이 모반을 꾀하고 있다고 모함했고, 그는 옥에 갇히는 신세가 되었다.

이때 가혹한 고문관으로 악명 높은 후사지侯思止가 위원충에게 자백을 강요하며 모진 고문을 가했다. 그러나 위원충은 끝까지 굴복하지 않았고 오히려 후사지를 크게 꾸짖었다.

"후사지! 네가 만일 내 목숨으로 공을 세워 상을 받고 싶은 것이라면 내 목을 내어줄 수 있겠지만, 내가 모반을 인정하리라는 것은 네 망상이라는 걸 알아라."

후사지는 온갖 수단과 방법을 가리지 않고 위원충을 심문했지만, 끝내 자백을 받아내지 못해 사실대로 조정에 보고했다. 결국 위원충 모반 사건은 증거 불충분으로 일단락되었고, 위원충은 직위가 강등되어 조정에서 쫓겨났다. 공을 세우려 온갖 수단과 방법을 동원했던 후사지의 노력은 결국 헛수고가 되고 말았다.

"인간의 법칙은 하늘의 법칙만 못하다."는 옛말이 있듯이, 부정한 수단으로 집안을 일으키려는 사람은 결코 세상에서 인정받을 수 없다. 오직 위원충처럼 굳은 의지와 강직한 신념을 가진 사람만이 존경받을 수 있다.

젊어 공덕을 세우면 잠깐 칭찬을 받고
늙어 지조를 잃으면 죽어서 비난을 산다

聲妓晚景從良 一世之烟花無碍 貞婦白頭失守 半生之淸苦俱非.
성기만경종량 일세지연화무애 정부백두실수 반생지청고구비
語云, "看人只看後半截" 眞名言也.
어운   간인지간후반절   진명언야

역 문

한때 기녀였더라도 말년에 한 지아비를 따른다면, 한때의 화냥기는 문제되지 않는다. 정숙한 여자라도 말년에 정절을 지키지 못하면, 반평생의 절개가 수포로 돌아간다. 속담에 이르기를 "사람을 보려면 그 후반을 보라."고 했으니 참으로 옳은 말이다.

예 화

한 사람의 일생을 평가할 때는 말년의 절개를 살펴보아야 한다. 말년에 지조를 지키지 못하면, 젊은 시절 쌓았던 덕이 사라지고 관직을 잃게 될 뿐 아니라 영원히 오명을 남기게 된다. 사람은 나이가 들수록 세상 경험과 지식이 많아지고 능수능란하게 기교를 부릴 수가 있다. 그래서 나이가 들어서도 여전히 고결한 지조를 지킨다는 것은 결코 쉬운 일이 아니며, 충분히 존경받을 가치가 있다.

　당唐나라의 서예가 안진경顔眞卿은 개원開元 연간에 진사시험에 합격했다. 755년 안녹산安祿山이 난을 일으키자, 안진경은 사촌형 고경杲卿과 함께 군사를 일으켜 난을 진압했다. 후에 안진경은 노군공魯郡公에 봉해졌는데, 그래서 사람들은 그를 안노공顔魯公이라고 불렀다.

　덕종德宗 때 간신 노기盧杞가 안진경을 곤경에 빠뜨리기 위해 모반군 장수 이희열李希烈을 설득하라고 명령을 내렸다. 안진경이 이희열을 만나 왕의 교지를 읽으려는 순간, 이희열의 부하가 달려 나와 칼을 빼어 들더니 그를 죽여 고기를 씹어 먹겠다며 위협했다. 그러나 안진경은 조금도 흔들림 없이 우뚝 선 자세로 그 병사를 엄하게 꾸짖었다.

　"너희들은 안고경의 이름을 들어보지 못했느냐? 그는 나의 사촌형으로 안녹산이 모반을 일으켰을 때, 죽음 앞에서도 안녹산에게 끊임없이 욕을 퍼부었다. 내 나이 이제 곧 80을 바라보고 있고 태사太師에까지 올랐다. 나는 지금 이 자리에서 죽는다 해도 결코 지조를 잃지 않을 것이다. 죽음 따위는 두렵지 않다. 그런데 내가 너희의 유혹과 위협 따위에 흔들릴 것 같으냐?"

　이희열은 다시 사람을 시켜 정원에 장작을 쌓게 하고 그 위에 기름을 부으며 안진경을 위협했다.

　"네가 이래도 뜻을 꺾고 투항하지 않으면 너를 산 채로 태워버리겠다."

　그러자 안진경은 바로 불 속으로 뛰어들었다. 신경진辛景臻 등이 그를 급히 붙잡아 만류하니, 이희열은 안진경을 그냥 돌려보낼 수밖에 없었다. 그러나 이희열은 결국 자객을 보내 안진경을 살해했다.

　안진경은 709년에 태어나 785년에 죽었으니, 그의 나이 74세였다. 옛사람들은 인생 70은 예로부터 아주 드문 일이라는 뜻에서 고희古稀라고 칭했다. 안진경은 고희를 넘긴 나이에도 불구하고 끝까지 뜻을 굽히지 않고 지조를 지켰으니, 그의 서법처럼 강직하고 웅장하고 위엄이 넘치는 사람이었다.

이름을 앞세운 큰 선행은 금방 작아지고
진심으로 베푼 작은 선행은 오래 기억된다

平民肯種德施惠 便是無位的公相
평민긍종덕시혜 변시무위적공상
士夫徒貪權市寵 竟成有爵的乞人.
사부도탐권시총 경성유작적걸인

역문

일반 백성이라도 덕을 심고 은혜를 베풀면 벼슬 없는 재상이 되고, 사대부라도 권력을 탐하고 명예를 좇는다면 벼슬 가진 거지가 된다.

예화

은혜를 베풀고 덕을 쌓는 일에는 빈부의 구별이 있을 수 없다. 중요한 것은 순수하고 진실한 마음이다. 그렇기에 부귀한 자들이 수레와 배에 가득 실은 재물을 베푸는 것보다 가난한 사람이 밥 한 끼를 나눠주는 행동이 훨씬 존경스럽다. 한신韓信의 '일반천금(一飯千金, 밥 한 끼 은혜를 천금으로 보답하다―옮긴이)' 이야기를 통해 그 의미를 더욱 명확히 이해할 수 있다.

한신은 가난한 집안에서 태어나 어렸을 때 아버지를 여의었고, 19세 때는 어머니마저 가난 때문에 병을 얻어 세상을 떠났다. 그는 돌아갈 집도 절도 없이 세상을 떠돌아다니며 아는 사람 집에 빌붙어 밥을 얻어먹을 수밖에 없었다.

처음에 한신은 정장亭長의 집에 빌붙어 지냈으나 시간이 오래 지나자 그의 집에서 쫓겨났다. 어느 날 정장 부인이 미리 밥을 다 먹어치우고, 한신이 돌아오자 일부러 빈 솥을 보며 한숨을 내쉬었던 것이다. 한신은 더 이상 정장의 집에 눌러앉아 있기가 미안하여 그의 집을 떠났다. 그는 앞으로 고기잡이를 하며 생계를 이어갈 생각이었다.

어느 날, 강가에 고기를 잡으러 나간 한신은 반나절이 지나도록 한 마리도 잡지 못하고 있었다. 강가에서 빨래를 하던 노파가 한신의 모습이 너무 불쌍하여 자기가 가져온 음식을 그에게 나누어 주었다. 그 후 한신은 10여일 넘게 이 노파의 집에서 숙식을 해결했다.

한신은 고마운 마음에 노파 앞에 무릎을 꿇고 맹세했다.

"반드시 할머니의 은혜에 크게 보답하겠습니다."

그러자 노파는 화를 내며 이렇게 말했다.

"대장부가 스스로 밥벌이를 못하니 내가 왕손을 가엾게 여겨 밥을 주긴 했지만, 어찌 보답에 연연하겠나!"

후에 한신은 분발하여 학문에 정진하고 열심히 무예를 익혔다. 그러다 한漢나라를 세운 무제武帝 유방劉邦의 눈에 들어 중요 관직에 임명되었고, 결국 개국 공신으로서 공을 인정받아 왕王에 봉해졌다. 한신은 초楚나라로 돌아온 후 자신과의 약속을 지키기 위해 제일 먼저 노파를 찾아갔다. 그는 노파에게 은자 1,000냥을 주고, 노파가 편안하게 여생을 보낼 수 있도록 돌봐주었다.

노파의 행동은 옳았고, 정장의 행동은 잘못되었다. 정장은 지위와 권세를 가졌지만 가난하고 천한 사람들을 멸시했고, 노파는 가난했지만 한신에게 옷과 음식을 나누어주는 따뜻한 마음을 가졌다.

'일반천금' 이야기에서 노파는 덕을 쌓고 은혜를 베풀었기에 한신에게 존경받고 큰 보답을 돌려받았다. 타인을 돕는 일은 불교에서 말하는 칠층탑을 쌓는 일보다 어렵다. 그러나 다른 사람에게 작지만 진심으로 은혜를 베풀면 반드시 커다란 보답을 받을 수 있다.

조상의 덕을 무겁게 받아들이고
내 덕이 쉽게 무너질 수 있음을 기억하라

問祖宗之德澤 吾身所享者是 當念其積累之難
문조종지덕택 오신소향자시 당념기적루지난
問子孫之福祉 吾身所貽者是 要思其傾覆之易.
문자손지복지 오신소이자시 요사기경복지이

역 문

조상이 남겨 준 은혜가 무엇인가? 그것은 지금 내가 살아 누리는 모든 것이니, 그것을 쌓기 위해 얼마나 힘들었는가를 기억하라. 자손에게 남겨 줄 복이 무엇인가? 그것은 지금 내가 행하는 모든 것이니, 쉽게 기울어질 수 있음을 명심하라.

예 화

현생에서 누리는 복은 전생에 쌓은 덕이라는 말이 있다. 또한 우리가 지금 누리고 있는 복은 조상이 만들어 놓은 복이라는 말도 있다.

 농부가 열심히 밭을 갈면 아무것도 얻지 못할까 걱정할 필요 없다는 말로도 설명할 수 있다. 이밀李密이 할머니를 봉양하기 위해 벼슬에서 물러난 이야기를 통해 복을 심고 덕을 쌓는다는 일이 무엇인지 명확히 알 수 있다.

 이밀은 어린 시절 아버지를 여의고 어머니가 개가한 후 할머니 밑에서 자랐다. 그는 할머니에 대한 효성이 지극하여 할머니가 병이 나면 밤낮으로 곁에서 간호하고, 직접 탕약을 달이면서도 잠깐씩 틈을 이용하여 책을 읽었다.

 이밀은 촉한蜀漢의 말단 관직에 있다가 촉나라가 망한 후 진나라 무제武帝에게 재능을 인정받아 중용되었다. 그러나 진무제에게 다음과 같은 상소를 올렸다.

"저는 어려서 고아가 되었고, 할머니 유劉씨가 저를 거두어 키워주셨습니다. 지금 할머니는 늙고 병들어 자리에서 일어나지도 못하시니 저의 보살핌이 반드시 필요합니다. 그런데 지금 제가 관직을 받게 되었으니 정말 난감할 뿐입니다. 다행히도 이 나라는 효를 천하의 근본으로 삼고 노인을 공경합니다. 저의 할머니는 이미 96세가 되셨으니 서산에 지는 해처럼 숨이 언제 끊어질지 모르는 상황입니다. 할머니의 목숨이 위태위태하여 아침에 저녁 일을 알 수 없는 상황입니다. 만일 제가 관직에 나가면 할머니의 임종을 지킬 사람이 없습니다. 제가 올해 마흔네 살이니 국가를 위해 일할 수 있는 시간은 아직 많이 남아 있지만, 할머님을 봉양할 수 있는 시간은 얼마 남아 있지 않습니다. '까마귀가 어미 새의 은혜에 보답하는 마음' 처럼 할머님이 돌아가시는 날까지 봉양할 수 있게 해주십시오."

진무제는 이밀의 상소를 읽고 크게 감동하여 그의 요청을 받아들였다. 이렇게 하여 이밀은 중용된 후 오히려 관직을 버리고 할머니를 봉양하며 인간의 도리가 무엇인지 보여주었다.

계략과 속임수는 잠깐의 성공에 취하고
진심과 덕행은 만대의 근심을 바로잡는다

君子而詐善 無異小人之肆惡
군자이사선 무이소인지사악
君子而改節 不及小人之自新.
군자이개절 불급소인지자신

역 문

군자가 위선적이면 소인이 제멋대로 악행을 일삼는 것과 다를 바 없다. 군자가 변절하면 소인이 잘못을 뉘우치는 것만 못하다.

예 화

군자의 마음은 숫돌처럼 평탄하기 때문에 비록 호탕하고 자신감 넘치는 말은 못하더라도 가장 중요한 순간에 용감하게 나서서 잘못을 바로잡을 수 있다. 이들은 국가를 위해 부모형제도 아끼지 않으니, 석작石碏이 반역자를 제거하기 위해 세운 계략이 그 대표적인 본보기이다.

   719년, 위衛나라의 주우州吁가 형을 죽이고 왕위를 찬탈한 뒤 공신 석후石厚를 대부에 임명했다. 석후의 아버지 석작은 덕성과 명망이 높은 상경上卿으로 이미 관직에서 은퇴한 뒤였으나, 주우의 행동에 매우 분개하며 이들을 제거하기로 마음먹었다. 이때 마침 주우가 석작을 궁으로 불러 왕권을 안정시킬 수 있는 방책을 상의하고자 했다. 석작은 이 기회를 빌려 석후에게 말했다.

   "주우는 정통적인 방식으로 왕위를 이은 군주가 아니기 때문에 백성들도 여기에 수긍하지 못하고 있다. 지금 가장 좋은 방법은 주우가 주나라 황제를 알현하여 승인을 받는 것이다. 그러면 주우는 정당하게 명분이 서는 왕이 될 수 있다."

석후도 이 말에 동감했으나 자신들이 움직이면 주나라 황제의 의심을 사지 않을까 염려되었다. 이에 석작은 다시 방법을 제시했다.

"진후陳侯가 지금 주周 황제의 총애를 받고 있으니, 진후에게 부탁하여 주 황제 앞에서 좋은 말 몇 마디만 하면 주 황제는 주우를 새로운 왕으로 인정할 것이다."

석후는 아버지의 말을 처음부터 끝까지 모두 주우에게 보고했고, 주우도 석작의 말이 일리가 있다고 생각했다. 그래서 주우는 수레를 준비하게 하여 공물을 가득 싣고 석후의 호위를 받으며 진陳나라로 떠났다.

한편 석작은 두 반역자가 길을 떠나자 곧바로 손가락을 베어 한 통의 혈서를 작성했다. 그리고 심복을 시켜 주우 일행이 진나라에 도착하기 전에 그의 오랜 친구인 진나라 대부 자침子針에게 편지를 전하게 했다. 자침은 석작의 부탁대로 편지를 진후에게 전달하여 두 역적을 체포해달라고 청했다. 이 편지는 주우 일행이 진나라에 도착하기 전, 비밀리에 진후의 손에 전해졌다. 진후는 석작의 순수한 충심에 깊이 탄복하여 그의 요청대로 주우 일행이 진나라에 도착하자마자 체포하였다. 이 사실이 위나라에 전해지자 석작은 곧 문무백관을 소집하여 앞으로의 일에 대해 논의했다. 모든 신하들은 주우와 석후가 왕위를 찬탈했으니 그 죄를 물어 당연히 참수해야 한다고 입을 모았다. 논의 결과대로 주우와 석후 두 사람은 곧바로 참수되었다. 이때 석작이 만약 부자간의 사사로운 정에 얽매여 지조를 버렸다면 그 역시 역사와 대중의 비난을 면치 못했을 것이다. 그러나 석작은 혈육 간의 정과 역적을 제거해야 하는 대의 사이에서 군자로서의 지조를 지켜 모두에게 존경을 받았다. 군자는 끝까지 지조를 지켜야 영원히 아름다운 이름을 남길 수 있다.

잘못을 꾸짖는 일은 작은 가르침이고
모범을 보이는 일은 큰 가르침이다

家人有過 不宜暴怒 不宜輕棄.
가인유과 불의폭노 불의경기.
此事難言 借他事隱諷之 今日不悟 俟來日再警之
차사난언 차타사은풍지 금일불오 사래일재경지
如春風解凍 如和氣消氷 纔是家庭的型範.
여춘풍해동 여화기소빙 재시가정적형범

역 문

가족에게 허물이 있으면 크게 화내지도 말고 가볍게 넘기지도 말라. 직접 말하기 힘들다면 다른 일로 비유하여 깨닫게 하라. 오늘 깨닫지 못하면 다시 내일을 기다려 훈계하라. 봄바람이 언 땅을 녹이고 따뜻한 기운이 얼음을 녹이듯 해야 한다. 그것이 가정을 편안케 하는 규범이다.

예 화

주변에 누군가 잘못을 저질렀을 때 화를 내거나 포기하지 말고 진심으로 상대를 감동시켜 올바른 도리를 깨닫게 해주어야 한다. 이것은 가정교육은 물론 정치나 기업 관리의 기본 원칙으로도 사용될 수 있다.

 훌륭한 교육자와 현명한 관리자는 항상 상냥하고 부드러운 태도로 아랫사람을 대하고 말과 행동으로 모범을 보인다. 당唐나라 대종代宗이 딸에게 지아비를 공경하도록 가르친 이야기는 우리가 거듭 그 의미를 되새겨 볼만하다.

곽자의郭子儀의 아들 곽애郭曖는 당대종의 딸 승평升平공주를 아내로 맞이했다. 그는 공주와 말다툼을 벌이던 중 "당신은 아버지가 황제라는 것만 믿고 그러는데, 나 같으면 황제 자리 줘도 안 한다."라고 말했다. 공주는 너무 화가 나 곧바로 마차를 타고 궁으로 돌아가서 대종에게 곽애가 황제가 되려 한다고 일러바쳤다.

그러나 대종은 공주의 말을 듣더니 뜻밖에도 그녀를 꾸짖었다. 황제는 "부마는 틀림없는 사람이다. 네가 잘못 들었을 것이다. 그가 어떻게 '황제가 되겠다.'라고 말했겠느냐? 또 '천하가 어떻게 너희 이씨 집안 것이냐.'라는 말을 할 수 있겠느냐?"라고 말하며 공주를 잘 달래어 돌려 보냈다.

곽자의는 이 일을 알고 곧바로 곽애를 밧줄로 묶어 아들을 데리고 궁에 들어가 황제에게 사죄했다. 그러나 대종은 이렇게 말했다.

"이것은 아이들끼리 해결할 일이오. 민간에 이런 속담이 있지 않소? 모르는 척, 못 들은 척하지 않으면 좋은 시아버지가 될 수 없다고 말이오."

곽자의는 곽애를 데리고 돌아와 커다란 몽둥이로 아들을 때리기 시작했다. 그러자 공주가 울면서 곽애를 대신해 용서를 빌었고, 두 사람은 다시 처음처럼 사이가 좋아졌다.

대종은 딸을 가르칠 때 흥분하여 화를 내지 않았고, 그렇다고 해서 가볍게 넘기지도 않는 현명한 태도를 보여주었다. 이처럼 적절한 방법으로 가르쳐야만 자식이 스스로 느끼고 뉘우칠 수 있다. 덕분에 마치 봄바람이 언 땅을 녹이고, 따뜻한 기운이 얼음을 녹이듯 곽애 부부는 금실 좋은 부부가 되었고, 그들의 이야기는 지금까지도 아름다운 이야기로 전해지고 있다.

마음을 살펴 원만하게 하고
마음을 열어 너그럽게 하라

此心常看得圓滿 天下自無缺陷之世界
차심상간득원만 천하자무결함지세계
此心常放得寬平 天下自無險側之人情.
차심상방득관평 천하자무험측지인정

역 문

스스로 마음을 살펴 항상 원만하게 하면 이 세상은 완벽한 세계가 된다. 스스로 마음을 열어 항상 너그러우면 세상에 험악한 인정이란 저절로 사라진다.

예 화

가장 완벽하고 훌륭한 것은 자신의 마음속에서만 찾을 수 있으니, 자신이 원하는 바를 밖에서 구하려 하지 말라. 타인에게 가혹하게 대하지 않고 스스로 마음을 평온하게 다스리면 모든 것이 사랑스럽게 보인다.

　명明나라의 제갈공명諸葛孔明으로 불리는 유기劉基는 사람의 능력과 성품을 정확히 파악하여 인재를 기용하고 관리하는 데 아주 뛰어났다. 그가 부정한 관리를 탄핵할 때는 고관대작이나 권문귀족도 두려워하지 않았다.

　명나라 건국 초기 주원장朱元璋이 궁 밖으로 순행을 떠나면서 유기와 좌승상 이선장李善長에게 조정의 일을 맡겼다. 이때 유기가 이선장에게 말했다.

　"원나라가 망한 이유는 지나친 방임 때문이었소. 지금 이 나라 조정에 가장 시급한 일은 엄격한 기강을 세우는 일이니, 어사御使들로 하여금 주저치 않고 부정한 관리를 탄핵하게 해야 하오. 먼저 왕궁 호위병이 숙식 중 불법적인 일을 저질렀다고 하니, 황태자에게 아뢰어 법으로 다스려야 하오."

유기의 엄격함은 때와 장소를 가리지 않고 그 위세를 떨치니 조정 안팎 어디든 그를 두려워하지 않는 이가 없을 정도였다. 홍무洪武 원년(1368) 9월, 이선장의 측근이었던 이빈李彬이 탐관오리의 죄목으로 법에 따라 사형에 처해졌다. 이선장은 이빈의 죄를 벗겨주려 백방으로 노력했지만, 유기는 이선장의 부탁을 일언지하에 거절하고 황제에게 사형 집행을 승인하도록 청한 것이다. 이 일로 이선장은 유기에게 원한을 품었다. 한편 주원장은 이빈이 이선장의 수하였으므로 이선장을 질책했으나 유기는 오히려 그를 변호했다.

"이선장은 폐하와 오랜 시간 동고동락해 왔으며 통솔력이 뛰어난 장수로 공신 중의 한 명입니다."

"이선장은 내 앞에서 매번 자네를 비난했는데, 자네는 그를 위해 좋은 말을 하는군. 이번 일은 이선장의 잘잘못이 명확하지 않으니 승상이 알아서 하게."

이 일로 이선장이 재상宰相직에서 파면되자, 주원장은 그 자리에 양헌楊憲을 임명하려 했다. 그러자 유기는 주원장에게 이렇게 권고했다.

"양헌은 재상으로서의 능력은 있으나 그릇은 아닙니다. 재상은 반드시 물처럼 치우침 없이 공평하고 도리에 따라 일을 처리해야 합니다."

주원장은 다시 호유용胡惟庸은 어떠냐고 물었다. 유기는 "수레를 끄는 말이 끌채를 망가뜨리는 것과 같습니다."라고 대답했다. 주원장이 "이상적인 승상으로 자네만 한 이가 없을 듯하네."라고 말하자, 유기는 "신은 나쁜 일이나 나쁜 사람을 원수처럼 증오하며 힘들고 무거운 일들을 감당해내지 못합니다. 신이 승상이 되면 반드시 조정에 문제가 생길 것이니, 성은에 보답하지 못할 것입니다. 천하가 이렇게 넓은데 어찌 인재가 없을까봐 걱정하십니까? 조금 더 끈기를 가지고 물색하시면 반드시 훌륭한 인재가 나타날 것입니다."라고 대답했다.

사치한 자는 청렴한 이를 의심하고
방종한 자는 엄격한 이를 미워한다

澹泊之士 必爲濃艶者所疑 檢飾之人 多爲放肆者所忌.
담박지사 필위농염자소의 검식지인 다위방사자소기
君子處此 固不可少變其操履 亦不可太露其鋒芒.
군자처차 고불가소변기조리 역불가태로기봉망

역 문

청렴결백한 사람은 사치스런 사람의 의심을 받고, 엄격한 사람은 방종한 사람의 미움을 받게 마련이다. 그러나 군자는 어떤 때에도 변함없이 지조를 지켜야 하며, 지나치게 엄격함을 드러내지 말아야 한다.

예 화

고요하고 평온한 마음을 가지고 재주를 내보이지 않아야 자신을 온전히 지킬 수 있다. 자신을 드러내지 않아야 사악한 무리들의 시기와 질투를 피할 수 있기 때문이다. 넓은 도량을 가진 사람이 사소한 일을 일일이 따지지 않는 이유도 바로 여기에 있다. 군자는 대의를 품고 바르게 행동하기 때문에 일부러 감추려고 애쓰지 않는다. 이는 따뜻한 봄바람이 불고 봄비가 적당히 내리면 세상의 모든 고난과 어려움이 사라지고 만물이 소생하는 것과 같은 이치이다.

순舜은 가난한 집안에서 태어났으며, 아버지 고수瞽叟는 장님이었다. 순이 태어난 지 얼마 되지 않아 어머니가 세상을 떠났고, 고수는 다시 아내를 얻어 상象이라는 아들을 낳았다. 그런데 고수는 상만 총애하고 순은 미워했다. 고약한 심보의 아버지 고수와 거짓말쟁이 새어머니에 오만방자한 이복동생까지 합세하니 순은 매일 괴로운 나날을 보내야 했다. 순은 아주 작은 실수를 해도 바로 벌을 받기 일쑤였는데, 음흉한 고수는 결국 순을 죽이기로 결심했다. 그러나 순은 아버지와 새어머니, 그리고 이복동생에게 언제나 순종하고 매일매일 성실하고 바르게 생활하면서 조금도 게으름을 피우지 않았다.

어느 날, 고수는 순에게 창고 지붕에 올라가 일을 하게 하고, 밑에서 불을 질러 아들을 태워 죽이려 했다. 순은 위급한 상황에 처하자 기지를 발휘했다. 한 손에 삿갓을 들고 지붕 위에서 뛰어내려 다행히 죽음을 모면했던 것이다.

또 한 번은 고수가 순에게 우물을 파라고 시켰는데, 순은 미리 화를 예감하여 우물을 파면서 그 내부에 몰래 탈출구를 파놓았다. 순이 우물 안에 들어가 깊이 파 내려가고 있을 때, 고수와 상이 우물 안으로 돌을 떨어뜨렸으나 순은 내부에 만들어 놓은 탈출구로 몸을 피했다.

고수와 상은 순이 죽었다고 생각하여 매우 기뻐하며 그의 재산을 나누어 가졌다. 상은 순의 두 아내와 거문고를 차지했고, 소와 양, 그리고 곡식창고는 고수와 새어머니가 차지했다. 상이 매우 기뻐하며 순의 방에 들어가 거문고를 뜯으며 즐겁게 놀고 있을 때, 그의 눈앞에 갑자기 순이 나타났다. 순간 어찌 할 바를 몰라 허둥대던 상은 곧 거짓으로 꾸며 둘러댔다.

"나는 지금 형님 생각을 간절히 하고 있었습니다."

"네가 그렇게 생각했다니, 그것으로 됐다."

두 번이나 목숨을 잃을 뻔했지만 순은 아버지와 동생에게 여전히 예의 바르고 극진하게 대했다. 순은 고수와 상이 어떤 짓을 꾸미든 담담하고 너그럽게 받아들였다. 동시에 자신의 재주를 밖으로 드러내지 않고 언제나 인내하고 양보하면서 끝까지 바른 뜻을 지켰다.

후에 순이 요堯임금에게 존경받고 중용될 수 있었던 것은 당연한 귀결이다.

역경은 의지를 단련시키고
좋은 환경은 사람을 망친다

居逆境中 周身皆鍼砭藥石 砥節礪行而不覺
거역경중 주신개침폄약석 지절려행이불각
處順境內 眼前盡兵刃戈矛 銷膏靡骨而不知.
처순경내 안전진병인과모 소고미골이부지

역 문

역경에 처하면 주변의 모든 것이 침과 약이 되어 자기도 모르게 마음과 행동을 단련하게 된다. 모든 일이 순조로운 상황에서는 주변 모든 것이 창과 칼이 되어 살이 베이고 뼈가 깎여도 깨닫지 못한다.

예 화

역경은 하늘이 내린 복이다. 역경은 인간의 의지를 단련시키고 심신을 강하게 만들어 천하를 다스릴 수 있는 인재를 만들어내기 때문이다. 그러나 완벽한 환경에서는 현실에 안주하거나 향락에 빠지기 쉽기 때문에 평생 아무것도 이루지 못한다. 그렇기 때문에 어린 시절 겪는 가난은 하늘이 내린 복이라 할 수 있다.

　　소진蘇秦의 자는 계자季子이며, 전국시대 동도東都 낙양洛陽 사람이다. 소진은 일찍이 장의張儀와 함께 귀곡자鬼谷子에게 종횡법縱橫法을 배웠다.

　　그는 어느 정도 학문을 쌓은 후, 자신의 학문과 언변이면 어떤 관직이든 충분히 얻을 수 있을 것이라고 자신했으나, 가는 곳마다 좌절에 부딪혔다. 그렇게 일련의 실패를 경험하고 집으로 돌아오자 부모와 아내는 모두 그를 무시하고 거들떠보지도 않았다. 소진은 이에 큰 자극을 받았고, 비로소 자신의 학문이 보잘것없음을 새삼 깨달았다.

이후로 소진은 의기소침하지 않고 더욱 분발하여 열심히 학문에 매진했다. 그는 두문불출하면서 밤낮으로 강태공姜太公의 『육도六韜』, 『음부陰符』 등의 병법 공부에 매진했다. 책을 읽다 지쳐 눈꺼풀이 무거워져 눈을 뜰 수가 없으면 송곳으로 자신의 허벅지를 찔렀다. 송곳이 살갗을 찌르는 고통은 졸음을 완전히 쫓아버렸고, 그는 다시 정신을 가다듬고 계속해서 공부에 열중했다.

전하는 바에 따르면, 소진은 책을 읽다 피곤하면 책상 위에 엎드려 잠깐씩 졸곤 했는데, 그것이 싫어 대들보에 밧줄을 묶어놓고 한쪽 끝에 자신의 머리카락을 묶어두었다고 한다. 이렇게 하면 졸면서 고개가 숙여질 때 밧줄이 머리카락을 잡아당기니 두피가 당겨지는 아픔으로 금방 잠을 깰 수 있었다.

이와 같은 방법으로 소진은 강태공의 병법뿐만 아니라 각 나라의 지형, 정치상황, 군사력 등도 완벽하게 숙지했다. 이 외에도 각국 제후들의 심리 상태도 깊이 연구했다. 이렇게 완벽하게 준비가 끝나자, 기원전 334년부터 육국(六國, 전국시대 가장 강성했던 진秦을 제외한 나머지 나라를 의미함—옮긴이)을 돌아다니며 유세를 시작했고, 그 결과 육국 군주들에게 중용되었다. 소진은 육국의 재상宰相이 되어 왕궁을 자유롭게 드나들며 큰 영예를 누렸다.

부는 순조로워 보일 때 새어 나가고
권세는 완벽해 보일 때 깨어져 나간다

生長富貴叢中的 嗜欲如猛火 權勢似烈焰.
생장부귀총중적 기욕여맹화 권세사열염
若不帶些淸冷氣味 其火焰不至焚人 必將自爍矣.
약불대사청랭기미 기화염부지분인 필장자삭의

역문

부귀한 집안에서 자란 사람은 욕망이 맹렬히 타오르는 불길과 같고, 권세가 뜨거운 불꽃과 같다. 만일 이들이 맑고 신선한 기운을 지니지 못한다면 그 불길이 남에게 미치지는 않더라도 반드시 그 자신을 태워버릴 것이다.

예화

조물주가 인간 세상에 어떤 조화를 부릴지는 아무도 예측할 수 없다. 부와 권력을 두루 갖추고 정상에 서 있는 사람은 모든 것이 순조롭고 완벽해 보이지만 사실 언제 찬바람이 몰아칠지, 언제 깊은 연못에 빠질지 예측할 수 없으니 늘 불안하다.

　부귀영화는 분명 모든 사람들의 동경의 대상이지만, 그 주변에는 온통 위험이 도사리고 있으니 자칫 잘못하면 진흙 구덩이에 빠질 수도 있다. 만일 진흙 구덩이에 빠졌다면 욕심과 잡념을 버리고 맑고 깨끗한 정신으로 학문에 정진하고 심신을 수양하는 것이 위기에서 벗어날 수 있는 가장 좋은 해결책이다. 이렇게 해서 얻은 행복만이 길을 이을 수 있다.

　서주西周시대 주나라 공왕恭王은 자주 궁 밖으로 행차하여 직접 민심을 살폈다.

밀密나라 강공康公은 주 왕실에서 토지를 분봉받은 제후국 주군으로 주공왕과 함께 경수涇水 일대를 순시했다.

밀강공은 겉으로는 고상하고 학식 있고 예의바른 군자처럼 보이지만 사실 재물과 여색을 탐하는 호색한이었다. 임금과 함께 순행을 하는 중에도 밀강공은 정욕을 채우기 위해 민간의 부녀자 세 명을 억지로 빼앗았다.

밀강공의 모친은 천성이 선량한 데다 학식과 인품을 갖춘 여인이었다. 밀강공이 억지로 끌려온 세 명의 부녀자를 데리고 집으로 돌아오자 그의 어머니는 어떻게 된 일인지 추궁했다. 밀강공은 이 여자들이 사랑을 찾아 집에서 도망쳐 나왔다고 거짓말을 했다. 그러나 어머니는 아들이 거짓말을 한다는 것을 알고 이렇게 충고했다.

"주나라의 예법에서는 몰래 도망쳐 나온 아녀자를 받아들이지 못하게 하고 있다. 더욱이 너는 주왕을 모시고 순행중에 미녀를 얻었으니 반드시 그녀를 주왕에게 받쳐야 한다. 다시 말해 이렇게 까닭 없이 무언가를 얻었을 때 특히 어디서 어떻게 왔는지를 알 수 없는 여자라면 절대 좋은 일이 생길 수 없다. 내 보기에 이것은 복이 아니라 분명 화근이 될 것이다. 빨리 그 여자들을 내보내도록 하여라."

어머니가 좋은 말로 충고했지만, 밀강공은 어머니의 말을 귀담아 듣지 않고 억지로 세 명의 여자들을 첩으로 삼아 하루종일 그녀들과 음주가무를 즐겼다. 오래 지나지 않아 밀강공이 부녀자를 겁탈하고 첩으로 삼은 사실이 주공왕의 귀에 들어갔다.

주공왕은 크게 노하여 당장 군대를 소집하여 밀나라를 토벌했다. 밀강공은 주나라의 예법을 어기고 주 황제를 기만한 죄로 죽음을 면치 못했고, 밀나라의 운명도 여기에서 끝이 났다.

정성이 지극하면 귀신을 울리고
믿음이 지극하면 천하를 흔든다

人心一眞 便霜可飛 城可隕 金石可貫.
인심일진 변상가비 성가운 금석가관
若僞妄之人 形骸徒具 眞宰已亡 對人則面目可憎 獨居則形影自愧.
약위망지인 형해도구 진재이망 대인즉면목가증 독거즉형영자괴

역문

사람이 온 마음을 다하면 여름에도 서리를 내리게 할 수 있고, 울음으로도 성곽을 무너뜨릴 수 있으며 쇠붙이와 돌도 뚫을 수가 있다. 그러나 가식적이고 위선적인 사람은 사람의 형태만 갖추었을 뿐 이미 진실하지 않으니, 사람을 대하면 얼굴이 흉하게 보이고 혼자 있을 때도 자신의 모습에 부끄러움을 감출 수 없다.

예화

진眞, 선善, 미美는 우리가 인생의 목표로 삼아 끊임없이 추구해야 할 가치다. 여기에 가장 기본적으로 필요한 것이 바로 정성이다. 정성이 지극하면 모든 아름다움을 두루 갖출 수 있다. 정성과 믿음을 지키는 사람 앞에는 넓고 평탄한 미래가 펼쳐진다. 정성과 믿음은 사람됨의 기본이며 세상살이의 중요한 열쇠이다.

양시楊時는 송宋나라의 유명한 학자이다. 그는 어렸을 때부터 학문을 좋아하고 열심히 공부하여 중년에 뛰어난 학업 성취를 이루었으나, 겸손한 자세로 타인에게 가르침을 구하는 자세는 언제나 변함이 없었다.

한편, 낙양洛陽 사람 정호程顥와 그의 동생 정이程頤는 당시 유학자 중 가장 높은

명성을 떨쳤다. 양시와 유초游酢는 본래 정호의 제자였다. 정호가 세상을 떠났을 때 두 사람은 이미 마흔 살이 넘었고 진사에 합격하여 비교적 높은 관직에 있었으나, 두 사람은 다시 정이를 찾아가 계속해서 가르침을 구했다.

어느 날 양시와 유초가 아침 일찍 정이를 찾아갔는데, 정이는 앉아서 두 눈을 감고 정신을 가다듬으며 자는 척했다. 정이는 손님이 온 것을 당연히 알고 있었으나, 아무 말 없이 미동도 하지 않은 채 그들을 거들떠보지도 않았다.

그러나 두 사람은 예의 바르게 공손한 자세로 나란히 서서 아무 말 없이 정이가 눈을 뜨고 말을 할 때까지 기다렸다. 이런 상태로 반나절이 지나자 세 사람은 다리가 뻣뻣하게 마비될 지경이었다. 한참이 지나고 나서야 겨우 눈을 뜬 정이가 앞에 서 있는 양시와 유초를 보고 일부러 놀라는 척하며 말했다.

"아니, 두 사람, 아직도 가지 않았나?"

때는 바야흐로 엄동설한에 눈까지 내렸는데 문밖에는 30센티미터가 넘는 눈이 쌓였다. 결국 정이는 두 사람의 진심에 감동하여 그들을 제자로 받아들였다.

양시는 이렇게 진심으로 스승을 존경하고 가르침을 구했으니, 그의 정성은 과연 오뉴월에 서리가 내리고 울음소리로 성벽을 무너뜨리고 금과 돌을 뚫을 수 있을 만한 것이었다. 양시는 이렇게 해서 정이의 제자가 되었고, '정문입설(程門立雪, 양시와 유초가 눈 내리는 겨울 날 정이의 집 문밖에 서 있었다는 이야기로, 제자가 스승을 존중한다는 의미의 사자성어가 됨—옮긴이)' 이야기는 학문을 하는 사람들 사이에 영원한 미담으로 전해지고 있다.

문장이 지극하면 기교를 벗어나고
인품이 지극하면 본모습에 들어맞는다

文章做到極處 無有他奇 只是恰好
문장주도극처 무유타기 지시흡호
人品做到極處 無有他異 只是本然.
인품주도극처 무유타이 지시본연

역 문

문장이 최고의 경지에 이르면 특별히 기교를 부리지 않아도 딱 들어맞는다. 인품이 최고의 경지에 이르면 별달리 뛰어난 모습이 아니라 본연의 모습을 나타낸다.

예 화

문장의 가치는 사용하는 사람의 인품에 따라 크게 달라진다. 그래서 문학을 인학人學이라고 하기도 하고, 인품을 문품文品이라고 하기도 한다. 인품이 고결하면 문품이 청아해지니 이 둘은 따로 떼어 생각할 수 없다.

　남북조南北朝시대 위魏나라 태무제太武帝 때 고윤古允과 최호崔浩는 함께 국사를 수정, 편찬하는 일을 담당했다. 이 책에는 선비족鮮卑族의 고대 사적이 상세히 기록되어 있었는데, 선비 귀족들은 이 내용이 자신들을 모욕했다고 생각했다. 그래서 이들은 태무제 앞에서 고윤과 최호를 끊임없이 비난했다.

　태무제는 크게 노하여 고윤과 최호를 잡아 옥에 가두고 사형을 언도했다. 고윤의 제자였던 태자가 그를 살리기 위해 태무제를 찾아가 이렇게 사정했다.

　"국사의 대부분은 최호가 편찬한 것입니다. 고윤은 평생 신중하고 바르게 살아

왔으니, 그의 죄를 사하여 주십시오."

태무제는 즉시 고윤을 불러 물었다.

"국사를 전부 최호가 쓴 것이 맞는가?"

"신과 최호는 함께 선왕과 폐하의 기록을 썼습니다. 그러나 최호는 총책임을 맡았고 직접 글을 쓴 것은 제가 더 많습니다."

"고윤의 죄가 최호보다 크니, 당장 사형에 처하라."

옆에 있던 태자가 놀라고 두려움에 떨며 얼른 변명했다.

"지엄하신 폐하 앞이라 고윤이 놀라 횡설수설하는 것입니다."

그러나 고윤은 다시 한 번 말했다.

"신의 죄는 죽어 마땅합니다. 그러나 감히 거짓말을 하지는 않겠습니다. 태자께서는 신을 불쌍히 여겨 저를 구해 주시려는 것입니다."

그러자 태무제는 고윤의 정직함에 감동하여 즉시 고윤을 풀어 주었다.

"고윤은 죽음 앞에서도 신의를 저버리지 않았다. 신하가 임금 앞에서 거짓을 꾸미지 않으니 참으로 진실하고 훌륭하도다. 고윤의 죄를 사하고, 상을 주겠다."

나중에 태자는 고윤을 만나 이렇게 말했다.

"나는 그대를 위해 사정을 했는데, 그대는 내 뜻을 따르지 않았네. 다행히 결과가 좋아 폐하의 노기를 가라앉혔으나, 지금 생각해도 등골이 오싹하네."

그러자 고윤은 "사서를 기록하는 일은 임금의 선행과 악행을 기록하여 후대 사람들이 이것을 거울삼아 경계할 수 있도록 하기 위함입니다. 임금이 사서를 꺼리고 두려워하는 마음은 당연하지만, 사서를 통해 왕조를 평가하는 것이 바로 역사입니다. 그러므로 최호 또한 아무런 잘못이 없습니다. 신과 최호는 함께 사서를 편찬했으니 죽든 살든 명예를 누리든 모욕을 받든 어떠한 경우라도 의리를 저버리고 혼자만 살길을 찾아갈 수는 없습니다. 비록 폐하의 은혜를 입어 본의 아니게 죽음을 면하게 되었으나, 이것은 신이 바라는 것이 아닙니다."라고 말했다.

부귀공명은 잠깐 빌린 것이고
세상만물은 나와 한몸이 아닌 것이 없다

以幻迹言 無論功名富貴 卽肢體亦屬委形
이환적언 무론공명부귀 즉지체역속위형
以眞境言 無論父母兄弟 卽萬物皆吾一體.
이진경언 무론부모형제 즉만물개오일체
人能看得破 認得眞 纔可以任天下之負擔 亦可脫世間之繮鎖.
인능간득파 인득진 재가이임천하지부담 역가탈세간지강쇄

역 문

세상의 모든 것이 허상이라면, 부귀공명은 물론이고 육신까지도 잠시 빌린 것에 불과하다. 세상의 모든 것이 실상이라면 부모형제는 물론 세상만물이 나와 한몸이 아닌 것이 없다. 사람이 이것을 간파하고 진실을 깨달을 수 있으면, 세상을 이끌어야 할 중책을 맡을 수 있고, 세상의 속박에서 벗어날 수 있다.

예 화

인간 세상의 무상함을 깨닫고 속세의 더러움에 물들지 않아야 진정한 자유를 누릴 수 있다. 부귀공명을 좇는 일은 심신을 피로하게 만들 뿐이며, 주관과 지혜가 부족하면 감정이 메말라 심적으로 매우 고통스럽다. 날카로운 통찰력으로 사물의 근본을 명확히 파악하면 평범함을 뛰어넘어 성인의 경지에 오를 수 있다.

　양웅揚雄은 서한西漢시대의 유명한 문학가이자 철학자이다. 그는 말을 더듬는 버릇이 있었으나 배우기를 좋아하고 사색을 즐겼으며, 특히 옛 성현의 철학서에 정통하여 당대에 널리 이름을 알렸다. 양웅은 일찍이 거록巨鹿 사람 후파侯芭에게 『태현太玄』과 『법언法言』을 가르친 적이 있었다.

후에 양웅은 조서를 작성하는 일에 추천되었는데, 「우렵부羽獵賦」에 황제의 뜻을 담아 조서를 작성하여 왕망王莽, 유흠劉歆에 버금가는 지위를 얻었다. 당시 황제 애제哀帝가 환관 동현董賢을 총애하여 많은 소인배들은 동현에게 빌붙어 관직을 얻곤 했다.

그러나 양웅은 「해조解嘲」라는 시를 지어 "현묘한 것을 알고 침묵할 줄 아는 것보다 도를 지키는 데 더 좋은 것은 없다. 오직 고요하고 적막해야만 덕을 지킬 수 있다."라고 자신의 심경을 표현하고 부귀공명을 좇는 간악한 무리들을 멀리했다.

한편 왕망이 한나라의 왕위를 찬탈한 뒤 한의 잔재를 없애는 정책을 시행했다. 그러나 견풍甄豐의 아들 견심甄尋, 유흠의 아들 유분劉棻은 지난 관습에 따라 계속해서 부명(符命, 하늘이 제왕이 될 만한 사람에게 내리는 상서로운 징조—옮긴이)을 올렸다. 이에 왕망은 크게 노하여 견풍을 죽이고 유분은 변방 지역으로 유배시켰고, 여기에 연루된 사람들을 모두 가두어들였다.

양웅은 유분에게 기자(奇字, 육서체의 하나로 소전과 비슷한 글씨체—옮긴이)를 배운 적이 있었기에 이 사건이 발생하자, 화를 미칠 것을 염려하여 천록각天祿閣에서 뛰어내려 자살을 시도했으나 죽지 않았고, 다행히 얼마 후 이 사건에 깊이 연관되지 않은 이들에게 죄를 묻지 않겠다는 조서가 내려져 화를 모면했다.

양웅은 벼슬길이 험난하여 뜻을 펼치기 힘들어지자 병을 평계로 관직에서 물러났다. 그는 이미 관직생활을 통해 "부귀공명은 물론이고 인간의 육체 또는 잠시 빌린 것에 불과하다."는 말처럼 환상과 현실의 세계가 어떤 것인지 분명히 깨달았다. 양웅은 인간 세상의 무상함을 깨닫고 조용히 은거하면서 모든 욕심과 모든 속박에서 벗어나니 그의 삶은 인생 낙원 그 자체였다.

입에 즐거운 음식은 독약과 같고
마음에 즐거운 쾌락은 도적과 같다

爽口之味 皆爛腸腐骨之藥 五分便無殃
상구지미 개란장부골지약 오분변무앙
快心之事 悉敗身喪德之媒 五分便無悔.
쾌심지사 실패신상덕지매 오분변무회

역 문

입을 즐겁게 하는 음식은 장을 상하게 하고 뼈를 썩게 하는 독약과 같다. 그러므로 많이 먹지 말고 절반쯤에서 그쳐야 화를 면할 수 있다. 마음을 즐겁게 하는 쾌락은 몸을 망치고 덕을 잃게 한다. 그러므로 절반쯤에서 그쳐야 후회가 없다.

예 화

산해진미와 부귀영화를 과하게 탐하지 말라. 그렇지 않으면 몸과 마음이 황폐해진다. 항상 만족스럽고 즐거운 일만 있다면 현실에 안주하고 앞을 내다보지 못하기 때문에 유혹에 빠지기 쉽다. 그러므로 모든 일은 절반쯤에서 만족하고 완벽하게 채우려 하지 말라. 적당할 때 멈추어야 맑고 깨끗한 마음을 지키고, 근심걱정 없이 편안하게 살 수 있다. 서한西漢시대 소광疏廣은 전 재산을 타인에게 베풀어 가족들이 나태해지는 것을 방지했으니, 매우 현명한 처사라 할 수 있다.

　소광은 자가 중옹仲翁이고, 서한시대 동해東海 난릉蘭陵 사람이다. 어려서부터 학문을 좋아했는데, 특히 『춘추春秋』에 통달하여 그에게 배움을 구하는 학생들이 적지 않았고, 그의 명성을 흠모하여 멀리서 찾아오는 사람들의 발길이 끊이지 않았다. 선제宣帝 때 박사博士로 시작하여 후에는 태자의 스승이 되었다.

소광은 어느 정도 공을 이루자, 이제 물러날 때가 되었다고 생각했다. 그래서 은퇴하고 고향으로 돌아가려 하니, 선제와 태자는 그에게 황금 70근을 하사했다. 소광은 고향으로 돌아간 후, 매일 술과 음식을 장만하여 친척들과 친구들을 불러 대접했다. 그는 황제가 하사한 황금이 얼마나 남았는지 계속 확인하면서 가족들에게 그것을 빨리 써버리라고 재촉했다. 그러자 소광의 아들과 손자는 명망 있는 친척 어른들을 찾아가 부탁했다. 소광에게 황제한테 받은 황금으로 땅이나 집을 사두어 자손들에게 물려주라고 충고하도록 한 것이다.

그런데 소광은 이렇게 말했다.

"내가 늙고 노망이 들어 자손들의 앞날을 걱정하지 않는다고 생각하십니까? 우리는 이미 밭도 있고 집도 있으니 자손들이 열심히 밭을 갈면 충분히 먹고 살 수 있습니다. 절대 다른 사람들보다 부족하지 않습니다. 그러나 만일 자손들에게 더 많은 재산을 물려주면 그들은 분명히 나태함에 빠질 것입니다. 현명하고 재산이 많은 자는 반드시 지조를 잃게 되고, 어리석고 재산이 많은 자는 큰 악행을 저지르게 됩니다. 또한 부자는 사람들의 증오의 대상이 됩니다. 지금 자손들이 성장하여 더 이상 말로써 가르치긴 힘들지만 그들이 더 큰 과오를 저질러 다른 사람들의 미움을 받는 것은 막아야 합니다. 이 재물은 폐하께서 노신에게 하사하신 것입니다. 그래서 저는 고향의 친척들과 함께 폐하의 선물을 나누며 즐겁게 지내는 것을 제 여생의 낙으로 삼으려 합니다."

소광에게 재물이란 단지 먹고사는 데 지장이 없는 정도면 충분하니 절대 차고 넘쳐서는 안 되는 것이었다. 재물이 과하면 게을러지기 쉽고 발전하려는 의욕을 사라지게 한다. 당唐나라 한산寒山이 그의 시에서 "재물이 많으면 근심이 쌓인다."고 말한 것도 이것과 같은 맥락이다.

남의 허물을 꾸짖는 일을 게을리 하고
남의 과오를 마음에 새겨두지 말라

不責人小過 不發人陰私 不念人舊惡.
불책인소과 불발인음사 불염인구악
三者可以養德 亦可以遠害.
삼자가이양덕 역가이원해

역문

남의 작은 허물을 꾸짖지 말고, 남의 비밀을 들춰내지 말고, 남의 과오를 마음에 새겨두지 말라. 이 세 가지를 명심하면 스스로 덕을 기르고 화를 멀리 할 수 있다.

예화

속이 좁은 사람은 다른 사람의 잘못이나 약점을 잡아 상대를 박하게 대하고, 심지어 상대방을 궁지로 내몰기도 한다. 이들의 행동은 스스로 속 좁고 형편없는 인품의 소유자임을 드러낼 뿐이다. 항상 진심으로 타인의 잘못을 너그럽게 용서하면 타인에게나 나에게나 복을 만들고 화를 피할 수 있다.

제갈량諸葛亮이 세상을 떠나자, 생전에 그가 가장 신임했던 장완蔣琬이 대장군大將軍, 상서尙書, 대사마大司馬 등을 겸직하며 후주後主 유선劉禪을 보좌했다. 그러나 양희楊戱 등은 항상 장완을 비난하고 욕하며 그의 명령에 따르지 않았다.

어느 날 장완이 호위병 단호單鎬에게 물었다.

"내가 폐하를 보좌한 이후, 조정이나 군대에 안 좋은 일이 있었는가?"

그러자 단호가 대답했다.

"온 천하가 대사마의 높은 공을 인정하고 존경하고 있습니다. 다만 아쉬운 점이 있다면 아랫사람들에게 너무 너그럽다는 것입니다. 폐하께서도 대사마를 극진한 예우로 대하고 계신데, 어떻게 양희 따위가 대사마 앞에서 오만방자하고 무례하게 행동할 수 있습니까? 그런데도 대사마께서는 양희에게 벌을 내리지 않으시니, 앞으로도 이런 상황이 계속된다면 어떻게 권위를 내세울 수 있겠습니까?"

그러자 장완은 이렇게 말했다.

"양희는 단 한 번도 본심이 아닌 가식으로 다른 사람에게 아부한 적이 없는 진실한 사람이다. 만일 내가 틀린 말을 했는데도 양희가 나의 뜻에 찬성한다면 그것은 분명 그의 본심이 아닐 것이다. 양희처럼 아부하지 않고 강직한 사람이라면 당연히 내 말에 반박하고 사람들 앞에서 나를 난처하게 만들 수밖에 없다. 이렇게 해서 나는 내가 무엇을 잘못했는지 알 수 있으니, 이것은 절대 나쁜 일이 아니며, 또한 양희를 죄로 다스릴 이유가 없다."

이 말을 듣고 단호는 장완의 깊은 마음 씀씀이에 다시 한 번 감동했다. 얼마 후 양민楊敏이 사적인 자리에서 "장완은 일처리가 모호하고 확실히 제갈량만 못하다."고 말했다. 이에 단호는 더 이상 참지 못하고 다시 장완에게 말했다.

"온 천하가 대사마의 높은 공덕을 칭송하고 있는데, 양민은 오히려 대사마의 일처리가 모호하고 전임자만 못하다고 비난하고 있습니다."

그러나 장완은 이 말을 듣고 단호에게 말했다.

"전임자 제갈량이 뛰어난 능력과 지혜, 주도면밀한 책략과 원대한 포부로 위대한 업적을 세운 일은 온 세상이 알고 있네. 내가 어찌 그와 비교될 수 있겠느냐? 나는 원래 승상의 재목이 아닌데, 이 자리에 앉아 있으니, 이것이야말로 가장 부당한 일이고, 모호한 승상이라는 말은 당연하다."

이처럼 장완은 평생 수많은 사람을 대하면서 타인의 지난 과오를 마음에 담아 두거나 탓하지 않고 타인의 비밀을 들추어내지 않았다.

몸가짐은 가벼이 하지 말고
마음 씀씀이는 무겁게 하지 말라

士君子持身不可輕 輕則物能撓我 而無悠閑鎭定之趣
사군자지신불가경 경즉물능요아 이무유한진정지취
用意不可重 重則我爲物泥 而無瀟灑活潑之機.
용의불가중 중즉아위물니 이무소쇄활발지기

역문
군자는 몸가짐을 가볍게 하지 않는다. 너무 가벼우면 사물에 얽매여 여유롭고 침착한 마음을 잃는다. 마음가짐을 무겁게 하지 말라. 너무 무거우면 마음속의 사물에 얽매여 활달함과 자유를 잃는다.

예화
경솔하고 조급하면 일을 그르치기 쉬운 법이니, 반드시 심사숙고한 뒤 행동해야 한다. 겸허한 자세로 마음을 비우고 침착하게 일을 처리하면 평화롭고 여유롭게 생활할 수 있다. 이렇게 평온한 성품을 기르면 심장병도 치료할 수 있다. 몸가짐을 가벼이 하지 말라는 말은 곧 무모하게 덤비거나 충동적으로 행동하지 말라는 뜻이다. 그러나 지나치게 완고해서도 안 된다. 즉, 물질에 대한 욕구가 집착이 되지 않도록 마음을 비워야 훌륭한 인품이라 할 수 있다.

　장빈張賓은 어려서부터 책을 좋아하며 동서고금의 지식을 두루 갖춘 인재로 성장할 수 있었다. 그는 진晉나라 말, 세상이 어지러워지자 유연劉淵을 보좌했던 석륵石勒 장군 수하에 들어갔다. 석륵은 장빈의 능력을 높이 인정하여 모사로 삼았다.

319년 석륵은 전조前趙 정권을 수립하고 왕위에 오른 후 장빈을 더욱 중용하여 조정을 총괄하고 법집행을 담당하게 했다. 장빈은 항상 왕에게 훌륭한 정책을 건의했고, 정책을 실행하여 훌륭한 성과를 거두어도 전혀 공치사를 하지 않고 모든 공을 왕에게 돌렸다.

이에 석륵은 장빈을 존경하는 의미에서 '우후右侯'라 칭했으나, 그를 부를 때 이 별칭을 직접 사용하지는 않았다. 그러나 323년 장빈이 세상을 떠나자, 석륵은 매우 슬퍼하며 말했다.

"이는 하늘이 내가 천하를 다스리지 못하도록 하려는 것이 아닌가? 우후를 이렇게 빨리 데려가면 나는 어쩌란 말인가?"

그 후 정하程遐가 장빈의 뒤를 이어 국정을 돌보았으나, 석륵과 매번 국사를 논의할 때마다 뜻이 맞지 않으니, 석륵은 "만일 우후가 살아 있었다면 나는 정하 같은 사람과 함께 일하지 않을 것이다."라고 말하며 말하며 탄식했다.

석륵이 이처럼 장빈을 깊이 신뢰한 이유는 그가 공치사를 하거나 오만하고 경솔하게 행동하는 사람이 아니었기 때문이다, 늘 겸손하고 신중하게 말하고 행동했으며, 맑고 평온한 성품을 지닌 현자였다.

천지는 영원하면서도 쉬는 적이 없고
인생은 짧으면서도 허투루 보내기 쉽다

天地有萬古 此身不再得 人生只百年 此日最易過.
천지유만고 차신불재득 인생지백년 차일최이과
幸生其間者 不可不知有生之樂 亦不可不懷虛生之憂.
행생기간자 불가불지유생지락 역불가불회허생지우

역 문

천지는 영원히 존재하지만 이 몸은 두 번 다시 얻을 수 없다. 인생은 다만 백년의 세월, 그 날들은 쉽게 지나가 버린다. 다행히 이 사이에 태어났으니 삶의 즐거움을 찾아야 하지만, 또한 허무한 삶에 대한 근심이 없어서도 안 된다.

예 화

한 사람이 이 세상을 거쳐가는 시간은 아무리 길어도 60갑자를 두 번 이상 넘기지 못하니, 길다면 길고 짧다면 짧은 시간이다. 시간의 길이보다 중요한 것은 인간의 목숨이 단 한 번뿐이라는 사실이다. 그렇기 때문에 인생을 허투루 보낸다면 자신에게는 물론이고 하늘에도 큰 죄를 짓는 일이다.

　자연의 법칙에 순응하면서 최선을 다해 노력하면 인생의 즐거움을 찾을 수 있으니, 결코 헛된 인생을 보내지 않을 것이다. 비록 가난하고 궁핍해도 학문을 쌓고 인품을 길러 자신을 발전시키면서 스스로 기뻐하고 만족할 줄 안다면 더 이상의 즐거움은 없다.

　청淸나라 문학가 포송령蒲松齡은 유선留仙, 검신劍臣 등 두 개의 자로 불렸고, 유천

거사柳泉居士라는 별칭이 있었다.

   포송령은 어려서부터 문학에 뛰어난 재능을 보여 널리 이름을 알렸으나, 향시鄕試에 수차례 낙방하고 71세가 되어서야 합격했다. 그러나 그는 이것 때문에 슬퍼하거나 좌절하지 않았고, 가난한 생활 속에서도 끊임없이 즐거움을 찾아냈다.

   포송령은 시문에 두루 능통했는데, 그중에서도 특히 곡曲을 잘 썼다. 또한 그는 오랜 시간 자료를 수집해 단편소설집 『요재지이聊齋志異』를 썼다.

   전하는 바에 따르면, 포송령은 이 책을 쓰는 동안 매일 아침 찻잎과 찻물을 준비해서 나무 그늘 아래 자리를 펴고 앉아 지나가는 사람에게 차와 담배를 권했다고 한다. 이렇게 먼저 대접한 후 그는 나그네들에게 신기하고 재미있는 이야기가 있으면 해달라고 청했다. 그중 재미있는 이야기가 있으면 바로 그 자리에서 기록해 두었다가 집에 돌아와 이 이야기를 소재로 소설을 썼.

   이렇게 20여 년이 흐른 후에야 불후의 명작 『요재지이』를 완성했다.

   젊은 시절 수차례 향시에 응시해 번번이 낙방하고도 그는 슬퍼하거나 좌절하지 않았고, 가난한 생활 속에서도 끊임없이 즐거움을 찾아냈다. 길거리에 자리를 펴고 앉아 지나가는 사람에게 차를 대접하면서 이야기를 듣고 다시 그것을 소설로 만드는 것이 포송령에게는 인생의 가장 큰 즐거움이었으니, 그가 71세에 간신히 시험에 합격한들 무슨 상관이겠는가?

덕과 원한을 모두 잊고
은혜와 원수를 모두 없애라

怨因德彰 故使人德我 不若德怨之兩忘.
원인덕창 고사인덕아 불약덕원지양망
仇因恩立 故使人知恩 不若恩仇之俱泯.
구인은립 고사인지은 불약은구지구민

역 문

원한은 덕에서 생겨난다. 그러므로 사람들에게 내가 덕이 있음을 알게 하는 것은 원한과 덕을 모두 잊게 하는 것만 못하다. 원수는 은혜로 인해 비롯된다. 그러므로 사람들에게 내 은혜를 알게 하는 것은 은혜와 원한을 모두 없애는 것만 못하다.

예 화

겸손과 양보로 상대를 이해시켜 원망과 찬사를 모두 잊게 만들고, 타인과의 관계에서 은혜와 원수를 없애는 일은 모두 마음가짐에 따라 좌우된다. 넓은 아량으로 너그럽게 대하면 동시에 고상한 지조를 지킬 수 있으니, 사람들에게 선망의 대상이 될 것이다.

　동오東吳 손권孫權 수하의 장수 주유周瑜는 수많은 전쟁에서 크고 작은 공을 세운 명장으로, 특히 지모가 뛰어나 손권에게 깊은 신임을 받았다.

　한편 정보程普는 손권의 아버지 시대부터 함께 해온 백전노장으로 풍부한 경험과 지혜를 갖추었고, 평생 손孫씨 집안을 위해 자신을 아끼지 않은 충신이었다. 그랬기 때문에 정보는 주유 밑에서 명령을 따라야 하는 일이 달갑지 않았고, 번번이 주유에게 모욕을 주어 곤혹스럽게 만들곤 했다.

그러나 주유는 대의를 중요시했기 때문에 항상 자신을 굽히고 정보에게 겸손하게 양보했다. 주유는 정보의 잘못을 일일이 따지지 않고 항상 존중해 주니, 결국 정보도 주유를 윗사람으로 받아들여 존경하고 따르게 되었다.

"주유와 사귀면 좋은 술을 마시는 것처럼 조금씩 그에게 취하게 된다."

정보의 이 말을 보면 주유가 겸손과 양보로 타인을 설득하는 수준이 어느 정도인지 가히 짐작할 수 있다. 심지어 조조曹操의 모사 장간蔣干조차도 그의 뛰어난 인품을 칭찬해 마지 않았다.

"주유는 도량이 넓고, 고상한 인품을 지녀 모두가 칭송하지 않을 수 없다."

주유는 넓은 도량으로 덕을 베풀었고, 정보는 자연스럽게 주유의 진심에 탄복하게 되었으니, 두 사람은 은덕과 원망을 모두 잊을 수 있었다.

늙어서 생긴 병은 젊을 때 불러들였고
쇠퇴한 후 재앙은 흥성할 때 만들어졌다

老來疾病 都是壯時招的 衰後罪孼 都是盛時造的.
노래질병 도시장시초적 쇠후죄얼 도시성시조적
故持盈履滿 君子尤兢兢焉.
고지영리만 군자우긍긍언

역 문

늙어서 생기는 병은 모두 젊은 시절 불러들인 것이고, 쇠락한 후 재앙은 모두 흥성할 때 만들어진 것이다. 그러므로 군자는 가장 번성할 때에 미리 조심한다.

예 화

은덕과 복은 조금씩 쌓여 큰 행운이 된다. 악행과 재앙 역시 조금씩 모여 큰 불행이 된다. 흙이 쌓여 산이 되고, 물이 모여 연못이 되는 법이니, 덕을 베풀거나 악을 행하거나 반드시 그 대가를 치르게 된다. 그렇기 때문에 사람은 항상 선악善惡, 시비是非의 구분이 명확해야 한다.

　가장 번성할 때 쇠락한 이후를 생각하고, 영예로울 때 비참해질 수 있음을 미리 생각해야 스스로 더욱 분발할 수 있다는 뜻이다. 항상 살얼음 위를 걷는 것처럼 혹은 깊은 연못가를 걷는 것처럼 조심스럽게 행동해야 평생 복을 누릴 수 있다.

　정관貞觀 2년, 당태종唐太宗은 신하들을 모아놓고 말했다.

　"황제는 지존무상이니 아무것도 두려울 것이 없다고 사람들은 말한다. 그러나 나는 황제가 되기 위해서는 늘 겸손하고 신중한 마음을 잃지 않아야 한다고 생각하기 때문에 늘 두렵다. 옛날 순舜임금이 우禹임금에게 이렇게 말했다. '네가 스스로 똑똑하다고 생각하지 않으면 아무도 너와 지혜를 다투려 하지 않을 것이다. 네가 공을 뽐내지 않으면 아무도 너와 공을 다투려 하지 않을 것이다.' 또 『주역周易』에서는 이렇게 말했다. '올바른 사람은 오만과 자만을 경계하고, 항상 겸손하고 예의바른 행동을 중시한다.' 황제가 스스로 지존무상이라 생각하고, 겸손과 예의를 상실한다면, 만일 황제가 잘못을 저질렀을 때, 누가 감히 황제의 권위에 맞서 진실을 말할 수 있겠는가? 그렇기 때문에 나는 항상 겸손하게 예의를 지키고 신중하게 행동하려고 노력한다. 그래야만 나의 모든 행동이 하늘의 뜻과 백성들의 바람에 어긋나는 것은 아닌지 염려하고 반성할 수 있다."

이에 위정魏征이 이렇게 말했다.

"옛사람들이 말하길 '누구나 처음엔 잘하지만 끝까지 잘하는 이는 적다.' 고 했습니다. 폐하께서 겸손하고 신중한 마음을 잃지 않고, 더욱 신중하게 일을 처리한다면 당나라는 영원히 사라지지 않을 것입니다. 우리가 천하를 태평하게 만들 수 있었던 것도 바로 이러한 원칙에 따랐기 때문이 아니겠습니까?'

위정의 말은 『채근담』에서 말하는 이치와 같다. 성공하여 모든 것을 완벽하게 누리고 있을 때, 신중하고 조심스럽게 행동하여 도리에 어긋남이 없었던 당태종은 과연 역사에 길이 남을 존경할 만한 위인임에 틀림없다. 반면 소위 "쇠락한 후 재앙은 모두 흥성했을 때 만들어진 것이다."라는 말은 바로 진나라의 진시황秦始皇을 가리키는 말이 아니겠는가?

공익을 위해 사심을 버리고
덕을 쌓기 위해 몸가짐을 바르게 하라

市私恩 不如扶公議 結新知 不如敦舊好
시사은 불여부공의 결신지 불여돈구호
立榮名 不如種隱德 尙奇節 不如謹庸行.
입영명 불여종은덕 상기절 불여근용행

역 문

개인의 이익을 위해 은혜를 베푸는 일은 공익을 위함만 못하다. 새로운 친구를 사귀는 것은 옛 친구와의 정을 두텁게 하는 것만 못하다. 명성을 세우는 것은 숨은 공덕을 베푸는 것만 못하다. 특별한 절개를 지키는 것은 평소 행동을 조심하는 것만 못하다.

예 화

덕을 쌓고 심신을 수양할 때는 모든 말과 행동을 조심하고 부지런해야 한다. 특히 사욕을 채우기 위해 다른 사람에게 은혜를 베풀고 명성을 높이려는 것은 모두 인생의 도리에 어긋나는 행동임을 분명히 알아야 한다. 당唐나라 곽자의郭子儀는 평소에 늘 조심스럽게 행동하고 은덕을 쌓으면서 지혜롭게 화를 피해 갔다.

 곽자의의 집 대문은 항상 활짝 열려 있어서 누구나 자유롭게 드나들 수 있었다. 이 때문에 곽자의가 부인과 딸들이 머리 손질을 하고 화장을 하는 옆에서 하인처럼 물을 떠다주고 수건을 가져다주며 시중을 드는 일들까지 모두 세상에 알려졌다. 그러나 다른 대신들의 집은 담이 높고, 정원이 겹겹이 싸여 있어 그 속사정을 알 수 없었다.

   이에 곽자의 아들들이 아버지에게 말했다.

   "아버님은 혁혁한 공을 세운 지체 높은 고위관료이신데 이렇게 아무나 집안에 드나들게 하니, 사람들은 버릇없고 무례하게 아버님을 모욕하고 있습니다."

   그러자 곽자의가 웃으며 대답했다.

   "너희들은 하나만 알고 둘은 모르는구나. 나는 지금 더 이상 앞으로 나아갈 곳도 없고 뒤로 물러설 곳도 없다. 만일 담이 높고 정원이 겹겹이 싸여 있어 외부와 왕래하지 않으면 누군가 나를 모함하여 억울한 일을 당하게 되었을 때 우리 곽씨 일가는 분명 멸문지화를 당할 것이다. 그때는 후회해도 이미 소용없게 되지. 그러나 지금 외부 사람들과 아무런 거리낌 없이 자유로이 왕래하고 모든 대문을 개방해두니 비록 누군가가 나를 모함하더라도 사람들은 그 말을 믿지 않을 것이다."

   아들들은 이 말을 듣고 아버지의 탁월한 식견에 감탄하지 않을 수 없었다. 곽자의의 이런 처세법은 바로 덕을 쌓고 심신을 수양하는 데 가장 기본이 되는 자세이다. 개인의 욕심을 버리고 너그러운 마음으로 정을 돈독히 하여 이웃과 사이좋게 지낸다면, 자연스럽게 마음이 평화로워지고, 어떤 구설수가 있더라도 화를 모면할 수 있다.

공론에서 벗어나지 말고
권력다툼에 끼어들지 말라

公平正論 不可犯手 一犯 則貽羞萬世
공평정론 불가범수 일범 칙이수만세
權門私竇 不可著脚 一著 則玷汚終身
권문사두 불가착각 일착 칙점오종신

역 문

공평한 정론을 어기지 말라. 일단 어기면 영원히 수치를 남긴다. 권력과 사리사욕에 발을 들여놓지 말라. 한 번 발붙이면 평생 더러움에 물든다.

예 화

평등과 정직은 가장 중요한 사회적 도덕규범이다. 부와 권력을 지닌 사람일수록 끝없이 욕심을 채우려 하기 때문에 도덕규범을 어기고 화를 당하기 쉽다. 원리원칙을 지키고 사회적 도덕규범에 어긋나는 행동을 하지 않아야 인간으로서의 기본적인 도리를 지킬 수 있고 대중의 비난을 피할 수 있다. 이를 위해서는 권력으로부터 멀어지는 것이 좋다. 보잘것없는 말단 관직이라도 반드시 주어진 임무를 성실히 완수하고, 권력을 이용해 사욕을 채우는 일은 절대 없어야 한다.

양진楊震은 자가 백기伯起이고, 동한東漢 안제安帝 때 태위太尉를 지냈다. 양진은 어려서부터 학문을 좋아하여 여러 방면의 책을 두루 섭렵하고 박학다식한 인재로 성장했다. 그는 조정으로부터 수차례 부름을 받았으나 모두 거절하고, 고향에 머물며 후학 양성에 힘썼다. 당시 유생들은 양진을 '관서關西 공자孔子 양백기楊伯起'

라고 불렀다. 그 후 우여곡절 끝에 관직에 나가게 된 양진은 청렴결백한 관리로 유명했다.

그가 동래東萊 태수에 임명되어 부임하던 중 창읍昌邑을 지나게 되었다. 창읍 현령 왕밀王密은 양진이 형주荊州 자사로 있을 때, 조정에 추천하여 관리가 된 사람이었다. 왕밀은 은인이 온다는 소식을 듣고 곧바로 성대한 환영회를 열어 양진을 맞이했다.

연회가 끝나고 밤이 깊어지자 왕밀은 아무도 모르게 양진에게 황금 10근을 보냈다. 이것은 양진이 자신의 재능을 인정하여 등용시켜 준 것에 대한 보답이자, 상사가 될 그에게 앞으로 더 잘 봐달라는 의미였다. 그러나 양진은 이 황금을 일언지하에 거절하고 왕밀을 크게 꾸짖었다.

"나는 자네를 오랜 친구로 아는데, 어째서 자네는 아직도 나를 모르는가?"

왕밀은 처음엔 양진이 그냥 말로만 그러는 것이라 생각했다. 그래서 밤이 깊어 아무도 알지 못하니 걱정 말라고 말했다. 그러자 양진은 다시 그를 꾸짖었다.

"하늘이 알고 땅이 알고 내가 알고 자네가 아는데 어째서 아무도 모른다고 말하는가?"

이 말을 듣자 왕밀은 매우 부끄러워하며 어쩔 수 없이 황금을 가지고 돌아갔다. 양진이 말한 '사지(四知, 하늘이 알고 땅이 알고 내가 알고 네가 안다—옮긴이)'는 어떤 일을 하든지 반드시 사회공론과 도덕규범을 준수하여 절대 도리에 어긋남이 없어야 한다는 뜻이다. 뇌물을 받는 일은 분명 수치스럽고 마음이 편치 못한 일이니, 반드시 평생 동안 청렴한 명성을 지켜야만 한다. 바로 여기에서 '양자사지楊子四知'란 고사성어가 유래되었고, 이 말은 곧 청렴결백한 관리의 훌륭한 본보기인 양진을 가리키는 말이다.

아첨하면 환심을 얻어도 끝내 멸시받고
뜻을 지키면 미움을 받아도 항상 당당하다

曲意而使人喜 不若直躬而使人忌
곡의이사인희 불약직궁이사인기
無善而致人譽 不若無惡而致人毁.
무선이치인예 불약무악이치인훼

역 문

뜻을 굽혀 사람들의 환심을 얻는 것은 지조를 굳게 지켜 사람들로부터 미움을 받는 것만 못하다. 선행을 베풀지 않고 남의 칭찬을 받는 것은 나쁜 일을 하지 않고 사람들에게 비난받는 것보다 못하다.

예 화

굳은 지조를 지키고 마음이 깨끗한 사람은 경외의 대상이기도 하면서 가까이 하고 싶은 사람이기도 하다. 그러나 아첨을 일삼는 자들은 늘 노예처럼 비굴하게 행동하면서 부끄러움조차 없으니, 사람들에게 무시를 받는다.

어느 날, 당태종唐太宗 이세민李世民이 정원을 산책하다가 나뭇가지가 곧고, 잎이 무성한 커다란 나무를 발견했다. 그는 이 나무가 매우 마음에 들어 그 나무 주위를 몇 번이나 돌며 칭찬을 아끼지 않았다.

왕궁 관리 우문사급宇文士及과 당시 황제 곁에 있던 사람들은 모두 이세민이 큰 나무를 좋아하는 것을 보고 그의 비위를 맞추기 위해 안간힘을 썼다.

"신이 평생 수많은 지방을 돌아다녀 봤지만 이렇게 훌륭하고 큰 나무를 아직까지 한 번도 본 적이 없습니다. 폐하와 함께 있다 보니 이런 행운이 생긴 것입니다. 이 나무는 하늘과 땅을 뒤덮고 있으니 폐하께서 뛰어난 업적이 세상을 뒤덮고 있는 것을 의미합니다. 또한 나무 아래에 짙은 그늘이 드리워져 있으니 그 아래 서 있는 것은 마치 저희가 폐하의 끝없는 성은을 입고 있는 것과 같습니다. 이처럼 범상치 않은 기운을 가진 큰 나무는 왕궁 안에 있어야 어울리지 다른 곳에는 자랄 수 없을 것입니다."

이세민은 평소 아랫사람들의 의견을 존중했기 때문에 비록 자신의 뜻과 다르더라도 그들이 말을 끝낼 때까지 말을 자르지 않았다. 그러나 이번만큼은 도저히 참고 들을 수가 없어진 이세민은 크게 화를 냈다.

"위정魏征은 항상 간신과 소인배를 가까이 하지 말라고 말했다. 그러나 나는 지금까지 누가 간신이고 누가 소인배인지 확실히 알지 못했다. 일전에 자네를 의심했었는데, 지금 보니 과연 내 추측이 틀리지 않았구나!"

그리고 이세민은 뒤도 돌아보지 않고 팔을 뿌리치며 자리를 떠났.

우문사급이 아부를 한 것은 사실이지만, 그저 현명하지 못했을 뿐 별 다른 의도는 없었다. 그는 당태종의 비위를 맞추려 하기보다는 솔직하게 자신의 생각을 말했어야 했다. 당태종은 자신이 칭찬받을 이유가 없다고 생각했기 때문에 우문사급의 아부를 듣자 기분이 나빠졌고, 급기야 위정의 충고가 생각났던 것이다. 당태종은 우문사급처럼 주관 없이 다른 사람에게 영합하는 자들을 매우 경멸했다.

이처럼 내가 남들에게 미움을 받거나 비난받는 것을 두려워하지 않는다면, 아무도 나를 미워하거나 비난하지 않는다.

침착하게 가족의 변고를 처리하고
진지하게 친구의 잘못을 바로잡아라

處父兄骨肉之變 宜從容 不宜激烈
처부형골육지변 의종용 불의격렬
遇朋友交游之失 宜凱切 不宜優游.
우붕우교유지실 의개절 불의우유

역문

부모형제에게 변고가 생겼을 때는 침착해야 하고 절대 흥분하지 말아야 한다. 친구가 잘못을 저질렀을 때는 진심으로 충고하는 데 절대 주저하지 말아야 한다.

예화

사람에게 이성이 있어야 가족 중에 누군가 화를 당했을 때 침착하게 처리하고, 진심으로 친구의 문제에 충고해 줄 수 있다. 신중한 태도와 진실한 마음은 서로를 이해할 수 있는 인간관계의 기본이자, 인간으로서의 의무이기도 하다. 이에 대한 예로 순우제영淳于緹縈이 아버지를 구한 일을 소개하고자 한다.

한漢나라 문제文帝 때, 제나라 지역을 담당했던 태창령太倉令 순우의淳于意는 정직하고 청렴결백한 관리로 명성이 높았다. 그는 아들 없이 딸만 다섯이 있었다. 문제 13년, 순우의가 한 순간 실수로 큰 죄를 지어 중형을 피할 수 없게 되었다. 순우의는 장안長安으로 압송되기 전, 한숨을 쉬며 후회스럽게 말했다.

"아들을 낳지 못한 것이 정말 원망스럽구나. 이렇게 큰일을 당했을 때 아들이 있었으면 큰 힘이 되었을 텐데, 딸뿐이니 전혀 도움이 되지 않는구나."

한편 순우의의 딸인 순우제영은 큰 화를 당한 아버지를 따라 장안까지 왔다. 그리고 그녀는 문제에게 편지 한 통을 썼다.

"제 아버지 순우의는 제나라 태창령입니다. 아버지는 지금까지 바르고 공정하게 공무를 처리하고 청렴결백하여 현지 백성들로부터 칭송을 받았습니다. 그런데 아버지는 한 순간의 실수로 법을 어겨 중형에 처해지게 되었습니다. 이제 중형에 처해지면 만에 하나 살아남는다 해도 어찌 정상적으로 살아갈 수 있겠습니까? 저희 아버지처럼 진심으로 잘못을 뉘우치고 새로운 삶을 살고자 하는 사람에게 다시 기회를 주신다면 예전보다 훨씬 나은 뜻을 펼칠 수 있을 것입니다. 부디 바라옵건대 제가 아버지를 대신하여 죗값을 치르도록 하여 아버지에게 새로운 삶을 살 수 있는 기회를 주시기 바랍니다."

순우제영은 비록 힘없는 여인이었으나, 아버지가 당한 불행한 일을 해결하기 위해 신중하고 지혜롭게 생각하고 침착하게 행동했다. 그녀가 문제에게 보낸 편지는 도리에 어긋나지 않으면서 매우 감동적이었다. 그래서 누구든지 그 편지를 읽으면 마음이 움직일 정도였다.

한나라 문제 역시 순우제영의 편지를 읽고 깊이 감동하여 특별히 순우의의 사형을 거두었고, 더불어 전국적으로 사형을 금지시켰다.

사소한 단점도 크게 보아 보완하고
작은 과제도 중대하게 여겨 해결하라

小處不滲漏 暗處不欺隱
소처불삼루 암처불기은
末路不怠荒 纔是個眞正英雄.
말로불태황 재시개진정영웅

역 문

작은 일에 소홀히 하지 말고, 아무도 없는 곳에서 속이거나 숨기지 않고, 시련에도 좌절하지 않는 사람이 진정한 대장부이다.

예 화

성공과 실패, 이익과 손해는 늘 사람들이 미처 생각하지 못한 사소하고 중요하지 않은 부분에 의해 좌우된다. 종종 작은 부분에서 생기는 문제가 뜻밖에도 치명적인 결과를 초래할 때가 있다.

요遼나라의 관례에 따르면, 황제의 수레가 닿는 곳에서는 반드시 공물을 바쳐야 했다. 요나라 성종聖宗 야율융서耶律隆緖가 운중雲中으로 사냥을 갔을 때, 운중 절도사가 이렇게 말했다.

"우리 관내에는 별다른 특산품이 없습니다. 다행히 제 수하의 막료 장검張儉은 당대의 영웅이라 할 수 있으니, 폐하에게 그를 추천하고자 합니다."

이에 성종은 장검을 불러 치국의 도를 물었는데, 장검은 일사천리로 30여 가지 책략을 내놓았다. 장검은 그 자리에서 성종의 눈에 들어 분에 넘칠 정도로 후한 대우를 받았다.

  1036년 황제가 직접 예부禮部 공원貢院에서 펼쳐진 진사 시험에 참가했는데, 이것 역시 장검이 제시한 의견이었다. 장검은 황제 앞에 나갈 때, 특별히 먼저 이름을 밝히지 않아도 되는 특혜를 누렸고, 황제는 심지어 시를 지어 그의 덕을 칭송하기도 했다.

  그럼에도 불구하고 장검은 항상 수수한 옷을 입고 다녔으며, 밥을 먹을 때도 검소한 상차림을 고집했다. 매달 봉록을 절약하여 남는 것을 어려운 친구들에게 나누어주기까지 했다.

  어느 해 겨울, 장검이 편전에서 황제를 알현하고 있을 때, 홍종興宗이 그의 남루한 옷을 보고 몰래 내시를 시켜 부지깽이로 그의 옷에 구멍을 내었다. 그런데도 그는 아무렇지도 않다는 듯 구멍난 옷을 계속 입고 다녔다. 황제는 참다못해 장검에게 왜 계속 구멍 난 옷을 입고 다니느냐고 물었다.

  그러자 장검이 대답했다.

  "제가 이 옷을 입은 지 벌써 30년이 넘었습니다. 정도 들고 새로 옷을 지으려니 옷감이 아까워 도저히 다른 것으로 바꿀 수가 없습니다."

  황제는 그를 불쌍히 여겨 직접 내무부에 가서 마음대로 옷감을 가져다가 새 옷을 지어 입도록 했는데, 장검이 가져간 옷감은 겨우 3단(약 6미터—옮긴이)이었다. 장검은 아무리 작고 사소한 일이라도 반드시 지조를 지켜 다른 사람들에게 비난받을 만한 빌미를 제공하지 않는 것을 행동 철학으로 삼고 있었다. 그래서 그는 황제에게 특별히 옷감을 하사받으면서도 욕심을 부리지 않고, 평소처럼 고상한 품위를 지켰다.

천금으로 한때의 환심을 사기 어렵고
한끼의 밥으로 평생의 은혜를 만든다

千金難結一時之歡 一飯竟致終身之感.
천금난결일시지환 일반경치종신지감
蓋愛重反爲仇 薄極反成喜也.
개애중반위구 박극반성희야

역 문

천금을 주고도 한때의 환심을 사기 어렵지만, 한 끼의 밥으로 평생의 은혜를 만들 수 있다. 무릇 사랑이 지나치면 오히려 원한이 되고, 박대함이 극에 달하면 오히려 기쁨을 줄 수 있는 법이다.

예 화

타인에게 은혜를 베푸는 일은 물론 좋은 일이다. 그러나 옛사람들이 이르길 "내가 하고자 하지 않은 바를 남에게 베풀지 말라."고 했다. 즉, 자기가 싫어하는 것을 아무렇게나 남에게 줘버리지 말고, 한겨울 석탄처럼 상대에게 꼭 필요한 은혜를 베풀어야 한다는 뜻이다. 천리 밖 먼 곳에서 보내 온 거위털처럼 보잘것없지만 진심이 담긴 밥 한 끼라면 상대방에게 평생 잊지 못할 감동을 줄 것이다.

　소곡巢谷은 송宋나라 인종仁宗 때부터 철종哲宗 때까지 살았던 인물로 어렸을 때부터 학문과 무예에 심취했다. 젊은 시절 진秦나라, 봉鳳나라, 그 외 경원經原 지역을 돌아다니며 수많은 영웅호걸들과 벗이 되었다.
　1074년 소곡의 절친한 친구인 희하熙河의 명장 한존보韓存寶가 소수민족의 특성을 제대로 파악하지 못해 전쟁에서 패했다. 한존보는 무거운 처벌을 면치 못할 것을 예상하여, 가지고 있던 은자 백 냥을 소곡에게 내주며 대신 가족들에게 전달해 달라고 부탁했다. 소곡은 흔쾌히 그의 부탁을 받아들였다. 이에 소곡은 이름을 바꾸고 한존보의 가족을 찾아가 그에게 받은 은자를 그대로 전달했다.

소곡은 소식蘇軾, 소철蘇轍 형제와 같은 고향 사람으로 어려서부터 이들과 가깝게 지냈다. 소씨 삼부자三父子가 조정의 주요 관직에 있을 때, 소곡은 일부러 그들을 찾아가지 않았다. 그 후 소씨 형제가 모함을 받아 관직에서 쫓겨났을 때 이미 73세의 고령인데도 소곡은 노쇠한 몸을 이끌고 애써 먼 길을 걸어가 소철을 만났다. 미산眉山에서 순주循州까지 1만 리(4,000킬로미터)가 넘는 길을 걸어가 옛 친구를 만났으니, 두 사람 모두 손을 맞잡는 순간 눈물을 흘리지 않을 수 없었다.

두 사람은 서로 불우한 인생에 관해 하소연을 하면서 함께 한 달을 보냈다. 소곡은 다시 담주儋州에 있는 소식을 만나기 위해 길을 떠나려 했다. 소철은 소곡이 연로하고 몸이 불편한 까닭에 마음이 놓이지 않았다. 그래서 그는 늙은이가 그곳까지 가기엔 아주 힘든 일이라며 만류했다.

그러나 소곡이 말했다.

"그를 보지 못한다면 나는 죽은 것이나 다름없으니 제발 나를 막지 마시오."

이때 소곡의 주머니는 텅 비어 여비로 쓸 돈이 하나도 없었다. 소철 역시 곤궁했으나 소곡의 진심에 감동하여 담주까지 갈 수 있는 여비를 가까스로 마련해 주었다.

소곡은 한존보와 소식이 어려움에 처했을 때 보잘것없지만 진심을 다해 그들을 돕고 격려했기 때문에 두 사람은 큰 감동을 받았다.

"천금을 주고도 한때의 환심을 사기 어렵지만, 한 끼의 밥으로 평생의 은혜를 만들 수 있다."는 어려움을 겪으면서 진정한 우정이 싹트는 게 아니고 뭐겠는가!

재주를 감춘 채 안전을 도모하고
청렴함을 가린 채 기회를 살핀다

藏巧於拙 用晦而明 寓淸於濁
장교어졸 용회이명 우청어탁
以屈爲伸 眞涉世之一壺 藏身之三窟也.
이굴위신 진섭세지일호 장신지삼굴야

역 문

어리석음으로 뛰어난 재주를 감추고 명철함을 잃지 않아야 한다. 청렴함은 혼탁함 속에 감추고 일어서기 위해 먼저 굽히는 것이야말로 험난한 세상을 안전하게 건너게 해주는 배가 되어 줄 것이다.

예 화

사람은 재주가 있어도 뽐내지 않고 감출 줄 알아야 한다. 군자는 굽혀야 할 때 굽힐 줄 알고 일어서야 할 때 일어설 줄 알기 때문에 큰일을 이룰 수 있다. 이들이 제자리를 지키는 것으로서 상대에게 일격을 가하고, 더 앞서 나아가기 위해 잠시 물러서는 방법으로 주도권을 장악하고 성공을 준비하며 겉으로는 잠시 어리석은 척하는 것뿐이다.

　동한東漢의 풍이馮異는 유수劉秀 수하의 뛰어난 명장이다. 그는 용맹하게 전쟁터를 누볐으며, 뛰어난 통솔력으로 군대를 이끌었다. 풍이가 지휘하는 군대는 그의 위엄 있는 명령에 따라 한 치의 오차도 없이 나아가고 물러서니 한나라 군대 중에서도 가장 규율이 엄격했다.

그러나 풍이는 천성이 겸손하여 단 한 번도 자신의 공을 뽐낸 적이 없었다. 길을 가다가 다른 장군들을 만나면 항상 자신의 수레를 돌려 길을 양보하고 매우 공손하게 행동했다.

매번 전투가 끝나면 다른 장군들은 모두 공로를 치하하는 잔치를 벌여 서로 공을 차지하려 싸움을 벌였는데, 풍이는 홀로 뒤로 물러나 나무 그늘 아래 편안히 앉아 쉴 뿐 공을 다투는 곳에는 가까이 가지 않았다. 이런 태도 때문에 풍이는 '대수장군大樹將軍'이라는 별명을 얻었다.

대수장군 풍이는 뛰어난 통솔력으로 군대를 지휘하면서 한 번도 공치사를 한 적이 없을 만큼 겸손하여 모든 장수와 병사들로부터 존경을 받았다. 풍이는 어리석은 것 같으면서도 지혜롭고, 서투른 것 같으면서도 뛰어난 재주를 지닌 사람이었다.

이처럼 재주를 드러내지 않고 나아가고 물러서는 데 한 치의 오차가 없었으니 최고의 장수로 불리기에 전혀 손색이 없었다. 유수가 한단邯鄲을 함락시킨 후 대오를 재정비하면서 장군을 새로 배치했는데, 군대 안의 모든 병사들은 풍이 수하에 들어가고 싶어했다. 이 때문에 유수도 특별히 그를 중용했고, 풍이는 모두의 기대에 부응했으니, 훗날 '운대雲臺 28인의 명장' 중의 하나로 기록되었다.

편안한 때일수록 훗날을 염려하고
어려운 때일수록 성공을 도모한다

衰颯的景象 就在盛滿中 發生的機緘 即在零落內.
쇠삽적경상 취재성만중 발생적기함 즉재영락내
故君子居安宜操一心以慮患 處變當堅百忍以圖成.
고군자거안의조일심이려환 처변당견백인이도성

역 문

쇠락해 가는 모습은 흥성함 속에 있고, 생명의 근원은 시들어 가는 가운데 생겨난다. 그러므로 군자는 편안할 때에 한결 같은 마음으로 훗날을 염려하고, 변고가 생겨도 백 번 참고 다시 성공을 도모해야 한다.

예 화

중국의 역사는 수천 년 동안 봉건 황제 제도가 이어지는 가운데, 여러 나라로 분열되었다가 다시 하나로 통일되기를 수없이 반복해 왔다. 즉, "왕성함이 다하면 반드시 쇠락한다."는 법칙처럼 모든 변화에는 타당한 이치가 존재한다.

그러므로 아무리 위급한 상황이라도 당황하지 말고, 편안할 때 미리 위기에 대비하고, 어떤 시련이 닥쳐와도 포기하지 않고 성공을 도모한다면 반드시 큰일을 이룰 수 있다. 나라를 다스리는 일이나 속세의 삶이나 일이 잘못 되어가고 있을 때는 앞장서서 이끌어줄 사람이 필요하다.

정관응鄭觀應은 1842년 광동廣東 향산香山에서 태어났다. 1860년 정관응은 외국 회사의 바이어로 일했다. 당시 청清나라는 조정의 부패와 무능함, 서구열강의 잇

단 침입으로 풍전등화의 위기에 처해 있었다. 이에 정관응은 『구시게요救時揭要』, 『이언易言』, 『성세위언盛世危言』 등의 책을 펴냈다. 그중 『성세위언』에서는 시대 흐름에 맞추어 변법變法의 필요성을 강력히 주장했다.

이 책의 주요 내용은 다음의 몇 가지로 요약할 수 있다.

첫째, 상공업을 발전시켜 무역에는 무역으로 맞서야 한다. 정관응은 서구 열강들이 경제적으로 중국을 잠식하고 있음을 파악하고, 중국이 서구 열강의 상업적 침략에 맞서기 위해서는 반드시 상업을 발전시켜 대응해야 한다고 주장했다. 그래서 그는 "군사전쟁에 능한 것보다 상업전쟁에 능해야 한다."고 말했다.

둘째, 학교를 세워 인재를 양성해야 한다. 정관응은 변법을 실행하기 위해 신지식 인재를 양성해야 한다고 생각했다. 이런 신지식 인재를 양성하기 위해서는 신식학교를 세우는 일이 급선무였다. 신식학교에서는 학생들에게 중국 전통 문화도 가르치지만, 각종 자연과학 교육에 더 많이 집중했다.

셋째, 의회를 개설하여 중국 통치 집단을 분발하게 만들어야 한다. 정관응은 서구열강이 중국보다 부강한 이유는 그들이 실시하는 의회제도 때문이라고 생각했다. 중국의 통치 집단은 다시 분발하여 민심을 얻어야 했다. 민심을 얻으려면 먼저 백성들의 사정을 정확히 파악해야 한다. 그래서 정관응은 백성들의 사정을 정확히 파악하기 위해 서구국가처럼 의회를 개설해야 한다고 주장했다.

『성세위언』은 출판되자마자 많은 지식인들에게 극찬을 받았다. 어떤 이는 이 책을 "고황에 침을 놓아 풍비증을 뿌리뽑고, 어리석고 귀먹음에 벼락을 때려 눈귀의 어둠을 밝힌다."고 평가했으니, 확실히 '나라를 바로잡는 비법이 담긴 책'이라 할 만했다.

정관응은 글을 통해 혼란하고 어지러운 세상을 살아가는 중국인들이 어떻게 어려움을 참고 견디며 발전을 도모해야 하는지에 대한 방법을 제시했다. 그 해답은 바로 선진문화를 배워, 어려움을 이겨내고 성공을 도모하는 것이었다.

특별함을 좋아하는 사람은 안목이 부족하고
홀로 절개를 지키는 사람은 영원할 수 없다

驚奇喜異者 無遠大之識
경기희이자 무원대지식
苦節獨行者 非恒久之操.
고절독행자 비항구지조

역 문

기이한 것에 놀라고 특별한 것을 좋아하는 사람은 원대한 안목이 부족하다. 힘들게 절개를 지키며 홀로 행동하는 사람의 지조는 영원할 수 없다.

예 화

세상을 살아가는 가장 기본 원칙은 평범함이다. 물처럼 맑고 깨끗한 마음으로 자연에 순응하고 본성에 따라 행동하라. 일부러 꾸미고 부자연스럽게 행동하거나 환심을 사려고 애쓰지 말라. 지나치게 특이하거나 고상하면 사람들에게 배척당하기 쉽다.

　순자荀子는 전국시대의 유명한 사상가이자 교육자이다. 그는 성악설을 주장한 것으로 유명한데, 사람의 눈은 화려한 것을 좋아하고, 귀는 듣기 좋은 소리를 좋아하고, 입은 맛있는 것을 좋아하고, 육체는 편안한 것을 좋아하며, 적은 것은 많아지길 바라고, 추악한 것은 아름다워지길 바라고, 좁은 것은 넓어지길 바라고, 가난하면 부유해지길 바라고, 천하면 귀해지길 바란다고 생각했다.

　그래서 순자는 인간에게 엄격한 교육과 아주 강력한 법적 제재가 필요하다고 주장하며 이렇게 말했다.

"나무토막은 먹줄로 대어 곧게 자를 수 있고, 칼은 숫돌에 갈면 날카롭게 만들 수 있다."

군자는 부지런히 학문을 쌓아 박학다식해야 하고, 매일매일 꼼꼼히 자신의 언행을 뒤돌아보고 반성할 줄 알아야 한다. 그래야 현명하고 지혜로워질 수 있고 어떤 행동을 해도 도리에 어긋나지 않는다. 순자는 다음과 같이 말했다.

"공평하면 세상이 밝아지고 치우치면 암흑으로 변한다. 단정하고 점잖으면 막힘없이 통하고, 거짓으로 꾸미면 반드시 막힌다. 진심과 정성을 다하면 신비로운 효과가 나타나지만, 터무니없는 과장은 반드시 혼란을 야기한다."

여기에서는 군자가 반드시 신중하게 대처해야 할 여섯 가지 상황에 대해 설명하고 있다. 우(禹, 중국 전설 속의 제왕으로 현명한 군주의 대명사—옮긴이)임금과 걸왕(桀王, 중국 하나라 마지막 왕. 폭군의 대명사—옮긴이)의 차이는 바로 여기에서 비롯된다. 다시말해 『채근담』에서 말하는 "기이한 것에 놀라고 특별한 것을 좋아하는 사람은 원대한 안목이 부족하다. 힘들게 절개를 지키며 홀로 행동하는 사람의 지조는 영원할 수 없다."는 문구와 일맥상통하며 순자의 '인품우열론'을 뒷받침한다.

욕망을 누르면 지옥도 극락이 되고
칼을 내려놓으면 악마도 부처가 된다

當怒火欲水正沸騰處 明明知得 又明明犯著.
당노화욕수정비등처 명명지득 우명명범착
知的是誰? 犯的又是誰?
지적시수 범적우시수
此處能猛然轉念 邪魔便爲眞君矣.
차처능맹연전념 사마변위진군의

역 문

누구나 분노의 불길과 욕망의 물결이 끓어오르는 순간을 분명히 감지할 수 있지만, 알면서도 과오를 범하고 만다. 아는 것은 누구이고, 범하는 것은 또 누구인가? 이 순간 과감하게 생각을 돌릴 수 있다면, 악마도 군자가 될 수 있다.

예 화

불교에서는 한 순간의 생각이 사납게 타오르는 불꽃을 붉은 연꽃으로 변화시키고 지옥을 극락으로 만들 수 있다고 말한다. 강렬한 욕망으로 불안하고 초조해진다면 마음을 가라앉히고 피차의 입장을 바꾸어 처음부터 다시 한 번 천천히 생각해 보라. 이렇게 하여 다시 마음의 평정을 되찾는 순간 모든 잡념과 망상이 사라진다. 두자杜子가 장왕莊王에게 충고한 이야기에서 이러한 도리를 찾아볼 수 있다.

초楚나라 장왕이 군사를 일으켜 월越나라를 공격하려 하자, 두자가 물었다.
"무엇 때문에 월나라를 공격하려 하십니까?"

"월나라가 정치적으로 매우 혼란스럽고 병력이 약화되어 있으니 공격하기에 좋은 기회이기 때문이다."

장왕이 이렇게 대답하자 두자가 충고했다.

"신은 이번 일의 결과가 매우 걱정스럽습니다. 사람의 눈은 백 걸음 밖의 사물은 정확히 볼 수 있지만 정작 자신의 눈썹은 보지 못합니다. 사람의 식견 또한 이와 같아 남의 잘못은 정확히 꿰뚫어보지만 자신의 허물은 보지 못합니다. 지금 폐하의 군대는 진秦나라와 진晉나라에 연달아 패하여 수백 리 땅을 잃었으니, 이것은 병력이 약하다는 증거입니다. 안으로 장교莊蹻가 반란을 일으켰으나 관군이 이를 진압하지 못하니, 정치가 혼란스럽다는 증거입니다. 우리나라가 월나라보다 더 혼란스럽고 약한데, 어떻게 월나라를 공격할 수 있습니까?"

장왕은 두자의 충고에 따라 전쟁계획을 중지했다. 전쟁을 하고자 하는 욕망이 물처럼 끓어넘쳤지만 장왕 역시 월나라를 공격했을 때 어떤 득실이 있을지 잘 알고 있었다. 그런데도 장왕은 자신의 감정을 억제할 수 없었던 것이다. 그러나 두자의 말은 장왕에게 일침을 가하는 찬물처럼 그를 다시 깨어나게 만들어, 백성들이 도탄에 빠지는 것을 방지했다.

"한 순간 용감하게 생각을 돌리면 악마도 군자가 될 수 있다."는 말은 결코 허황된 말이 아니다.

남의 단점을 들춰내지 말고
다른 사람의 재능을 시기하지 말라

毋偏信而爲奸所欺 毋自任而爲氣所使
무편신이위간소기 무자임이위기소사
毋以己之長而形人之短 毋因己之拙而忌人之能.
무이기지장이형인지단 무인기지졸이기인지능

역 문
한쪽으로만 치우쳐서 간사한 사람에게 속지 말고, 너무 자만하여 객기를 부리지 말라. 자신의 장점으로 남의 단점을 들춰내지 말고, 자신의 어리석음 때문에 남의 재능을 시기하지 말라.

예 화
감정적으로 일을 처리하지 말고, 쓸데없이 고집을 부리거나 조급해하지 말라. 침착하게 행동하면 곧 모든 것이 명확해진다. 모함과 아부를 멀리 하고, 본성에 따라 겸손하게 행동하고, 다른 사람을 존중하면 그것이 곧 자신을 위해 복을 쌓고 심신을 수양하는 길이다.

　서한西漢시대 청하淸河의 호상胡常과 여남汝南의 적방진翟方進은 한 스승 밑에서 함께 경학을 배우며 학문에 매진했다. 후에 호상은 적방진보다 먼저 관직에 나갔으나, 학문적인 명성은 언제나 적방진을 따라가지 못했다. 이 때문에 호상은 적방진을 시기하여 항상 사람에게 적방진의 험담을 늘어놓았다.

　적방진도 이 사실을 알고 있었으나 전혀 화를 내지 않았고, 오히려 호상이 강의를 할 때 자기 제자들을 보내어 그의 강의를 경청하게 했다. 그는 제자들에게 강의 내용 중 모르는 것이 있으면 반드시 호상에게 물어보고 상세히 기록하라고 일렀다.

이렇게 오랜 시간이 지나자 호상은 드디어 적방진이 자신을 존경하여 자신이 강의를 할 때 제자들을 보내는 것이라고 생각했다. 그러자 적방진에게 미안한 마음이 들었고, 이때부터 사람들 앞에서 적방진에 대한 칭찬을 아끼지 않았다.

적방진은 자신의 장점으로 다른 사람의 단점을 들춰내지 않았으며, 호상처럼 자신의 부족함 때문에 다른 사람을 시기하지도 않았다. 적방진은 언제나 너그럽게 사람을 대하고 겸손하게 일을 처리하여 모든 사람들로부터 존경을 받았다.

남의 단점을 단점으로 공격하지 말고
남의 고집을 고집으로 다스리지 말라

人之短處 要曲爲彌縫 如暴而揚之 是以短攻短
인지단처 요곡위미봉 여폭이양지 시이단공단
人有頑固 要善爲化誨 如忿而疾之 是以頑濟頑.
인유완고 요선위화회 여분이질지 시이완제완

역 문

타인의 단점은 반드시 덮어줘야 한다. 만일 들추어내어 많은 사람에게 알린다면 단점으로 단점을 공격하는 것이 된다. 지나치게 고집을 부리는 사람이 있다면 반드시 타일러서 일깨워 주어야 한다. 만일 화를 내거나 그를 미워한다면 완고함으로 완고함을 다스리는 것이 된다.

예 화

다른 사람의 잘못이나 약점을 발견했을 때, 일단 침묵을 하라. 그리고 주변에 아무도 없을 때 상대방이 이해할 수 있도록 이야기하여 잘못을 고치도록 해야 한다. 만일 그 자리에서 떠벌리면 그 사람을 적으로 만드는 것이다. 비록 상대방이 강하게 고집을 피우더라도 참고 또 참고 설득해야 한다. 그렇지 않고 상대방을 미워하거나 외면하면, 그 사람은 더 큰 잘못을 저지른다. 이것은 교육이나 인재관리 방면에 매우 효과적으로 사용되는 방법이다.

삼국시대 서량(西凉, 오호십육국五胡十六國의 하나―옮긴이)의 마초馬超가 조조曹操에게 패하고 오갈 데가 없어지자 어쩔 수 없이 서촉西蜀의 유비劉備에게 투신했다. 유비는 마초를 매우 반기며 그를 평서장군平西將軍으로 임명하고, 도정후都亭候에 봉하는 등 아주 극진히 대우했다.

　유비가 이렇게 반겨주자 마초는 안하무인이 되어 때와 장소를 가리지 않고 오만방자하게 행동했다. 심지어 마초는 유비와 이야기를 나눌 때, 유비의 이름을 부르는 등 군신간의 예의도 전혀 갖추지 않았다. 이것을 본 관우關羽가 유비에게 마초를 죽여야 한다고 주장했으나, 유비는 마초의 재능이 아까웠다. 이때 장비張飛가 한 가지 계략을 생각하여 관우에게 말했다.

　"이 문제의 해결 방법은 마초가 직접 생각해내도록 만들어야 합니다. 마초한테 예법이 무엇인지 한 수 가르쳐주어야 합니다."

　다음날, 유비가 모든 장수를 불러모아 회의를 열자 관우와 장비는 특별히 직접 칼을 차고 유비 뒤에 서서 그를 호위했다. 뒤늦게 도착한 마초는 평소와 다른 분위기를 눈치채지 못하고 서둘러 자기 자리에 가 앉았.

　마초는 자리에 앉고 나서야 당연히 자리에 앉아 있어야 할 관우와 장비가 보이지 않는다는 사실을 알아차렸다. 마초가 어찌된 일인지 궁금해하며 주변을 둘러보니 두 사람이 유비 뒤에 서서 호위를 하고 있는 것이 아닌가!

　마초는 이들을 보고 크게 놀라며, 지금까지 유비에게 오만하고 무례하게 행동했던 것을 뼈저리게 후회했다. 이때부터 마초는 유비에게 공손하게 예의를 갖추었고 다시는 무례하게 굴지 않았다.

　장비와 관우는 많은 사람들 앞에서 마초의 잘못을 들춰내지 않았고, 이것 때문에 그를 미워하거나 무시하지도 않았다. 두 사람은 진심으로 마초가 잘못을 바로잡기를 바랐으므로 그 스스로 잘못을 뉘우칠 수 있도록 행동했다. 이들의 사려 깊은 행동에 마초는 오만과 고집을 버리고 올바른 예의를 갖출 수 있었다.

음울한 사람과는 교류하지 말고
오만한 사람 앞에서는 침묵하라

遇沈沈不語之士 且莫輸心
우침침불어지사 차막수심
見悻悻自好之人 應須防口.
견행행자호지인 응수방구

역문

음울하고 말이 없는 사람을 만나면 마음을 터놓지 말라. 화를 잘 내고 잘난 척 하는 사람을 만나면 입을 다물어라.

예화

음흉하고 말이 없는 사람, 스스로 잘났다고 뽐내거나 세상에 불만이 많은 사람을 만나면 말하지 않고 침묵하는 것이 좋다. 말이 많으면 반드시 실수를 하게 되는 법이니 입과 혀가 불러일으키는 화를 방지해야 한다.

  동한東漢의 명장 마원馬援의 조카 마엄馬嚴과 마돈馬敦은 뒤에서 남 얘기하기를 좋아했다. 두 사람 주변에는 모두 행동이 경박하고 게으르고 놀기만 좋아하는 사람들뿐이었다.

  마원이 출정을 앞두고 특별히 두 사람에게 편지를 써서 충고했다.

  "나는 너희들이 앞으로 남의 잘못을 알았을 때, 그것을 부모의 이름처럼 생각하길 바란다. 귀로 듣기만 하되 절대 입 밖으로 내지 말아야 한다. 다른 사람에 대해 말하기를 좋아하고, 제멋대로 예법을 어기는 일은 내가 가장 혐오하는 일이다. 따라서 너희들은 반드시 그러한 행동의 폐단이 무엇인지 명심하도록 하라. 지금 내가 너희들에게 이렇게 말하는 이유는 너희들이 앞으로 다시는 과오를 범하지 않기를 바라기 때문이다. 용백고龍伯高는 천성이 너그럽고 관대하며 꼼꼼하고 신중하게 일을 처리하는 사람이었다. 그는 단 한마디도 쓸데없는 말을 하지 않았고, 언제나 겸손하고 온화한 성품을 잃지 않고 검소하게 생활했다. 공무를 처리할 때에는 위엄을 세워 아주 공정했으며 일말의 사심도 없었다. 그래서 나는 그를 존경하고 모범으로 삼고 있으니, 너희들도 그를 본받길 바란다. 두계량杜季良은 호방하고 의협심이 강하여 다른 사람의 불행을 내 일처럼 걱정하고 다른 사람의 행복에 함께 기뻐했다. 그는 누구에게나 차별 없는 사랑을 베풀었기 때문에 그가 부친상을 당했을 때 각지에서 조문객의 발길이 끊이지 않았다. 물론 나는 두계량을 존경하지만 너희들이 그를 본받길 바라지는 않는다. '백로를 새기려다 실패하여 집오리가 되다.', '호랑이를 그리려다가 실패하여 강아지가 되다.' 라는 말처럼 될까 염려스럽기 때문이다."

마원이 조카들에게 충고한 내용은 인간관계를 맺는 태도에 관한 것이다. 음흉한 사람과 사귀지 말고 허세를 부리는 자들과 이야기하지 말라는 것은 곧 침묵을 지키고 되도록 말을 아껴야 한다는 의미이다. 말이 많으면 반드시 실수를 저지르게 되니, 항상 신중하고 조심해야 한다.

노여울 때는 침착해지는 지혜가 필요하고
낙심할 때는 분발하는 용기가 필요하다

念頭昏散處 要知提醒 念頭喫緊時 要知放下.
염두혼산처 요지제성 염두끽긴시 요지방하
不然恐去昏昏之病 又來憧憧之擾矣.
불연공거혼혼지병 우래동동지요의

역 문

생각이 어둡고 복잡할 때는 마음을 가다듬을 줄 알아야 하고, 심하게 긴장될 때는 굳은 마음을 풀어버릴 수 있어야 한다. 그렇지 않으면 머리가 어지러운 병이 생기고 근심걱정이 끊이지 않는다.

예 화

초조할 때 침착하게 마음을 가라앉히고, 의기소침할 때 다시 분발하도록 정신을 가다듬는 것이 감정조절이다. 예로부터 영웅들은 문무文武를 두루 갖추고, 항상 자기 절제와 맑고 깨끗한 정신을 유지했기 때문에 자연스럽게 불패의 신화를 이룰 수 있었다. 삼국시대 유비가 만년에 참패한 이유는 바로 스스로 감정을 조절에 실패해 감정적으로 일을 성급하게 처리했기 때문이다.

　삼국시대 유비劉備가 관우關羽와 장비張飛의 원수를 갚기 위해 서촉西蜀의 모든 군사력을 동쪽에 배치하자, 동오東吳는 긴장하지 않을 수 없었다. 관우의 부하였다가 그를 배신하고 동오에 투신한 미방麋芳과 박사인博士仁이 이 기회에 공을 세워 지난 죄를 씻어내고자 유비를 찾아갔으나, 유비는 분노를 이기지 못해 그들을 보자마자 당장 죽여버리고 말았다.

　동오는 유비가 당장 쳐들어오려 하자, 장비를 죽이고 동오에 투신한 범강范疆과 장달張達을 밧줄로 묶어 유비에게 돌려 보내면서 화친을 맺고자 했다. 그러나 평소 신중했던 유비는 범강과 장달마저 죽여버렸다. 그런데도 화가 가라앉지 않자 "반드시 오나라를 멸망시키겠다."고 공언했다.

　전쟁을 피할 수 없게 되자, 손권孫權은 결국 감택闞澤의 의견에 따라 육손陸遜을 대장군으로 삼아 유비의 서촉군에 대항하기로 했다. 이때 유비가 좌우의 모사들에게 육손이 어떤 인물인지를 묻자 마량馬良이 대답했다.

　"육손은 동오의 학자집안에서 태어나 어려서부터 문무의 재능이 출중하고 특히 지략이 뛰어난 인물입니다. 형주荊州를 기습하여 관우를 죽인 것도 바로 그의 계략이었습니다."

　육손이 관우를 죽였다는 말을 듣자 유비는 크게 격분하여 반드시 육손을 죽이겠다고 맹세했다. 마량이 뒤늦게 "육손의 능력이 결코 주유周瑜보다 못하지 않으니 절대 가벼운 상대가 아닙니다."라고 충고했으나 별로 소용이 없었.

　유비는 "짐이 평생 수많은 전쟁터를 누볐는데 어찌 그 따위 애송이만 못하겠느냐!"라고 큰 소리쳤다.

　유비는 본래 매우 침착하고 생각이 깊은 사람이었으나, 관우와 장비를 잃은 슬픔과 분노 때문에 모든 일에 감정부터 앞세웠다. 그리하여 조조曹操에게 대항하기 위해 오나라와 연합해야 하는 대의를 저버렸을 뿐 아니라, 상대를 너무 만만하게 생각하여 참패하고 말았다. 결국 유비는 거의 모든 군사를 잃고 겨우 백제성白帝城으로 돌아와 제갈량諸葛亮에게 후사를 부탁하며 초라하게 세상을 떠났다.

　불교에서는 감정을 '심마(心魔, 사람을 사악한 길로 이끄는 마음의 마귀―옮긴이)'라고 부른다. 일단 심마가 움직이기 시작하면, 그 사람은 초조하고 조급해지고 더 심한 경우 사람의 생명을 해치기도 한다.

욕심을 부리면 마음속에 폭풍우가 일고
욕심을 버리면 마음속에 해와 달이 뜬다

霽日靑天 倏轉爲迅雷震電 疾風怒雨 倏變爲朗月晴空.
제일청천 숙전위신뢰진전 질풍노우 숙변위낭월청공
氣機何嘗一毫凝滯 太虛何嘗一毫障塞?
기기하당일호응체 태허하당일호장색
人心之體 亦當如是.
인심지체 역당여시

역 문

맑고 푸른 하늘에 별안간 천둥 번개가 치고, 거센 비바람이 불다가 갑자기 하늘이 맑아지고 밝은 달이 떠오른다. 천지의 움직임이 어찌 한결 같을 수 있겠는가? 하늘의 모습이 어찌 일정할 수가 있겠는가? 인간의 본성 또한 이와 같다.

예 화

욕심을 버리면 마음속에 거리낄 것이 없다. 그러나 욕심이 일어나면 그 순간 마음속에 천둥번개가 내리치고 사나운 폭우가 몰아쳐 정신을 피폐하게 만든다. 그래서 군자는 항상 색욕을 멀리하고 허황된 잡념을 버려 맑고 평온한 마음을 지키려고 노력한다.

　축첩蓄妾제도는 폐해가 너무나 명확한 중국 봉건사회의 악습 중 하나이다. 서한西漢시대 사부辭賦 작가 매승枚乘은 그의 작품 「칠발七發」에서 감정을 절제하지 못하고 색욕에 빠졌을 때의 폐해를 이렇게 묘사했다.

"제왕들은 바깥출입을 할 때마다 항상 수레를 타고 움직이기 때문에 중풍에 걸리기 쉽다. 제왕들은 평생 겹겹이 둘러싸인 깊고 서늘한 궁 안에 살기 때문에 감기에 걸리거나 더위를 먹기 쉽다. 궁 안의 수많은 요염한 미녀들은 황제의 생명을 베어내는 날카로운 칼과 같다. 지금 태자는 피부가 연약하고 자유자재로 사지를 펴지 못해 뼈와 근육이 약하고 혈맥이 잘 통하지 않아 손발에 힘이 없다. 하루종일 미녀들이 앞뒤에서 시중을 들고, 날마다 연회를 벌여 음주가무를 즐기고 밀실에서 끝없이 욕정을 충족시키고 있으니, 이런 생활은 독약을 탄 진수성찬을 먹는 것과 같다."

소동파蘇東坡가 항주杭州 통판通判으로 있을 때, 그 역시 축첩 문제에 관심이 많았다. 소동파는 기본적으로 색욕이 인체에 매우 해롭다고 생각했다. 첩들이 아주 작은 부분까지도 시중을 드니 남자들은 몸을 움직일 필요가 없고, 그들은 하는 일이라곤 오직 색욕을 채우는 일이기 때문이었다. 소동파는 스스로 이런 폐해를 경험한 뒤, 데리고 있던 첩들을 모두 내보냈다.

소동파는 항상 자신을 일깨우기 위해 매승이 「칠발」에서 색욕을 경계하라고 했던 말, 즉 "새하얀 치아와 아름다운 눈썹은 나의 생명을 베어내는 도끼와 같다."는 문구를 족자에 새겨 문 앞, 책상 앞, 침대 머리맡에 걸어두었다. 소동파는 여색에 빠지지 않고 욕정을 절제하기 위해 끊임없이 스스로를 채찍질했다.

축첩제도의 또 다른 폐해는 처첩 사이에 끊임없는 시기 질투와 다툼이 일어난다는 것이다. 이런 다툼이 있을 때마다 첩을 두고 있는 모든 남자들은 원만하게 중재하기 위해 골치를 앓아야 한다. 그리하여 소동파가 심사숙고 끝에 첩들을 모두 내보낸 것은 매우 현명한 결정이었다. 이로써 처첩 간의 다툼에서 오는 모든 문제를 없앨 수 있고, 몸의 기가 막힘 없이 통하게 되었기 때문이다.

지혜는 사악함을 식별하는 보석이고
의지는 악마를 베는 지혜의 칼이다

勝私制欲之功 有曰 識不早 力不易者.
승사제욕지공 유왈 식부조 역불이자
有曰 識得破 忍不過者.
유왈 식득파 인불과자
蓋識是一顆照魔的明珠 力是一把斬魔的慧劍 兩不可少也.
개식시일과조마적명주 역시일파참마적혜검 양불가소야

역 문

사리사욕을 이겨내는 것에 관해 누군가는 빨리 깨닫지 않으면 억제가 어렵다고 말하고, 누군가는 깨달았더라도 그것만으로는 이겨낼 수 없다고 말한다. 지식은 사악함을 식별해내는 보석과 같으며, 의지는 악마를 베는 지혜의 칼이다. 그러므로 두 가지 모두 없어서는 안 된다.

예 화

활활 타오르는 불꽃처럼 욕망이 일기 시작하면 사람들은 순식간에 자제력과 분별력을 잃는다. 그래서 『채근담』에서는 일종의 '정력(定力, 올바른 기운—옮긴이)'을 강조한다. 지혜와 고상한 인품을 지닌 사람만이 사악한 무리를 정확히 분별해내고 그 유혹을 이겨낼 수 있기 때문이다.

당唐나라 천보天寶 연간에 있었던 일이다. 집안 형편이 매우 어려웠던 소년 이면李勉은 송주宋州의 한 여관에 어떤 선비와 같이 머물렀다. 어느 날 갑자기 그 선비가 큰 병에 걸렸고, 의원을 불러 치료도 해보았지만 모두 헛수고였다. 선비는 죽기 직전에 이면에게 가지고 있던 황금을 전부 주면서 말했다.

"내 가족은 홍주洪州에 살고 있소. 나는 북방으로 가서 관리가 되려 했는데, 여기에서 죽고 마는구려. 부탁하건대 하인에게는 이 황금 이야기를 하지 마시오. 내가 죽고 나면 당신이 이 돈으로 장례를 치러주었으면 하오. 남은 돈은 당신이 모두 가지시오."

이면은 선비의 유언을 듣고 그렇게 하겠다고 대답했다. 이면은 장례를 치르는 데 필요한 비용 외에 나머지 황금은 모두 관 속에 넣고 함께 묻었다.

몇 년 후, 이면은 개봉開封으로 가 관리가 되었다.

한편 그 죽은 선비의 동생이 홍주 관부로부터 형님이 죽었다는 통지를 받고, 형님이 죽기 전에 갔던 길을 따라 송주까지 왔다. 그곳에서 동생은 이면이 형의 장례를 치러주었다는 말을 듣고 다시 이면을 찾아 개봉으로 왔다.

동생은 이면을 보자마자 황금의 소재부터 물었다. 이면은 남은 황금을 모두 무덤 속에 같이 묻었다고 말한 뒤, 선비의 동생을 데리고 함께 선비의 관을 묻은 곳을 찾아가 무덤을 파내고 황금을 꺼내어 동생에게 돌려주었다.

이 이야기에서 주목할 부분은 선비의 장례를 치르고 난 이면이 황금의 유혹을 이겨냈다는 사실이다. 이후 이면은 정직하고 청렴결백한 관리로 널리 이름을 떨쳤고, 덕종德宗 때 재상의 자리에 올라 견국공汧國公에 봉해졌다.

타인의 잘못은 너그럽게 대하고
자신의 잘못은 인색하게 다룬다

覺人之詐 不形於言 受人之侮 不動於色.
각인지사 불형어언 수인지모 부동어색
此中有無窮意味 亦有無窮受用.
차중유무궁의미 역유무궁수용

역 문

남의 속임수를 알면서도 말하지 않고, 남에게 모욕을 받았더라도 표현하지 말라. 그 안에 무궁한 뜻과 있고 무한한 즐거움이 있다.

예 화

다른 사람의 부정 행위를 분명히 알고 있더라도 곧바로 불만을 표현하거나 화내지 말라. 이것은 한 걸음 물러남으로써 오히려 상대에게 일격을 가할 수 있는 방법으로, 타인에게 너그럽게 대하면 그 사람은 진심으로 당신을 존경할 것이다.

한漢나라 선제宣帝 때, 승상丞相 병길丙吉의 집에서 수레를 끄는 마부 중에 술을 아주 좋아하는 사람이 있었다. 그는 술만 마시면 항상 곤드레만드레 취해 몸을 가누지 못할 정도가 되었다. 어느 날, 병길이 외출을 하려는데 마침 그 마부가 술을 마시고 취해 병길이 타고 나갈 수레에 구토를 하는 실수를 저지르고 말았다. 화가 난 승상부丞相府 관리는 한바탕 욕을 하고 그를 쫓아내려 했다. 이때 병길이 이렇게 말했다.

"그가 만일 술에 취해 실수한 것 때문에 쫓겨나고, 또 이 사실이 세상에 알려지면 어디서 그를 받아주겠는가? 어떻든 이번 한 번만 자네가 참게나. 그냥 방석이 조금 더러워진 것뿐이지 않은가?"

병길은 너그럽게 마부를 용서하고 계속 일할 수 있게 해주었다. 마부는 매우 감격하여 이 날 이후 나쁜 술버릇을 고치고 새로운 사람이 되었다.

마부가 사는 집은 변두리 외곽 지역에 있었다. 어느 날 집을 나온 마부는 마침 역참 기수가 홍백색 공문주머니를 들고 변방의 위급한 소식을 조정에 알리기 위해 말을 타고 급히 달려가는 모습을 보았다. 주변 일에 관심이 많은 마부는 무슨 일인지 궁금하여 황궁 정문까지 쫓아갔고, 황궁을 경비하고 있는 공차령公車令으로부터 적군이 이미 운중雲中과 대군代郡에까지 침입해 왔다는 사실을 알아냈다. 마부는 곧장 승상부로 달려가 병길에게 이 사실을 알렸다.

"적군이 침입한 지역의 관리 중에는 늙고 병든 태사太史나 장사長史가 많습니다. 평소에 공무를 처리하는 데는 문제가 없지만, 비상시에 군대를 조직하기에는 기력이 따라 주지 않을 것입니다. 승상께서는 미리 그들의 자료를 다시 한 번 살피는 것이 좋을 것 같습니다."

마부의 말대로 병길은 관리들의 자료를 담당하는 관원을 불러서 한 명 한 명 조건을 다시 심사했다. 얼마 지나지 않아 과연 선제가 승상과 어사대부御使大夫를 불러 적이 침입한 지역의 관리 상황을 물었다. 이에 병길은 조금도 막힘없이 명쾌하게 해결책을 제시했다. 그러나 어사대부는 이 지역에 대해 전혀 아는 바가 없었으니, 매우 난처해하며 관직을 내놓을 수밖에 없었다.

병길은 마부가 실수를 저질렀을 때, 겉으로 자신의 불만을 드러내거나 그를 꾸짖는 말을 꺼내지도 않았다. 이에 마부는 깊이 감동하여 최선을 다해 그에게 보답한 것이다. 더욱이 병길이 항상 변방에 관심을 갖고 최선을 다해 공무를 집행해 왔기 때문에 마부의 권고를 선선히 받아들여 상황을 정확히 판단할 수 있었다.

시련을 맞아 좌절하면 지옥을 맛보고
시련을 맞아 극복하면 천국을 만난다

橫逆困窮 是鍛煉豪傑的一副爐錘.
횡역곤궁 시단련호걸적일부로추
能受其鍛煉 則身心交益 不受其鍛煉 則身心交損.
능수기단련 즉신심교익 불수기단련 즉신심교손

역 문

온갖 역경과 불행은 호걸로 단련시키는 화로와 망치이다. 단련을 이겨내면 심신이 함께 이롭고, 단련을 이겨 내지 못하면 심신이 해롭다.

예 화

시련과 좌절은 인생의 단련 과정으로, 자고로 영웅들은 모두 수많은 고난과 역경을 이겨내고 성공을 쟁취했다. 역경과 시련은 사람의 의지를 단련시켜 강한 정신을 키워준다.

　남송南宋시대, 금金나라에 대항한 명장 악비岳飛는 엄격한 규율로 군대를 통솔했고, 그 자신도 황제의 명령에 반드시 따랐다. 악비는 이런 기본을 철저히 지켜 금나라 병사들이 이름만 들어도 벌벌 떠는 악가군岳家軍을 만들어냈다. 이러한 악비의 엄격함은 자식 교육에도 예외 없이 적용되어 그의 아들 악운岳雲은 어렸을 때부터 엄격한 규칙을 따르며 성장했다.

　악운은 악비의 큰아들로 열두 살부터 아버지를 따라 군대에 들어가 강도 높은 군사 훈련을 받았다. 악비는 악운을 아들이라고 해서 특별하게 대하지 않았고, 부하 장수인 장헌張憲 수하에 배치하여 다른 신병들과 똑같이 훈련받게 했다. 악운은 이처럼 어려서부터 혹독한 단련을 견뎌내야 했다.

어느 날 훈련 도중 악운이 지시한 대로 하지 않아 말을 타고 달려가다가 말과 함께 언덕 아래 도랑에 빠졌다. 그러자 악비는 악운을 호되게 꾸짖었다.

"만일 지금이 진짜 전투중이었다면 너의 행동은 전군의 사기를 크게 떨어뜨렸을 것이다."

그리고 군법에 따라 악운에게 곤장 백 대를 때렸다. 이 일은 모든 장수와 병사들에게 큰 자극이 되었고, 악비군은 더욱 혹독한 훈련도 견뎌냈다.

악비의 엄격한 교육 아래 악운의 무예는 빠르게 발전했고, 열여섯 살이 되자 이미 보통 사람에 비해 월등한 힘과 기술을 지니게 되었다. 악운이 몇 십 근이 넘는 쇠망치를 양손에 하나씩 들고 휘두르며 적진 한가운데로 돌진하여 진열을 무너뜨리면 적군은 그 위세에 눌려 간담이 서늘해지고 전의를 상실했다.

악비는 훌륭한 장수가 되기 위해서는 먼저 군졸의 신분일 때 용감하게 적진을 향해 돌격해 보아야 하며, 그런 후에야 삼군을 통솔할 수 있다고 생각했다. 그래서 악비는 매번 고전을 겪는 전투가 있을 때마다 항상 악운을 최전방에 세워 모두에게 모범이 되도록 했다.

1140년 금나라 장군 올술兀術이 대군을 거느리고 악가군이 주둔한 하남河南 언성鄢城을 포위했다. 형세가 불리해지자 악비는 악운에게 기병을 이끌고 나가 앞장서 적진을 향해 돌격하는 중책을 맡기며 엄하게 명령을 내렸다.

"명령을 완수하지 못하면, 내가 먼저 네 목을 베겠다."

악운이 앞장서 일당백의 기운으로 적진을 휘저으니, 들판에는 순식간에 금나라 군사의 시체가 가득히 쌓였다. 악비는 악운을 키우면서 온갖 어려움과 시련, 좌절을 몸소 체험하도록 했다. 그러한 결과 크고 작은 전쟁에서 자신의 재능을 유감없이 발휘하여 나라를 위해 수많은 공을 세울 수 있었다.

천지는 거룩한 어버이이고
만물은 다정한 가족과 같다

吾身一小天地也 使喜怒不愆 好惡有則 便是燮理的功夫
오신일소천지야 사희노불건 호악유즉 변시섭리적공부
天地一大父母也 使民無怨咨 物無氛疹 亦是敦睦的氣象.
천지일대부모야 사민무원자 물무분진 역시돈목적기상

역 문

내 몸은 하나의 작은 천지와 같다. 즐거워하거나 화를 낼 때 도리에 어긋나지 않고, 좋아하고 미워하는 데 원칙이 있다면, 이것이 바로 세상의 이치에 순응하는 방법이다. 천지는 하나의 거룩한 어버이다. 백성으로부터 원망이 없고, 모든 일에 걱정이 없으면 이것이 바로 화목을 이루는 원천이다.

예 화

인간으로서의 도리를 지키며 살기 위해서는 말과 행동, 감정과 생각에 절제가 있어야 한다. 그래야만 세상이 조화롭고 평화로워질 수 있으니, 이를 위해서는 무엇보다 먼저 개인의 심신을 수양하는 일이 가장 중요하다.

주周나라 문왕文王이 강태공姜太公을 만나 물었다.

"나라를 다스리는 데 가장 중요한 것이 무엇입니까? 어떻게 해야 군왕으로서 백성들에게 존경을 받으며, 어떻게 해야 백성들을 행복하게 할 수 있습니까?"

이에 강태공이 대답했다.

"나라를 다스릴 때는 무엇보다도 백성을 사랑해야 합니다."

"어떻게 하는 것이 백성을 사랑하는 것입니까?"

"백성들이 더 많은 이익을 얻게 하고, 백성들이 모두 성공할 수 있게 도와야 합니다. 백성들이 원하는 것을 더 많이 주고 세금을 과하게 거두지 말아야 합니다. 백성들이 괴로워하지 않고 편안하고 즐겁게 살 수 있도록 해야 합니다. 백성들을 원망하거나 분노하게 만들지 말고 그들이 기쁘게 만들어야 합니다. 이것이 바로 임금이 백성을 사랑하는 방법입니다."

"국사를 처리하는 군왕의 태도는 어떠해야 합니까?"

"군왕으로서 국사를 처리할 때는 반드시 침착하고 꼼꼼해야 하며, 온화하고 부드러우면서도 절도가 있어야 합니다. 경솔하거나 조급해하지 말고 고집을 부리지 말아야 합니다. 특히 다른 사람의 다양한 의견을 듣고 독단적으로 결정하고 행동하지 말아야 합니다. 겸손하고 평온한 마음으로 아랫사람을 대하고, 잘난 체하거나 자기 생각만 고집하지 말아야 합니다. 모든 사물과 사람을 공평하게 대하여 균형이 깨지지 않도록 하고 사리사욕을 채우려 하지 말아야 합니다."

강태공이 말하는 치국의 도와 군왕의 도에는 '기쁨과 분노가 도를 넘지 않도록 하는 것'에서 출발하여 '백성들의 원망과 한탄을 없애고 모든 일에 문제가 일어나지 않도록 하는 것'과 '모두가 조화를 이루고 평화롭게 살 수 있는 태평한 세상을 만드는 방법'까지 두루 포함되어 있다.

자신을 지키려는 마음을 갖되
남이 속일 것을 미리 걱정하지 말라

害人之心不可有 防人之心不可無 此戒疎於慮也,
해인지심불가유 방인지심불가무 차계소어려야
寧受人之欺 毋逆人之詐 此警惕於察也.
영수인지사 무역인지사 차경척어찰야
二語倂存 精明而渾厚矣.
이어병존 정명이혼후의

역 문

남을 해치려는 마음은 없어야 하지만, 자신을 지키려는 마음은 있어야 한다는 말은 생각의 소홀함을 경계하는 말이다. 차라리 남에게 속더라도 남이 속일 것을 미리 걱정하지 말라는 말은 지나치게 살피는 것을 경계하는 말이다. 이 두 가지를 지키면 생각이 밝아지고 덕이 두터워질 수 있다.

예 화

다른 사람을 해치려는 마음은 버리고, 다른 사람으로부터 자신을 지키려는 마음을 가져야 한다. 남에게 속을지언정 남이 나를 속이지 않을까 미리 걱정하지 말라. 왜냐하면 지나치거나 부족할 때 서로 빈틈을 채워 줄 수 있기 때문이다. 그래서 이 두 가지를 두루 갖추면 훨씬 지혜롭게 심사숙고할 수 있으니, 세상을 조화롭게 만들 수 있다. 세상물정에 밝다는 것은 바로 이런 의미이다.

수隋나라 우홍牛弘이라는 사람은 성품이 너그럽고 학식이 높았다. 그러나 그의 동생 우필牛弼은 항상 술에 취해 난동을 부리곤 했다. 한번은 우필이 술을 많이 마시고 너무 취해 우홍의 집에 왔다가 수레에 매여 있는 소를 화살로 쏘아 죽였다.

우홍이 집에 돌아오자 아내는 얼른 이 일을 일러바쳤다.

"당신 동생이 술에 취해 난동을 부리다가 우리 집 소를 활로 쏘아 죽였어요."

우홍은 이 말을 듣고도 별로 불쾌한 기색 없이 소고기로 육포를 만들면 되겠다고만 말했다. 아내는 이 말을 듣고 기가 막혀 다시 한 번 우필이 소를 죽였다며 목소리를 높였다. 그러자 이번에도 우홍은 남은 것은 탕을 끓이면 되겠다고 대답할 뿐이었다.

잠시 후 아내는 또다시 우필이 소를 죽인 일에 대해 잔소리를 했다. 우홍은 여전히 이미 알고 있는 일이라며 화를 내지 않고 평소와 다름없이 온화한 표정을 지어 보일 뿐이었다.

아내는 한결같이 평온한 남편의 태도를 보자 자신이 너무 옹졸했다는 생각이 들었다. 그리고 다시는 소 얘기를 꺼내지 않았다. 우홍은 동생 우필에 대해 지나치게 조심스러워하며 방어적인 태도를 취하지 않았다. 또한 그는 차라리 남에게 속더라도 남이 나를 속일 것을 미리 걱정하지 않았다. 우홍이 이처럼 변함없이 진심으로 대해 주니 우필도 점차 잘못을 고치고 바른 생활을 하기 시작했다.

이렇게 하여 우씨 집안은 화목한 분위기로 돌아섰고, 다시는 어떤 불쾌한 말도 오가지 않았다. 다른 모든 인간관계도 이처럼 집안을 다스리는 일과 다르지 않다.

줏대 없이 남을 따라 하지도 말고
고집을 부려 남을 배척하지도 말라

毋因群疑而阻獨見 毋任己意而廢人言
무인군의이조독견 무임기의이폐인언
毋私小惠而傷大體 毋借公論而快私情.
무사소혜이상대체 무차공론이쾌사정

역문

많은 사람이 의심한다고 해서 자신의 의지를 굽히지 말고, 자신의 의견만 고집해서 남의 말을 버리지도 말라. 작은 은혜 때문에 큰일을 망치지 말고, 공론을 빌려 사사로운 욕심을 채우지 말라.

예화

"많은 사람이 의심한다고 해서 자신의 의지를 굽히지 말고, 자신의 의견만 고집해서 남의 말을 버리지도 말라."는 말은 중용의 도에 대한 말이다.

"작은 은혜 때문에 큰일을 망치지 말고, 공론을 빌려 사사로운 욕심을 채우지 말라."는 말은 개인의 인격을 높일 수 있는 최상의 방법이다. 이 두 가지를 두루 갖추면 현실의 자아를 초월하여 더욱 완벽한 자아를 완성할 수 있다. 이러한 말에 가장 어울리는 인물이 바로 진나라 장군 사마초지司馬楚之이다.

420년 유유劉裕가 진晉나라를 멸하고 송宋나라를 세우자, 진나라 장군 사마초지는 유유에게 원수를 갚아야 한다는 생각을 마음 깊이 새겼다. 사마초지는 혈기 왕성하고 활달한 성격의 소유자로 넓은 도량을 갖추고 진심으로 사람을 대할 줄 아는 사람이었다. 그리하여 장사현(長社縣, 지금의 허난河南성 창거長葛)의 백성들은 모두 사마초지를 깊이 존경했고, 그의 인물됨을 알아보고 각지에서 수만 명이 그의 군대에 자원해 왔다.

상황이 이렇게 되자 유유는 사마초지의 존재가 두려워지기 시작했다. 그래서 유유는 목겸沐謙이라는 자객을 보내 사마초지를 죽이기로 했다. 목겸은 신분을 위장하여 사마초지의 수하에 들어가 일부러 아픈 척했다. 목겸은 사마초지가 문병하러 왔을 때 단칼에 그의 목숨을 끊어 놓을 작정이었다.

이러한 정황을 알 리 없는 사마초지는 목겸이 병이 났다는 소식을 듣고 직접 약을 들고 그를 위로하기 위해 찾아갔다. 그리고 진심으로 목겸을 걱정하고 위로를 했다. 목겸은 사마초지의 인품에 깊이 감동해 당장 침대에서 내려와 바닥에 비수를 꺼내 놓고 사마초지에게 모든 것을 사실대로 말했다. 그리고 진심으로 사마초지의 부하가 되기를 원했다. 사마초지는 모든 사실을 알고도 목겸을 냉정하게 대하지 않았고, 오히려 "사사로운 은혜 때문에 대의를 저버리지 말라."고 충고했다.

후에 사마초지는 목겸이 부하가 된 후에도 이 일을 전혀 문제삼지 않고, 변함없이 진심으로 그를 대했다. 이것이 바로 "공론을 빌려 사사로운 욕심을 채우지 말라."는 말을 몸소 실천한 것이 아니겠는가. 사마초지는 언제나 침착하고 여유롭게 행동하는 넓은 도량을 지닌 군자 중의 군자였다.

선행에 대해서 서둘러 칭찬하지 말고
악행에 대해서 섣불리 비난하지 말라

善人未能急親 不宜頌揚 恐來讒譖之奸.
선인미능급친 불의송양 공래참참지간
惡人未能輕去 不宜先發 恐遭媒孼之禍.
악인미능경거 불의선발 공조매얼지화

역 문

착한 사람이라도 빨리 친해질 수 없다면 미리 칭찬하지 말라. 간악한 사람의 이간질이 두렵다. 악인이라도 쉽게 멀리 할 수 없다면 미리 발설하지 말라. 뜻밖의 재앙을 부를까 두렵다.

예 화

좋은 사람이라도 쉽게 친해지지 않는다면, 미리 그 사람을 칭찬하지 말라. 나쁜 사람이라도 쉽게 그 사람의 허물을 이야기하거나 비난하지 말라. 즉, 충분히 생각할 시간을 가져야 겉으로 보이는 현상에 미혹되지 않기 때문이다.

제齊나라에 월석부越石父라는 뛰어난 재능을 지닌 사람이 어느 날 형법을 어겨 압송되어 가고 있었다. 이 모습을 제나라의 재상宰相 안자晏子가 외출했다가 돌아오는 길에 보게 되었다. 안자는 자신의 수레를 끌고 있던 말을 풀어 월석부의 죗값을 치른 뒤, 그와 함께 집으로 돌아왔다.

집으로 돌아온 안자는 월석부를 내버려둔 채 아무 말 없이 혼자 내실로 들어가 버렸다. 월석부는 시간이 한참 지났는데도 안자가 안으로 들어오라는 말이 없자 그를 찾아가 절교를 선언했다. 영문을 알 길이 없는 안자는 놀라며 곧바로 의관을 갖추고 그에게 다가가 물었다.

"내가 인덕이 부족하긴 하지만 어려움에 처한 당신을 구해 주었소. 그런데 당신은 고맙다는 말 한마디 하지 않고 어째서 나와 절교하겠다는 것이오?"

이에 월석부가 대답했다.

"군자는 자신을 알아주지 않는 사람에게는 자신을 굽히지만, 자신을 알아주는 사람에게는 존경받고 싶어합니다. 그래서 나는 옥에 갇혀 있을 때 감옥 관리인들이 나에게 무례하게 대했지만, 전혀 화내지 않았습니다. 그들은 나를 잘 알지 못하는 사람들이기 때문입니다. 그러나 당신은 내가 어려움에 처한 것을 알고 나를 구해 주었으니, 분명 내가 어떤 사람인지 알고 있습니다. 그런데 나를 알고 있는 사람이 나에게 무례하다면, 어찌 군자로서 도저히 참을 수 있겠습니까? 때문에 감옥에 갇혀 있는 것만 못합니다."

안자는 즉시 월석부를 내실로 청하여 아주 귀한 손님을 대하듯 정성껏 모셨고, 월석부는 안자의 정성에 깊이 감동했다.

세상을 살아가는 방법으로 보면 안자가 월석부와 급하게 친해지지 않으려 했으니, 이때 월석부의 행동은 바로 『채근담』에서 말하는 도리와 일맥상통한다.

굳센 의지는 부족함 속에서 다져지고
큰 능력은 어려움 속에서 길러진다

青天白日的節義 自暗室屋漏中培來.
청천백일적절의 자암실옥루중배래
旋乾轉坤的經綸 自臨深履薄處操出.
선건전곤적경륜 자임심리박처조출

역 문

푸른 하늘의 태양처럼 밝게 빛나는 절개는 어두운 방 한 구석에서 길러진 것이다. 천지를 뒤흔드는 재주도 깊은 연못가를 걷듯 살얼음을 밟듯 신중히 행동하여 얻은 것이다.

예 화

고상한 지조는 가난하고 어려운 환경 속에서 길러지고, 나라를 다스리고 세상을 구하는 위대한 능력은 수많은 역경 속에서 만들어진다. 그렇기 때문에 현명한 사람은 자손들을 교육할 때 더 많은 시련을 겪어 강해지도록 한다. 이렇게 하면 자손들이 높은 덕을 쌓고, 위대한 공을 세우고, 훌륭한 문장을 남길 수 있다. 이런 뜻에서 남조南朝의 서면徐勉은 자손들에게 가난하더라도 항상 지조를 지켜야 한다는 유언을 남겼다.

　서면은 남조 양梁나라 무제武帝 때 중서령中書令을 지낸 인물이다. 그는 양나라의 유명한 정치가이자 문학가이며, 그의 아버지 서융徐融도 재상을 지냈으니 그의 집안은 명문가로서 손색이 없었다.

서면은 항상 옛 성현의 가르침을 마음깊이 새겨 청렴결백하고 정직한 관리로 평생을 보냈다. 서면은 자손들에게 재물이 아닌 정신 유산을 남겨주어야 한다고 생각하여 자식들에게 이렇게 말했다.

　"우리 집안은 대대로 청렴결백을 중요시해 왔기 때문에, 항상 검소하고 소박하게 생활했다. 다른 사람들처럼 재산을 늘리거나 이익을 도모하는 일에 급급하지 않았고, 심지어 이런 일들은 입에 올리지도 않았다. 내가 보잘것없는 능력으로 지금 이렇게 중요한 임무를 맡아 분에 넘치는 대우를 받고 있을 수 있는 것은 모두 훌륭한 가풍 덕분이다. 옛사람이 말하길, 자손에게 만금의 재물을 물려주는 것보다 바르고 깨끗한 가풍을 전해 주어야 한다고 했으니, 과연 옳은 말이다."

　무엇보다도 서면이 이렇게 자식들을 가르쳤던 이유에 주목할 필요가 있다. 서면은 자손들이 비록 가난하고 어렵게 생활하더라도 태양처럼 밝게 빛나는 지조와 천지를 휘두를 수 있는 재능을 키우기를 바랐던 것이다.

　사람은 크고 작은 시련을 겪어야 심신을 단련시켜 성공을 이룰 수 있는 법이니, 이것은 바로 옛사람들이 "영웅은 수많은 시련을 겪고, 부잣집 아이는 위대한 인물이 되기 어렵다."고 말한 것과 같은 맥락이다.

부모에게 효도하고 남에게 베푸는 것은 인간의 당연한 도리이므로 떠벌리지 말라

父慈子孝 兄友弟恭 終做到極處 俱是合當如此
부자자효 형우제공 종주도극처 구시합당여차
著不得一絲感激的念頭.
착부득일사감격적염두
如施者任德 受者懷恩 便是路人 便成市道矣.
여시자임덕 수자회사 변시노인 변성시도의

역 문

부모가 자식을 사랑하고 자식이 부모에게 효도하며 형제간에 아끼고 공경하는 마음이 지극할지라도 당연한 일이기에 감격할 만한 것이 못 된다. 베푸는 사람이 자신의 덕을 떠벌리고 받는 사람이 보답해야 할 은혜라고 생각한다면, 이것은 전혀 모르는 남이나 장사꾼과 다를 바 없다.

예 화

부모가 자식을 사랑하고 자식이 부모에게 효도하고 윗사람이 아랫사람을 아끼고 아랫사람이 윗사람을 공경하고 부인이 남편의 뜻에 따르는 것은 모두 화목한 가정의 상징이다. 가족이란 피와 살을 나눈 사이이기 때문에 너와 나의 구분이 없다. 같은 배를 타고 폭풍우 속을 헤쳐 나가는 것처럼 가족은 한 몸이 되어 천륜을 목숨처럼 지켜야 한다.

　상商나라를 중흥시킨 반경盤庚이 죽은 후, 그의 동생 소신小辛이 왕위를 이었다.

그러나 얼마 지나지 않아 소신도 세상을 떠나고 소을小乙이 왕위에 올랐다. 소을은 이름이 검儉이고, 그의 아들이 바로 상나라의 현군으로 유명한 무정武丁이다.

소을은 왕위에 오른 후, 선조들이 피땀 흘려 만들어 놓은 기반을 지키기 위해서 가장 먼저 해야 할 일은 태자로 하여금 나라를 다스릴 수 있는 소양을 쌓을 수 있도록 교육하는 일이라고 생각했다. 무정은 어려서부터 재주가 뛰어나고 학문을 좋아했을 뿐 아니라, 원대한 정치적 포부와 이상을 지녔다.

소을은 아들을 매우 사랑했으나, 지나친 사랑을 쏟아 부어 응석받이로 키우고 싶지는 않았다. 그래서 무정에게 지방을 돌아다니며 직접 백성들의 삶을 살피도록 했다. 무정은 아버지의 명을 받들어 대읍상(大邑商, 상나라의 수도—옮긴이)을 떠나 황하黃河의 서편 언덕에 살면서 백성들과 어울렸다.

그는 서민들과 함께 직접 땀 흘리며 농사를 짓고, 서민 생활을 직접 체험하면서 많은 경험을 쌓는 등 그들의 어려움이 무엇인지 파악했다. 그래서 무정은 왕위에 오른 후 게으름을 피우지 않고 최선을 다해 열심히 나라를 다스렸다.

무정이 훌륭한 군주로서의 소양을 쌓을 수 있었던 것은 소을의 교육 방식 덕분이었다. 그는 백성들의 생활을 몸소 체험하면서 인륜과 인간본성의 중요성을 깊이 깨달았고, 동시에 나라를 다스리는 일이 집안을 다스리는 도리와 같다는 사실을 깨달았다. 한 나라의 임금으로서 백성들의 집안을 평화롭게 하고 천륜을 지키는 일은 결코 쉬운 일이 아니다.

장점을 숨기면 단점도 가려지고
자랑이 없으면 비난도 사라진다

有姸必有醜爲之對 我不誇姸 誰能醜我?
유연필유추위지대 아부과연 수능추아
有潔必有汚爲之仇 我不好潔 誰能汚我?
유결필유오위지구 아불호결 수능오아

역 문

아름다움이 있으면 반드시 추함이 있어 비교된다. 나 자신이 아름다움을 자랑하지 않는다면, 누가 나를 추하다 하겠는가? 깨끗함이 있으면 반드시 더러움이 있어 비교된다. 나 자신이 깨끗함을 드러내지 않는다면, 누가 나를 더럽다 하겠는가?

예 화

스스로 뽐내고 자랑하지 말라. 당신의 가식과 추악함이 많은 사람들 앞에 폭로되기 때문이다. 고상한 척하면서 속된 사람들을 참을 수 없다고 말하지 말라. 세상에 대한 당신의 불만, 고통, 고독이 남김없이 드러난다. 맑고 깨끗한 인품, 강인한 품격은 말로 표현할 수 있는 것이 아니다.

　송렴朱濂은 타고난 성품이 워낙 꼼꼼하고 신중하여 황제와 이야기할 때에도 절대로 감정에 치우치지 않았다. 심지어 원칙과 도리에 맞는 글이라 해도 자신의 주장이 담겨 있다면 전부 불태워버렸다.

　그는 거실 벽에 '온수溫樹'라고 쓰인 족자를 걸어두었다. 그리고 만일 황궁에 관련된 일을 묻는 사람이 있으면 손가락으로 그 족자를 가리켜 보이는 것으로 대답을 대신했다. 그러나 황제 주원장朱元璋이 물으면 어떤 일이든지 하나도 숨김없이 아주 상세히 대답했다. 송렴은 자손들에게 말했다.

"황제의 은혜는 이 세상을 덮을 만큼 크다. 어찌 보답하지 않을 수 있겠느냐? 오직 황제에게는 진심을 다해 충성해야 하니, 이렇게 보답한다 해도 황제가 베풀어 주신 은혜의 만분의 일도 되지 않는다."

어느 날 주원장이 송렴에게 신하들 중 누가 좋고 나쁜지 평가해 달라고 했다. 그러자 송렴이 말했다.

"어질고 재능 있는 사람은 신과 교류를 하고 있으니 신은 그들의 이름을 말할 수 있지만, 간신배들은 신과 교류하지 않으니 이름을 말할 수가 없습니다."

주사主事 여태소茹太素가 올린 상소문에 주원장이 노하자 다른 신하들은 모두 주원장의 비위를 맞추느라 여태소를 비난하며 몰아붙였다. 그러나 송렴은 주원장에게 이렇게 권유했다.

"태소의 말은 비록 극단적이기는 하나 그 안에는 분명 폐하를 향한 충심이 들어 있습니다. 폐하께서 대신들에게 상소를 올리라 명령하셨으니 태소를 중죄로 다스리면 안 됩니다. 그렇게 하면 앞으로 어느 누가 상소를 올릴 수 있겠습니까?"

이 말을 듣고 태소의 상소문을 다시 읽어보니 과연 쓸모 있는 의견이 들어 있었고, 주원장은 곧 신하들을 불러모아 이렇게 말했다.

"송렴이 나에게 충고해 주지 않았다면 나는 언관(言官, 임금의 잘못을 바로잡기 위해 상소를 올리거나 간언하는 관직. 사헌부, 사관원의 관리들—옮긴이)을 처벌하는 과오를 범할 뻔했다. 송렴은 19년 동안 단 한마디도 거짓을 말한 적이 없으며, 다른 사람에 대해 나쁘게 말하지 않으면서 시종일관 한결 같은 태도를 지켰다. 어질고 유능한 군자란 바로 이런 모습이 아니겠는가?"

이처럼 송렴은 자신의 공을 과장하거나 뽐내지 않았으며, 다른 사람을 화나게 만들지 않았고, 타인의 장단점에 대해 쉽게 말하지 않았다.

부귀할수록 변덕이 더 심하고
가까운 사이일수록 질투가 더 심하다

炎凉之態 富貴更甚於貧賤 妬忌之心 骨肉尤狠於外人.
염량지태 부귀갱심어빈천 투기지심 골육우한어외인
此處若不當以冷腸 御以平氣 鮮不日坐煩惱障中矣.
차처약부당이냉장 어이평기 선불일좌번뇌장중의

역 문

뜨겁다가도 금방 차가워지는 변덕은 부귀한 사람이 가난한 사람보다 더 심하고, 시기하고 질투하는 마음은 가족이 남보다 더 심하다. 이러한 상황에서 냉정하고 평온한 기운을 발휘할 수 없다면 날마다 번뇌를 겪지 않는 날이 없을 것이다.

예 화

감정의 변화와 주변 상황의 변화는 가난한 사람보다 부귀한 사람에게 더 심하다. 때로는 형제간의 다툼이 남보다 더 심하다. 그래서 사람은 항상 어떤 상황에 처하든 초연하게 대처해야 한다. 그러면 마음속에 맺혀 있는 감정의 응어리를 깨끗이 풀어버릴 수 있다. 그러나 역사를 살펴보면 이렇게 행동하지 못해 형제가 서로를 해치는 일은 끔찍하고 몸서리쳐지는 일들이 빈번하게 일어났다.

춘추春秋시대 정鄭나라 무공武公의 아들 오생寤生이 왕위를 계승하니, 그가 바로 정나라 장공莊公이다. 장공의 어머니 강姜씨는 장공의 동생 공숙단公叔段을 편애하여 장공에게 경성京城 땅을 공숙단에게 주도록 청했다. 공자여公子呂는 이 소식을 듣고 장공에게 권고했다.

"경성은 정나라의 도읍입니다. 속담에 이르길 하늘에 두 개의 태양이 있을 수 없고 한 나라에 두 명의 임금이 있을 수 없다 했으니 공숙단에게 경성을 주면 안 됩니다. 부디 다른 땅을 나누어주시길 청하옵니다."

그러나 장공은 어쩔 수 없다는 듯 "이것은 내 어머니의 부탁이니 어떻게 거절할 수 있겠소."라고 말했다. 결국 경성을 손에 넣은 공숙단은 어머니의 후원만 믿고 제멋대로 행동하며 온갖 나쁜 짓을 일삼았다. 공숙단은 형님이자 군주인 장공조차 안중에 없었으니, 아무도 그를 막을 자가 없었다. 공자여는 공숙단의 횡포를 더 이상 참지 못하고, 장공에게 군사를 일으켜 그를 제거해야 한다고 건의했다.

그러나 장공은 "비록 그가 온갖 악행을 일삼고 있지만 크게 드러난 잘못이 없으니 아직은 적당한 시기가 아니오. 조금만 더 기다려 봅시다. 그가 더 큰 악행을 저지르면 정당한 명분을 내세워 그를 제거하리라."

이때 공숙단은 이미 반란을 준비하고 있었는데, 이 사실이 장공의 귀에 들어가자 그는 드디어 때가 되었다고 생각했다.

"이제 드디어 눈엣가시를 제거할 때가 되었소."

장공은 주周나라 황제를 알현하러 가는 척하면서 병력을 이동, 배치시켰다. 공숙단은 아무것도 모르고 장공이 경성을 비우자 그저 하늘이 준 기회라고만 생각했다. 이에 공숙단이 어머니 강씨와 모의하여 왕위를 찬탈하려는 순간, 장공은 이미 지름길을 이용하여 경성으로 되돌아와 반란군을 공격하니, 공숙단의 반란은 눈 깜짝할 사이에 평정되었다.

공숙단은 이미 대세가 기울었음을 감지하고 언鄢나라로 도망쳤다. 신하들이 모두 공숙단을 쫓아가 제거해야 한다고 입을 모았지만 장공은 그 말을 듣지 않았다. 또한 어머니 강씨를 한적한 곳에 격리시켜 목숨만은 보전시켰다.

공과 과실은 분명히 구분해야 하고
은혜와 원수는 지나치게 밝히지 말라

功過不容少混 混則人懷惰墮之心
공과불용소혼 혼즉인회타휴지심
恩仇不可太明 明則人起携貳之志.
은구불가태명 명즉인기휴이지지

역 문

공로와 과실을 혼동하지 말라. 만일 혼동하게 되면 사람들은 게으른 마음을 품는다. 은혜와 원한을 지나치게 밝히지 말라. 만일 밝히게 되면 사람들은 등을 돌릴 마음을 품는다.

예 화

공은 공으로 잘못은 잘못으로 명확히 구분하여 상벌을 주어야 한다. 사람은 성인이 아니기 때문에 누구든 잘못을 저지른다. 그러나 잘못을 고치면 공을 세우고 부족함을 채울 수 있다. 은혜와 원수는 물과 불처럼 서로 어울릴 수 없는 존재이다. 그러나 은혜를 베풀어 원한을 없애면 한평생 편안할 수 있다. 아주 작은 수고를 더하면 잘못을 공으로 만들고, 원수를 우정으로 만들 수 있다.

   남조南朝시대 송宋나라 태수 심박沈璞은 항상 남에게 공을 양보하여 모두에게 존경을 받았다. 심박은 우이肝眙 태수로 부임하자마자 곧바로 성벽을 수리하고 곳간에 식량을 채우며 전쟁이 일어났을 때 성을 수비할 수 있도록 완벽하게 준비했다. 당시 이웃의 위魏나라가 송나라를 침범할 조짐이 전혀 보이지 않았기 때문에 심박의 부하들은 모두 그가 과민하여 공연한 일을 벌인다고 생각했다.

그러나 451년 1월 위나라가 과연 대군을 이끌고 남하하기 시작했다. 대다수 송나라 지방 관리들은 미리 수비를 해두지 않았기 때문에 성을 버리고 도망가기에 정신없었다. 그러나 미리 준비를 해두었던 심박만은 굳건히 성을 지킬 수 있었다.

얼마 후 송나라 장수 장질臧質이 군대를 이끌고 우이성에 들어와 전열을 재정비하며 잠시 휴식을 취하려 했다. 심박의 부하들은 성안에 사람이 많아지면 불편한 점이 많으니 장질을 들여보내면 안 된다고 입을 모았다.

그러나 심박은 "우리의 적은 위나라 군대이다. 마땅히 아군과 함께 운명을 같이하고 합심하여 적을 물리쳐야 한다."라고 말한 뒤 성문을 열도록 명령하여 장질의 군대를 받아들였다. 우이성 안에 들어온 장질은 뜻밖에 성안에 전쟁 준비가 완벽하게 되어 있는 것을 보고 심박과 함께 우이성을 지키기로 했다.

한편 위나라 군대는 남하하면서 양식을 충분히 가져오지 못해 곤란을 겪고 있었다. 강을 건넌 후, 위무제는 우이에 식량이 많다는 소문을 듣고 직접 군대를 지휘하여 우이성을 공격하기로 했다.

그러나 위나라 군사는 30여 일이 넘도록 전쟁을 치르며 만 명 이상의 사상자를 냈을 뿐 성을 함락시키지 못했다. 이때 후방에서 송나라 원군이 곧 도착한다는 소문이 퍼지자 위나라 군대는 병사들이 흩어져 달아나 전열이 붕괴되었고, 우이성은 화를 모면할 수 있었다. 위나라 군대가 퇴각한 후, 장질은 심박에게 장수들을 대표하여 조정에 보고하도록 권유했으나, 심박은 한사코 공을 사양하고 성을 지킨 공적을 장질에게 돌렸다.

심박은 "공로와 과실을 혼동하지 말라. 만일 혼동하게 되면 사람들은 게으른 마음을 품는다."는 도리를 몸소 실천했다. 공과 과실을 명확히 구분하여 상과 벌로 다스리는 것은 군대뿐 아니라 조정에도 꼭 필요하다. 송문제文帝는 우이성 수비의 진실을 알게 된 후, 심박의 행동을 크게 표창하고 격려했다.

너무 높은 곳에 있으면 위태롭고
너무 고상하면 비방이 끊이지 않는다

爵位不宜太盛 太盛則危.
작위불의태성 태성즉위
能事不宜盡畢 盡畢則衰.
능사불의진필 진필즉쇠
行誼不宜過高 過高則謗興而毀來.
행의불의과고 과고즉방흥이훼래

역 문

관직은 너무 높지 않아야 한다. 너무 높으면 위태롭다. 능숙한 일이라도 힘을 다 쓰지 말라. 힘을 다 쓰고 나면 쇠퇴한다. 행실을 너무 고상하게 하지 말라. 너무 고상하면 비방과 욕설이 끊이지 않는다.

예 화

권력을 탐하여 지위가 높아질수록 그만큼 그 자리를 노리는 자들의 위협 또한 커진다. 너무 인품이 고상하여 눈에 띄면 소인배들의 모함과 비난을 피할 수 없다. 위魏나라 대사大使 범수范雎는 지나치게 지혜롭고 재주가 뛰어나 결국 소인배의 모함에 희생되고 말았으니, 현명한 사람이라면 반드시 이를 경계로 삼아 늘 삼가고 또 조심해야 한다.

　범수는 뛰어난 재주를 지녀 어린 나이에 위나라 중대부中大夫 수고須賈의 수하에 들어갔다. 어느 날 위나라 왕이 수고를 제齊나라 사신으로 파견했고, 이때 범수도 수고를 따라 제나라에서 수개월 머무르게 되었다. 제나라 양왕襄王은 범수가 범상치 않은 인물이라는 말을 듣고 후환을 없애기 위해 그를 제거하기로 마음먹었다.

이에 양왕은 반간계(反間計, 적을 이간시킴―옮긴이)를 이용하기로 했다. 양왕은 범수에게만 특별히 황금 10근과 진수성찬을 상으로 내리는 한편, 시종일관 수고는 거들떠보지도 않았다. 범수는 중요한 사명을 받고 다른 나라에 사신으로 나와 있는 입장이었으니 어떻게 사사로이 뇌물을 받을 수 있겠는가. 그래서 범수는 양왕의 제의를 수차례 완곡히 거절했다.

한편 수고는 위나라 사신의 대표인 자신이 범수보다 못한 대우를 받자 매우 불쾌했다. 그리하여 속 좁은 수고는 범수가 몰래 위나라의 기밀을 제나라에 팔아먹은 것이라고 멋대로 생각하고 그를 모함할 작정이었다.

수고는 범수를 모함할 빌미를 만들기 위해 일부러 범수에게 양왕이 내린 술과 음식은 예의상 받고 황금만 돌려주라고 명령했다. 미처 깊이 생각하지 못한 범수는 수고가 자신을 위해 주는 것이라 생각하며 그의 분부대로 따랐다.

위나라에 돌아온 수고는 곧바로 재상宰相 위제魏齊를 찾아가 범수가 뇌물을 받고 위나라 사신의 이름을 더럽혔다고 고발했다. 위제는 크게 노하여 당장 범수를 잡아들여 심문하도록 명령하니, 범수는 온몸이 상처투성이가 되도록 매를 맞고 옥에 갇히는 신세가 되었다.

범수의 비극은 너무 뛰어난 재주를 지닌 탓에 사람들의 시기와 질투를 불러일으켰기 때문이다. 범수는 오직 최선을 다해 재능을 뽐낼 뿐 소인배들의 중상모략에는 아무런 대비를 하지 못했고, 결국 수고의 계략에 빠져 모진 형벌을 겪고 말았다.

악은 감출수록 재앙이 커지고
선은 드러낼수록 공덕이 줄어든다

惡忌陰 善忌陽.
악기음 선기양
故惡之顯者禍淺 而隱者禍深 善之顯者功小 而隱者功大.
고악지현자화천 이은자화심 선지현자공소 이은자공대

역문

악은 그늘을 싫어하고 선은 햇볕을 싫어한다. 그러므로 드러난 악은 재앙이 덜하고 숨어 있는 악은 재앙이 깊으며, 드러난 선은 공이 적고 숨어 있는 선은 공이 크다.

예화

착한 일을 했으면 떠벌리지 말고, 잘못을 저질렀으면 숨기려 하지 말라. 언제나 솔직하고 진실해야 한다. 단점을 숨기지 않고 장점을 뽐내지 않으면, 군자로 칭송 받지는 못하더라도 보통 이상으로 인정받을 수 있다.

　북송北宋의 노종도魯宗道는 천성이 술을 좋아하여 거의 매일 술집에서 살다시피 했다. 어느 날 황제가 사신을 보내 그를 불러오게 했다. 그러나 그는 이 날도 역시 술을 마시러 가고 집에 없었다.

　한참이 지난 후에야 노종도가 비틀거리며 집으로 돌아왔다. 황제를 알현할 시간은 이미 한참 지난 후였다. 사신은 노종도 앞으로 한 발 다가서며 어쩔 수 없다는 듯이 물었다.

　"황제께서 만일 당신이 늦게 온 것을 탓하시면 뭐라고 대답할 건가요?"

"당연히 사실대로 말을 해야지요."

노종도의 대답에 사신은 좋은 마음으로 충고했다.

"만일 사실대로 대답한다면 황제의 노여움을 살 것이오."

그러나 노종도는 자신의 뜻을 굽히지 않았다.

"나는 술을 좋아합니다. 이것은 사람이라면 누구나 그럴 수 있는 것이니 황제께서도 이해해 주실 겁니다. 그러나 황제를 속인 죄는 절대 용서받을 수 없습니다."

사신은 노종도의 말을 그대로 황제에게 보고했다.

다음날 노종도가 입궁하자 황제는 그에게 왜 꼭 술집에 가서 술을 마시느냐고 물었다. 그러자 노종도는 대답했다.

"신은 집안 형편이 곤궁하여 술을 담글 수 있는 도구를 살 수 없기 때문에 술집에 가서 마실 수밖에 없습니다. 마침 먼 곳에 살고 있는 친척분이 찾아오셔서 그와 함께 술을 한 잔 했습니다. 그러나 신이 미리 옷을 갈아입었기 때문에 저잣거리 사람들은 제가 조정의 관리인지 알지 못합니다. 그러니 관리의 체통이 손상될까 걱정하지 않으셔도 됩니다."

황제는 그의 말을 듣고 웃으며 말했다.

"그대는 조정의 대신이면서도 대담하게 저잣거리에서 술을 마셨군. 만일 이 사실이 밖으로 퍼져나가 어사御使의 탄핵을 받을까봐 미리 변명하는 게 아닌가?"

황제는 비록 이렇게 말하긴 했지만 새삼 그를 다시 보게 되었다. 이렇게 자신의 허물을 솔직하게 말할 수 있는 사람이라면 분명 믿음과 충심이 두터울 것이기 때문이다. 노종도는 술을 마시고 실수를 하긴 했지만, 이 일은 오히려 전화위복이 되었다. 그는 솔직하고 진실하게 잘못을 인정했기 때문에 황제에게 용서받고 오히려 신뢰를 얻었다. 후에 노종도는 참지정사參知政事가 되어 서슴지 않고 바른 말을 했기 때문에 간악한 무리들은 모두 그를 두려워했다.

덕은 재능을 부리는 주인이고
재능은 덕을 섬기는 종이다

德者才之主 才者德之奴.
덕자재지주 재자덕지노
有才無德 如家無主而奴用事矣, 幾何不魍魎而猖狂.
유재무덕 여가무주이노용사의 기하불망량이창광

역 문

덕은 재능의 주인이고 재능은 덕이 부리는 종이다. 재능이 있어도 덕이 없으면 주인 없이 종이 제멋대로 행동하는 것이니, 어찌 도깨비가 날뛰지 않겠는가?

예 화

"덕은 재능의 주인이고, 재능은 덕이 부리는 종이다."라는 비유는 참으로 절묘하다. 훌륭한 인품을 갖추지 못한 사람이 뛰어난 재능을 지니면 개인과 사회에 해를 끼칠 뿐이다. 한漢나라 무제武帝와 선제宣帝는 각기 다른 재능과 인품을 지녔기에 역사에 끼친 영향 또한 달랐다.

당唐나라 우세남虞世南이 그들을 평가한 내용을 살펴보자.

"한무제의 뛰어난 재능과 원대한 포부는 전대의 어느 황제와 비교할 수 있겠습니까?"

누군가의 물음에 우세남이 대답했다.

"한무제는 선조들이 마련해 놓은 기반을 그대로 이어받았기 때문에 당시 세상은 이미 풍요로웠다. 그리고 여기에 그의 자질과 총명함이 더해져 천하를 완전히 손에 쥘 수 있었다. 영웅호걸을 등용하고, 나라 안으로 교육에 힘쓰고 나라 밖으로 끊임없이 영토를 확장했다. 그 외에 헌법을 제정하는 등 역사에 빛나는 그의 업적은 전대의 진시황秦始皇보다도 대단했다. 그러나 그는 사치를 즐기고 폭정을 일삼았으니, 이것 역시 진시황에 견줄 만하다. 두 사람 모두 뛰어난 공을 세웠지만 덕이 부족했다."

"그렇다면 한선제는 정사에 밝았으니 한 광무제光武帝와 같은 유형에 속하지 않겠습니까?"

우세남은 이렇게 평가했다.

"한선제는 민간에서 성장했기 때문에 백성들의 어려움이 무엇인지 잘 알고 있었고, 언제나 국사를 처리하는 데 최선을 다했다. 그는 현명한 신하와 훌륭한 장군을 가려 알맞은 자리에 등용했고, 엄격한 법령 아래 실제적인 조치들을 취했다. 이것은 신불해申不害, 한비韓非 등의 법가法家에 근본을 둔 통치방법으로 당시 정국을 매우 위험하게 만들었다. 옛사람이 이르길 '왕을 도모하려다 이루지 못하면 제후에 만족하라. 제후를 도모하다 이루지 못하면 그 결과가 장군이면 어떠한가?'라고 했다. 한무제는 유가儒家의 인의를 중시해 요堯, 순舜과 같은 어질고 현명한 군주가 되는 것을 목표로 살았다. 그러나 한선제는 법가의 형법통치를 중시한 군주이므로 그의 목표는 어진 임금이 아니라 당대를 제패하는 것이었다. 두 사람은 확실히 다른 영향을 끼쳤고 다른 결과를 남겼다."

이것은 우세남이 한무제와 한선제의 '덕'과 '재능'이라는 두 가지 측면을 평가한 것이다.

가혹한 처벌은 원망을 부르고
관대한 용서는 반성을 낳는다

鋤奸杜倖 要放他一條去路.
서간두행 요방타일조거로
若使之一無所容 譬如塞鼠穴者 一切去路都塞盡 則一切好物俱咬破矣.
약사지일무소용 비여색서혈자 일절거로도색진 즉일절호물구교파의

역 문

간악한 사람을 제거하고 아첨하는 무리를 막으려면 그들이 도망갈 길 하나는 열어놓아야 한다. 그들이 도망갈 길을 없앤다면 이는 쥐구멍을 틀어막는 것과 같다. 쥐는 도망갈 길이 모두 막혀 버리면 귀중한 기물을 물어뜯는다.

예 화

사악하고 교활한 사람이라도 그들이 잘못을 뉘우치도록 너그럽게 다루어야 한다. 즉, 그들이 새로운 삶을 살 수 있도록 다시 올바른 길로 돌아설 수 있는 길을 열어놓아야 한다. 더 이상 물러날 곳이 없는 궁지로 몰아붙이면, 궁지에 몰린 쥐가 고양이를 무는 것처럼 잘못을 뉘우치기는커녕 억지를 부릴 것이기 때문이다.

이런 상황이 되면 그 결과는 매우 치명적일 수밖에 없다. 그렇기 때문에 교육감화를 통해 지난 잘못을 거울삼아 앞으로의 경계로 삼는 것이 그 사람을 구할 수 있는 최상의 방법이다. 범원염范元琰이 너그러운 마음으로 도둑을 용서한 이야기가 바로 그 좋은 본보기이다.

남북조南北朝 시대 은일지사로 유명한 범원염은 오吳나라 전당(錢塘, 지금의 저장성

항저우)에 살았다. 그는 집안 형편이 매우 궁핍하여 화초와 채소를 길러 내다팔아야 겨우 생계를 유지할 수 있었다.

어느 날 범원염은 산책을 하다가 누군가 그의 밭에서 채소를 훔치고 있는 것을 발견했다. 범원염은 곧바로 몸을 돌려 집으로 돌아갔다. 이 모습을 본 어머니가 이른 시간에 돌아온 것을 이상히 여겨 묻자 범원염은 도둑을 보았다고 말했다. 이에 어머니는 다시 도둑이 누구냐고 물었다. 그러자 범원염이 말했다.

"방금 제가 집으로 뛰어온 것은 그 도둑이 나를 보고 수치심을 느껴 앞으로 다른 사람들 앞에서 고개를 들지 못할까 걱정되었기 때문입니다. 그러니 어머니도 지금 제가 그 사람의 이름을 말하면 다른 사람에게 절대 말하시면 안 됩니다."

그래서 두 모자母子는 도둑이 누구인지 떠벌리지 않았다.

얼마 뒤 범원염은 또 누군가 강을 헤엄쳐 건너와 그의 집 정원에 놓여 있던 죽순을 훔쳐가는 것을 보았다.

그러나 범원염은 도둑을 잡을 생각은 하지 않고 오히려 나무를 베어 강에 다리를 놓아 도둑이 편안히 강을 건너갈 수 있게 해주었다. 도둑들은 범원염의 따뜻한 마음에 감동하여 매우 부끄러워하며 스스로 잘못을 뉘우치고 깊이 반성했다. 이후로 마을에 도둑이 사라졌음은 물론이다.

범원염이 도둑의 잘못을 용서하고 눈감아주었던 것은 감화의 교육 효과를 확실히 알고 있었기 때문이다.

과실은 가급적 내가 책임지고
공은 되도록 남에게 양보하라

當與人同過 不當與人同功 同功則相忌
당여인동과 부당여인동공 동공즉상기
可與人共患難 不可與人共安樂 安樂則相仇.
가여인공환난 불가여인공안락 안락즉상구

역문

과실은 다른 사람과 함께 해야 하지만 공로는 함께 하지 말라. 공로를 함께 하면 곧 시기하게 된다. 어려움은 다른 사람과 함께 하더라도 안락함은 함께 하지 말라. 평안함을 함께 하면 곧 원수가 된다.

예화

과실은 함께 책임지고 공은 함께 나누지 말라. 이 말은 "어려움은 같이 겪고 좋은 일은 양보하라."는 말처럼 일종의 희생정신이 깔려 있다. 중국 역사의 개국 황제들은 천하를 도모할 때 훌륭한 신하들의 보좌를 받아 나라를 세웠지만, 나라를 세운 후에는 오히려 공신들을 제거하여 후사를 도모했다.

이때 화를 면할 수 있는 가장 현명한 방법은 다른 사람에게 공을 미루는 것이었다. 이외에도 군대를 통솔하는 지휘관이 남에게 공을 돌릴 줄 알면 부하들에게 존경과 신뢰를 얻을 수 있고, 잘못을 자기 탓으로 돌리면 자신을 더 크게 발전시킬 수 있다.

후한後漢의 장군 곽위郭威는 하중河中을 점령한 후, 부하 백문가白文珂를 남겨 하중을 지키게 했다. 곽위가 개선하자 은제隱帝는 그의 노고를 치하하고 큰 포상을 내렸다. 그러나 곽위는 포상을 사양하며 이렇게 말했다.

"신이 밖에서 군사를 이끌고 서울을 안전하게 지킬 수 있었던 것은 충분한 군량이 지원되었기 때문입니다. 이것은 모두 조정 대신들이 안에서 최선을 다해 일해 준 결과이니, 제가 어찌 혼자서 이 많은 포상을 누릴 수 있겠습니까? 만일 폐하께서 꼭 상을 내리시겠다면 모두에게 골고루 나누어주십시오."

그래서 은제는 재상宰相, 추밀樞密, 선휘宣徽 삼사三司의 모든 조정 관리들에게 고루 상을 내렸다. 잠시 후 곽위는 다시 이렇게 건의했다.

"중앙의 조정 관리는 모두 상을 받았으나, 변방을 지키고 있는 지방 관리들은 아무 포상도 받지 못했으니 어쩌면 지금쯤 크게 실망하고 있을지도 모릅니다. 마땅히 지방 관리들에게도 상을 내려 그들의 공로를 치하해 줘야 합니다."

곽위의 건의로 포상을 받은 조정과 지방의 관리들은 모두 입을 모아 그를 칭찬했다. 곽위는 개인의 욕심을 채우려 하지 않고 먼저 다른 사람을 배려할 줄 알았기 때문에 모두에게 존경과 믿음을 얻었다.

부유하면 넉넉한 자선으로 남을 돕고
가난하면 지혜로운 말로 남을 돕는다

士君子 貧不能濟物者 遇人痴迷處 出一言提醒之
사군자 빈불능제물자 우인치미처 출일언제성지
遇人急難處 出一言解救之 亦是無量功德.
우인급난처 출일언해구지 역시무량공덕

역 문

군자가 가난하여 물질로 사람을 도울 수 없더라도 어리석음으로 방황하는 사람을 만나면 한마디 말로 그를 깨우칠 수 있다. 위급하고 곤란한 처지에 있는 사람을 만나면 한마디 말로 위안을 줄 수 있으니 이 또한 무한한 공덕이다.

예 화

가난하지만 고결한 인품을 지닌 군자가 불안에 떨거나 방황하는 사람에게 바른 길을 알려주는 것은 이것은 커다란 은혜를 베푸는 것이다. 어쩌면 당신의 말 한마디가 누군가의 운명을 바꾸어 놓을 수도 있다. 또한 그 말 한마디가 어려움에 처한 누군가를 구하고 행복하게 만들 수도 있다면 이것은 분명 은혜를 베푸는 행동이다.

　한漢나라 태구太丘 현령 진실陳實은 어려서부터 공명정대하기로 유명했다. 진실이 어렸을 때 고향 마을 사람들은 다툼이나 분쟁이 생기면 항상 진실에게 가져갔는데, 그의 판결은 언제나 분명하고 공정했다. 진실은 옳고 그름의 근거를 정확히 설명하여 판결을 받는 양쪽 모두를 만족시켰다. 당시는 기근이 자주 발생하여 백성들은 대부분 가난과 굶주림에 허덕이고 있었다.

어느 날 밤, 진실의 방에 몰래 들어온 도둑이 대들보 위에 숨어 그가 잠들기를 기다리고 있었다. 잠들기 직전 숨어 있는 도둑을 발견한 진실은 보통 사람들처럼 '도둑이야' 라고 소리치지 않고, 몸을 일으켜 옷매무새를 단정히 하고 아들 손자를 모두 방문 앞에 불러 모아 한바탕 엄한 훈계를 하기 시작했다.

"사람은 반드시 자신이 할 수 있는 것을 찾아 최선을 다해 노력하며 살아야 한다. 한 순간 나쁜 짓을 저질렀더라도 평생 나쁜 사람으로 살아야 하는 것은 아니다. 대들보 위의 군자도 한 순간 나쁜 습관에 젖어 이런 지경에 이른 것뿐이다."

도둑은 이 말을 듣고 크게 놀라 황급히 뛰어 내려와 진실에게 머리를 숙여 사죄했다. 진실은 천천히 그에게 다시 한 번 가르침을 전했다.

"네 얼굴을 보니 본래 나쁜 사람 같지는 않구나. 반드시 나쁜 습관을 물리치고 다시 새 사람이 되어야 한다. 네가 이렇게 부끄러운 짓을 하게 된 것은 모두 가난 때문일 것이다."

그리고 나서 진실은 그 도둑에게 비단 두 필을 주면서 앞으로 최선을 다해 노력하며 살아가야 한다고 다시 한 번 다짐하듯 일렀다. 이 일이 온 마을에 퍼져나가자 마을에는 도둑이 사라졌다.

진실은 도둑에게 충고를 하면서 무섭게 꾸짖거나 복잡한 인의도덕의 도리를 늘어놓지 않았다. 다만 인정에 호소하는 적절한 비유를 들어 도리를 깨우치고 도둑의 마음을 움직여 스스로 잘못을 뉘우치고 바른 길로 갈 수 있게 만들었다. 스스로 깨우칠 수 있도록 하는 교육 방법은 가장 효과적이고 현명한 방법이다.

강자를 거들어서 약자를 괴롭히지 말고
부자를 편들어서 빈자를 무시하지 말라

饑則附 飽則揚 燠則趨 寒則棄 人情通患也.
기즉부 포즉양 욱즉추 한즉기 인정통환야

역 문
굶주리면 달라붙고, 배부르면 떠나가며, 따뜻하면 몰려들고, 추우면 버리는 것이 모든 사람들의 한결 같은 마음의 병폐이다.

예 화
권력에 빌붙으려 아부하는 것, 가난을 무시하고 부귀만 좇는 것, 새것만 좋아하고 옛것을 싫어하는 것은 모두 인간의 나쁜 속성이다. 중국 역사상 권력에 아부하고 빌붙는 데 가장 대표적인 인물로 이아易牙를 꼽을 수 있다.

춘추시대, 이아는 제齊나라 환공桓公의 총애를 얻은 요리사이다. 이아는 환공이 총애하는 위희衛姬의 병을 낫게 하고, 자신의 아들을 죽여 왕을 기쁘게 함으로써 환공의 총애를 얻었다. 사건의 전말은 이러하다.

이아는 수조竪刁의 추천을 받아 제나라 환공에게 불려갔다. 환공은 이아의 요리 솜씨가 뛰어나다는 말을 듣고 물었다.

"듣자 하니 네가 요리를 잘한다고?"

이아가 그렇다고 대답하자 환공이 웃으며 이렇게 농담했다.

"과인이 온갖 날짐승, 네발 달린 짐승에서부터 벌레, 물고기 등 세상에 맛있다는 것은 다 먹어보았으나, 아직 사람고기만은 먹어보지 못했으니 그 맛이 어떠한지 모르겠다."

 환공은 농담삼아 한 말이었으나, 환공의 환심을 사려고 안달이었던 이아는 이 말을 마음속에 깊이 새겨 두었다. 그래서 이날 이후 이아는 어떻게 해야 환공에게 맛있는 사람고기를 맛보게 할 수 있을까 궁리하기 시작했다. 몇 날 며칠을 이 생각에만 몰두한 끝에 이아는 어린 아들을 떠올렸다. 이아는 아들을 죽여 삶은 고기를 환공에게 바치면 반드시 환공의 환심을 얻을 수 있을 것이라고 생각했다.

 어느 날, 환공의 점심 식사시간에 이아가 직접 고기요리를 들고 왔다. 환공이 그 고기를 보니 양고기처럼 연해 보였는데, 먹어 보니 양고기보다 훨씬 부드럽고 향기로워 아주 맛있었다. 식사가 끝나자 환공은 이아를 칭찬하며 물었다.

 "무슨 고기가 이렇게 맛있느냐?"

 "사람고기입니다."

 환공이 크게 놀라며 다시 물었.

 "어디서 사람고기를 구했느냐?"

 "이것은 미천한 신의 아들 고기입니다. 신의 아들은 올 해 세 살입니다. 폐하가 사람 고기를 맛보실 수 있도록 제 아들을 죽여 폐하에게 바친 것이니, 부디 신의 충심을 헤아려 주십시오."

 환공은 이 말을 듣자 마음이 불편해져 아무 말도 하지 않고 손을 흔들어 이아를 물러가게 했다. 환공은 처음엔 이아의 극단적인 아첨에 혐오감을 느꼈으나 얼마 지나지 않아 "이아가 인간으로서의 도리를 저버리고 자신의 아들을 죽여 과인에게 바쳤으니, 이는 분명 그가 아들보다 과인을 더 사랑했기 때문이다. 그렇기 때문에 그의 충성심을 높이 사고자 한다."라고 말했다.

 이렇게 해서 이아는 환공의 총애를 얻었으나, 그가 환공에게 아부하기 위해 아들을 죽인 일은 인간의 본성을 상실한 짐승과 같은 짓이었으니, 후세에 영원히 오명을 남겼다.

모름지기 사물을 볼 때는 냉철해야 하고
무릇 마음을 움직일 때는 무거워야 한다

君子宜淨拭冷眼 愼勿輕動剛腸.
군자의정식냉안 신물경동강장

역 문

군자는 냉철한 눈을 깨끗이 닦고, 삼가 굳은 마음을 가볍게 움직이지 않는다.

예 화

"군자는 냉철한 눈을 깨끗이 닦아야 한다."는 말은 모든 일에 냉철할 수 있도록 항상 맑고 깨끗한 정신을 유지하여, 사물의 인과관계를 꿰뚫어볼 줄 알아야 한다는 의미이다. 또한 "삼가 굳은 마음을 가볍게 움직이지 않는다."는 말은 어떤 상황에서도 조급하거나 경거망동하지 말아야 한다는 말이다. 의욕이 너무 앞서면 쉽게 이성을 잃을 수 있기 때문에 모두에게 손해를 끼치게 된다.

동한東漢의 구순寇恂은 유수劉秀를 도와 천하를 도모하여, 이름을 떨쳤다. 구순은 기개가 높고 도량이 넓어 재상으로 전혀 손색이 없었다.

어느 날 가복賈復의 부하가 영천潁川에서 사람을 죽였는데, 당시 영천 태수로 있던 구순은 곧 그를 체포하여 법에 따라 사형에 처했다. 가복은 이 일이 자신의 위엄과 자존심에 큰 상처를 주었다고 생각하여 부하에게 영천을 지날 때 구순을 죽이라고 명령했다.

구순은 이 사실을 알고 일부러 가복을 피해 다녔다. 이러한 상황을 알고 있던 구순의 조카 곡숭谷崇이 구순의 안전을 위해 보검을 차고 곁에서 그를 호위하고자 했으나 구순은 거절했다.

"그럴 필요 없다. 옛날 진왕秦王도 두려워하지 않았던 인상여蘭相如가 염파廉頗를 피해 다닌 일이 있었다. 이것은 인상여가 무엇보다도 국가의 안위를 가장 중요하게 생각했기 때문이다. 나 역시 그와 같은 생각이다."

그리고 구순은 각 현의 관리들에게 명령하여 가복의 군대를 위해 음식을 융숭하게 준비하도록 했다. 가복이 군대를 이끌고 영천에 도착하자, 구순은 직접 멀리까지 나와 그를 맞이한 후 몸이 아프다는 핑계로 서둘러 돌아갔다. 가복은 병사들을 모아 구순을 쫓아가려 했으나, 부하장수들이 모두 술에 만취한 상태라 어쩔 도리가 없었다.

한편 구순이 광무제光武帝에게 사람을 보내 상황을 알리자 광무제는 바로 구순과 가복을 불러들여 두 사람 사이의 앙금을 풀 수 있도록 중재했다. 이후 두 사람은 같은 수레를 타고 다닐 만큼 절친한 친구가 되었다.

구순은 인상여에 견줄 만큼 훌륭한 인품을 갖추었을 뿐 아니라, 가복의 군대에게 술을 대접함으로써 화를 모면하고 원한을 풀 수 있었으니 참으로 현명하게 대처한 것이다. 한 잔 술로 적을 친구로 만든 구순의 이야기를 통해 모든 일을 좋고 나쁨, 혹은 옳고 그름을 나누려고 하는 극단주의자들은 세상을 살아가는 현명한 지혜를 배울 수 있을 것이다.

덕은 도량을 따라 발전하고
도량은 식견을 통해 성장한다

德隨量進 量由識長.
덕수양진 양유식장
故欲厚其德 不可不弘其量
고욕후기덕 불가불홍기량
欲弘其量 不可不大其識.
욕홍기량 불가불대기식

역 문
덕은 도량을 따라서 발전하고 도량은 식견을 통해 성장한다. 그러므로 그 덕을 두텁게 하려면 도량을 넓혀야 하고, 도량을 넓히려면 식견을 넓혀야 한다.

예 화
덕은 도량의 깊이에 따라 높아지고, 도량은 식견의 폭에 따라 넓어지니, 도량과 식견은 뗄 수 없는 관계이다. 도량이 부족하면 식견이 넓어도 아무 소용이 없다. 제갈량諸葛亮은 뛰어난 식견을 지닌 것으로 유명하지만, 황승언黃承彦의 딸 황아추黃阿醜와 결혼한 것으로 보아 넓은 도량을 지녔음을 알 수 있다.

　동한東漢 말기 혼란한 군웅할거의 시기, 양양襄陽에 사는 황승언은 제갈량과 늘 천하의 일을 논의했는데 서로 뜻이 잘 맞았다. 황승언의 딸은 어려서부터 총명하고 성격도 활달했으며 세상에 대한 독특하고 뛰어난 식견을 지녔다. 그러나 안타깝게도 그녀는 '황아추'라 칭해질 만큼 못생겼다. 그러나 제갈량은 그녀를 매우 존경하여 일생의 동반자로 맞이했다.

　제갈량이 스물일곱 살 때 그는 이미 유비劉備로부터 두 번이나 등용 제의를 받았으나, 여기에 응해야 할지 말아야 할지 결정을 내리지 못하고 있었다. 그래서 제갈량은 이 문제를 논의하기 위해 황승언을 찾아갔다.

　그러나 사실 한편으로는 아추를 만나보고 싶었던 것이다. 황승언이 이것을 눈치채고 아추를 불러 제갈량과 인사시켰다. 황아추는 비록 얼굴은 못생겼지만 맑은 눈에 총기가 가득하고, 일부러 행동을 꾸며 가식적이거나 어색하지 않았기 때문에 제갈량은 그녀를 매우 좋아했다.

　제갈량이 황승언에게 유비가 찾아왔던 일을 이야기하고 현재 자신의 모순된 감정을 털어놓았다. 제갈량의 말이 미처 끝나기도 전에 황아추가 말했다.

　"제가 보기에 나리는 걱정이 지나치십니다. 나리는 이미 '와룡臥龍'이라 불릴 만큼 높은 학식을 갖추셨습니다. 와룡이 세상에 나아가지 않는 것처럼 이 세상에 쓸모없는 것이 또 있겠습니까? 대장부가 어찌 평범하게 일생을 보낼 수 있습니까? 당연히 세상에 나가 위대한 업적을 세워야 합니다."

　제갈량은 이 말을 듣고 깊이 탄복하며 그녀와 결혼하기로 결심했다.

　제갈량은 드디어 유비의 제의를 받아들였고, 유비가 천하를 도모하는 데 수많은 전략전술을 세워 큰 공을 세웠다. 제갈량은 황아추와 결혼한 후에 그녀가 생각보다 훨씬 총명하고 어진 여인임을 알았다. 그녀는 제갈량과 함께 어려운 문제들을 해결해 나갔고, 작은 나무수레를 발명하기도 했다.

　제갈량이 이룬 평생의 업적 중에는 상당 부분 황아추의 노고가 포함되어 있다. 만일 제갈량이 '도량'이 부족하여 황아추를 거들떠보지 않았다면, 그의 재능이 아무리 뛰어나다 해도 평범한 삼류 모사꾼에 불과했을 것이니, 그처럼 완벽한 책략을 세울 수 없었을 것이다.

이목구비에 빠진 지혜는 접시물처럼 얕고
책에 빠진 지혜는 바닷물처럼 깊다

一燈螢然 萬籟無聲 此吾人初入宴寂時也
일등형연 만뢰무성 차오인초입연적시야
曉夢初醒 群動未起 此吾人初出混沌處也.
효몽초성 군동미기 차오인초출혼돈처야
乘此而一念廻光 炯然返照
승차이일념회광 형연반조
始知耳目口鼻皆桎梏 而情欲嗜好悉機械矣.
시지이목구비개질곡 이정욕기호실기계의

역문

외로운 등불이 반딧불처럼 깜박거리고 세상이 고요해지니, 비로소 우리가 편히 쉴 때이다. 새벽 꿈에서 갓 깨어나 아직 만물의 움직임이 시작되지 않았으니, 비로소 우리가 혼돈에서 깨어날 때이다. 이때를 놓치지 않고 온 마음을 집중하여 자신을 비춰보라. 이목구비는 모두 나를 구속하고 있고, 정욕과 기호는 모두 마음을 병들게 하는 기계임을 알 수 있다.

예화

매일 새벽 종소리와 저녁 북소리를 들으며 생활한다면, 확실히 정신을 집중하여 깊은 생각에 잠길 수 있으니 참다운 지혜를 쌓을 수 있을 것이다. 그러나 현실적으로 이런 상황이 불가능하다면, 매일 아침저녁으로 책을 읽고 글을 접하는 것으로 대신할 수 있다.

심문규沈文奎는 청淸나라 조정 관리로 등용된 후, 황제에게 상소를 올리는 사람은 많지만 이들 중 황제에게 열심히 학업에 매진하도록 권하는 사람이 없음을 안타까워했다.

황제가 좋아하는 『삼국지三國志』에는 모두 단편적인 지식이 들어 있을 뿐 심문규가 생각하기에는 전반적인 사고에는 부족함이 많은 책이었다.

황제가 천하를 다스리는 데 갖추어야 할 도리는 모두 『사서四書』 안에 들어 있었고, 그 구체적인 본보기는 각 시대의 사서와 고서 속에서 찾아볼 수 있다고 생각한 심문규는 이렇게 상소를 올렸다.

"황제께서는 반드시 학문이 뛰어난 문서관文書官과 노련하고 경험이 풍부한 수재秀才를 선발하여, 그들에게 매일 『사서』와 『통감通鑒』을 쉽게 풀고 주석을 달아 바치도록 해야 합니다. 그리고 국사를 처리하는 틈틈이 이것을 익혀야 합니다. 날마다 거르지 않고 꾸준히 지속하면, 모든 도리를 스스로 깨닫고 몸소 실천하게 될 것이니, 반드시 좋은 결과가 있을 것입니다."

심문규의 상소를 읽은 황제는 매우 옳다고 여겨 그의 의견을 즉각 따랐다. 국사를 처리하는 틈틈이 『사서』와 『통감』을 열독했고, 신하들이 물러간 후에는 눈과 귀를 편안히 쉬게 하면서 잡념을 버리고 마음을 수양했다. 황제는 그제야 인생 최고의 즐거움을 느낄 수 있었다.

자신을 반성하면 선의 기초가 되고
남을 원망하면 악의 근원이 된다

反己者 觸事皆成藥石 尤人者 動念即是戈矛.
반기자 촉사개성약석 우인자 동념즉시과모
一以闢衆善之路 一以濬諸惡之源 相去霄壤矣.
일이벽중선지로 일이준제악지원 상거소양의

역 문

스스로 반성하는 사람은 모든 일을 약으로 만들지만, 남을 원망하는 사람은 행동과 생각이 모두 창과 칼이 된다. 하나는 선으로 향하는 길을 열고 다른 하나는 모든 악의 근원이 되니, 둘 사이는 하늘과 땅 차이다.

예 화

자기 반성을 게을리 하지 말아야 하는 이유는 나쁜 습관을 고쳐 바른 길을 걷게 하고 악한 생각을 버리고 선을 따르게 하여, 바람직한 인생을 영위할 수 있도록 하기 위해서다. 사악한 생각과 탐욕은 대부분 마음이 혼란스럽고 조급할 때 생겨난다. 이럴 때 잠깐이라도 차분하게 마음을 가라앉히고 심사숙고하면 곧 마음이 밝고 깨끗해지면서 모든 일이 확연해진다.

　　북위北魏 헌문제獻文帝의 아들 원상元祥이 어머니의 노여움을 산 것은 그가 자기 반성에 게을렀기 때문이다.
　　북위 시대, 헌문제의 아들 북해왕北海王 원상은 반역죄로 옥에 갇혔다. 원상이 감옥에 갇힌 후, 원상의 어머니는 동생 안정왕安定王의 비 고高씨와 정을 통한 사실을 알고 노발대발하여 그를 꾸짖었다.

"너의 아내와 첩, 시비들이 하나같이 젊고 예쁘거늘 너는 어찌하여 고씨처럼 사악한 여인과 정을 통했느냐? 어떻게 이런 일을 저질렀느냐?"

그리고 그녀는 원상에게 몽둥이질 100대를 명령했다. 그녀는 처음에 직접 몽둥이를 들고 직접 원상을 때렸으나, 기운이 빠지자 시종이 대신하여 계속 매질을 했다. 몽둥이는 원래 무명실로 싸여 있었는데, 계속 매질을 하니 무명실이 다 벗겨졌고 그 바람에 원상의 몸은 온통 상처투성이가 되었다. 원상의 상처가 얼마나 깊었는지 열흘이 지나고 나서야 겨우 일어설 수 있었다. 한편 원상의 아내인 유劉씨도 원상의 어머니에게 십여 대 매질을 당했다.

"너는 명문귀족 출신으로 결코 원상에 비해 집안배경이 뒤떨어지지 않는데, 뭐가 무서워서 남편을 제대로 단속하지 못했느냐? 여자라면 모두 질투심이 있게 마련인데, 너는 질투도 나지 않더냐?"

유씨는 아무 말 없이 벌을 받았다. 원상의 어머니는 아들과 며느리에게 매질을 해서라도 그들이 스스로 반성하여 잘못을 깨닫고, 악을 멀리하고 선으로 향하기를 바랐던 것이다. '하루에 세 번씩 자신을 반성' 하는 습관이 선으로 향하는 가장 빠른 지름길이다.

부귀공명은 세상에 따라 변하지만
의기와 절조는 언제나 변함이 없다

事業文章隨身銷毀 而精神萬古如新
사업문장수신소훼 이정신만고여신
功名富貴逐世轉移 而氣節千載一日. 君子不當以彼易此也.
공명부귀축세전이 이기절천재일일 군자부당이피역차야

역문

사업이나 학문은 모두 육체와 함께 사라지지만 정신은 영원히 새롭다. 부귀공명은 세상이 변하면서 따라 변하지만 의기와 절조는 언제나 변함없다. 군자는 절대 이것으로 저것을 바꾸지 않는다.

예화

하늘과 땅을 뒤흔드는 영웅의 기개나 문장은 모두 시대가 변하면서 같이 사라져가지만, 고귀한 인품과 정신은 영원히 사라지지 않는다. 올바른 기개와 굳은 지조는 시대를 초월하여 영원히 칭송받을 수 있으니, 이는 우겸于謙의 「석회음石灰吟」을 통해 더욱 분명히 알 수 있다.

우겸은 전당(錢塘, 지금의 항저우抗州) 사람으로 23세에 진사시험에 합격했고, 1448년 병부兵部 우시랑右侍郎에 올랐다. 1449년 호시탐탐 명明나라를 노리던 와자(瓦剌, 몽고계 부족 이름―옮긴이)족 수장 야선也先이 직접 군대를 이끌고 남하했다. 당시 명나라 정권을 좌지우지하고 있던 환관 왕진王振은 군사 방면에는 문외한인 데다 다른 사람의 말을 전혀 귀담아듣지 않는 고집불통이었다. 영종英宗은 왕진의 말만 듣고 직접 군대를 끌고 전쟁에 나갔다가 토목보(土木堡, 지금의 후이라이懷來현 동남부)에서 50만 대군을 모두 잃었다. 그 결과 왕진은 부하에게 살해되고, 영종은 와자군에게 포로로 잡혀갔다.

와자군은 승세를 몰아 북경까지 공격해 왔다. 북경으로 계속해서 위급한 전갈이 날아들자 대부분의 대신들이 남쪽으로 천도하는 방향으로 의견을 몰아갔고, 이때 우겸이 나서서 와자군에 대항할 것을 강력히 주장했다.

우겸은 결연한 마음가짐으로 수도 방위의 중책을 짊어졌다. 우겸은 영종의 동생 주기옥(朱杞鈺, 명나라 경제景帝—옮긴이)을 왕위에 오르게 하고, 왕진의 죄상을 낱낱이 밝혀 그 일당 우마순羽馬順 등을 처형했다.

또한, 장인들을 모아 밤낮으로 칼과 창을 만들게 하고, 22만 군사와 백성을 조직적으로 배치하여 성 수비에 만전을 기했고, 백성들도 모두 성과 운명을 함께 하기로 굳게 마음을 먹었다. 같은 해 10월, 야선은 덕승문德勝門과 서직문西直門을 공격했으나, 5일이 지나도록 성을 함락시키지 못하자 어쩔 수 없이 돌아서야 했다.

얼마 후, 명나라는 와자족과 화친을 맺었고 영종이 돌아왔다. 1457년 경제의 병이 깊어지자 환관 조길상曹吉祥은 대장군 석형石亨, 한림翰林 시강侍講 서유정徐有貞 등과 결탁하여, 영종을 앞세우고 황궁에 난입하여 경제를 폐위하고 영종을 다시 복위시켰다.

역사에서는 이것을 '남궁복벽南宮復辟'이라고 기록한다. 이 과정에서 석형과 서유정 등은 우겸에게 반역죄를 뒤집어씌워 재산을 몰수하고 병부상서尙書로 좌천시켰다. 어느 날 그는 텅 빈 집안을 걷다가 문천상(文天祥, 남송시대 정치가, 시인—옮긴이)의 초상화가 아직 침실 벽에 걸려 있는 것을 발견했다. 이때 우겸이 초상화 옆에 서서 시조를 읊조리니 이것이 바로 「석회음」이다.

"홀로 충성스럽게 지조를 지키니 영원히 이름을 전하네. 지금 홀로 남겨진 초상화를 보니 맑은 품격이 엄숙하네."

지혜 속에 또 다른 지혜가 있고
이변 속에 또 다른 이변이 생긴다

魚網之設 鴻則罹其中 螳螂之貪 雀又乘其後.
어망지설 홍즉리기중 당랑지탐 작우승기후
機裡藏機 變外生變 智巧何足恃哉!
기리장기 변외생변 지교하족시재

역 문

고기 그물에 기러기가 걸려들고 사마귀 뒤를 참새가 노린다. 기틀 속에 또 기틀이 있고 이변 밖에 또 이변이 생기나니, 지혜와 재주를 어찌 믿을 수 있겠는가?

예 화

사마귀가 매미를 덮치려 할 때, 그 뒤에 참새가 사마귀를 노리고 있고, 또 그 뒤에 사냥꾼의 총부리가 참새의 목숨을 노리고 있다. 그렇기 때문에 명예와 이익을 좇으려 온갖 지혜와 계략을 이용해 다른 사람을 짓밟는 것은 곧 스스로 무덤을 파는 일이 될 수 있다.

　당唐나라 관리였던 주흥周興은 자신의 이익을 위해 수많은 충신들을 잔인하게 죽였다. 그러나 결국 주흥은 자기가 쳐놓은 그물에 걸려드는 신세가 되고 말았다.
　무측천武則天은 서경업徐敬業의 난이 평정되자 여세를 몰아 자신의 뜻을 거스르는 당나라 종친과 대신들을 제거하기로 결심했다. 그래서 전국에 고발운동을 시행하고 잔혹한 관리로 악명 높은 주흥과 내준신來俊臣에게 이 운동을 주관하게 했다. 이들은 무고한 사람들을 데려다가 온갖 잔학무도한 형벌과 고문을 가하여 거짓자백을 받아내고 공을 쌓았다. 어느 날 무측천은 주흥이 반란을 도모하고 있다는 고발서를 받았다. 무측천은 즉시 내준신에게 비밀리에 명령을 내려 이 사건을 책임지고 조사하여 처리하도록 했다. 당시 내준신은 주흥과 함께 술을 마시고 있었는데, 그는 얼굴색 하나 변하지 않고 침착하게 무측천의 밀서를 읽어 내려갔다. 그리고 그것을 소매 안으로 집어넣으며 물었다.

"요즘 잡아들인 범인들 중 자백하지 않고 버티는 자들이 많다고 하는데, 자네는 혹시 다른 좋은 방법이라도 있는가?"

주흥은 손으로 수염을 어루만지며 득의양양하게 말했다.

"물론 쉬운 일이 아니지. 나한테 새로운 방법이 하나 있긴 한데 말이야. 바로 커다란 항아리를 불 위에 놓고 달구다가 자백하지 않는 자가 있으면 항아리 속에 넣어버리는 걸세. 이렇게 하면 어느 누가 자백하지 않을 수 있겠는가?"

이 말을 들은 내준신은 좋은 방법이라고 맞장구를 치며, 곧바로 사람을 시켜 큰 항아리와 화로를 가져오게 해 항아리를 화로 위에 올려놓고 불을 지폈다. 그때까지도 주흥은 영문을 몰라 어리둥절해했고, 내준신이 곧 몸을 일으키며 말했다.

"태후마마의 밀지요. 주흥이 모반을 꾀하고 있다는 고발이 들어왔소. 만일 사실대로 고하지 않는다면 항아리 속에 처넣을 것이오."

그제야 주흥은 너무 놀라 혼비백산하지 않을 수 없었다. 주흥은 내준신의 잔혹함을 누구보다도 잘 알고 있었기 때문에 황급히 무릎을 꿇고 머리를 조아리며 그가 말한 대로 자신의 죄를 시인하고 용서를 구했다.

기왓장 끝에서 떨어지는 낙수가 한 방울 한 방울 한 치의 오차도 없이 정확히 같은 자리에 떨어지는 것처럼 인과응보의 결과 역시 한 치의 어긋남도 없다. 돌을 옮기다가 자기 발을 찧는 것처럼 자기 계략에 자기가 말려드는 경우 역시 마찬가지이다. 주흥은 계략 안에 또 다른 계략이 있고 변화 속에 또 다른 변화가 있다는 사실을 전혀 생각하지 못했던 것이다.

진실한 생각이 없다면 허수아비에 불과하고
활발한 기운이 없다면 장승에 불과하다

作人無點眞懇念頭 便成個花子 事事皆虛
작인무점진간염두 변성개화자 사사개허
涉世無段圓活機趣 便是個木人 處處有碍.
섭세무단원활기취 변시개목인 처처유애

역 문

사람으로서 진실한 생각이 없다면, 허수아비에 불과하니 하는 일마다 헛일이 된다. 세상을 살아가면서 활발한 기운이 없다면, 장승에 불과하니 가는 곳마다 막힐 것이다.

예 화

진실하고 민첩하게 행동한다는 것은 곧 임기응변에 능하다는 의미이기도 하다. 무조건 완강하게 거절만 하는 사람은 본연의 취지를 잃고 고집불통이 될 것이니 절대 인생의 참 의미를 깨달을 수 없다. 원만하고 활기차게 순간순간의 행복을 느끼면서 또 한편으로는 진실하게 행동하는 것을 결코 모순적이지 않으며 우리 삶에 반드시 필요한 자세이다.

 배해裵楷는 진晉나라의 명사로 자는 숙칙叔則이고 하동河東 문희聞喜 사람이다. 그는 하남河南 지사, 중서령中書令을 지낸 바 있다. 진무제武帝 사마염司馬炎이 막 황위에 올랐을 때, 점을 쳤는데 그 결과 '일一' 이란 점괘가 나왔다.

 당시 사람들은 이때 나온 숫자가 앞으로 몇 대까지 왕위가 이어질 것인가를 의미한다고 믿고 있었다.

　이에 무제의 심기가 불편해졌고, 신하들은 모두 당황하여 어찌할 바를 몰라 허둥댈 뿐 용감히 나서서 상황을 수습하는 이가 아무도 없었다. 대전의 분위기가 매우 긴장되어 있을 때, 시중侍中 배해가 앞으로 나서 이렇게 말했다.

　"소신이 듣기로는 이렇다고 합니다. 하늘이 '일一' 자를 얻으면 맑아지고, 땅이 '일' 자를 얻으면 평안해지고, 왕후가 '일' 자를 얻으면 천하의 중심이 됩니다."

　사마염이 이 말을 듣고 매우 흡족한 듯 웃음을 터트리니 대전 분위기는 비로소 활기를 되찾았다. 대신들은 모두 배해의 기지에 감탄을 금치 못했다.

　당시 진나라 양왕梁王 사마융司馬肜과 조왕趙王 사마륜司馬倫이 큰 재산을 모으자, 배해는 두 사람에게 거두어들인 세금의 일부를 사용하여 가난한 사람들을 구제해야 한다고 제의했다. 그러나 양왕과 조왕의 비위를 맞추려는 무리들은 모두 배해를 비난했다. 이때 배해는 『도덕경道德經』의 문구를 인용했다.

　"남는 것은 덜어내고 부족한 것은 메우는 것이 하늘의 이치입니다."

　배해는 천성이 정직하고 남을 돕기를 좋아했을 뿐 아니라, 순간순간의 즐거움도 놓치지 않는 지혜를 지닌 사람이었다. 이 정도 수준에 도달한 사람은 재능과 인품이 겸비되어 서로 상승작용을 일으키기 때문에 더욱 돋보인다.

흐린 것을 버리면 절로 맑아지고
괴로움을 버리면 절로 즐거워진다

水不波則自定 鑑不翳則自明.
수불파즉자정 감불예즉자명
故心無可淸 去其混之者 而淸自現
고심무가청 거기혼지자 이청자현
樂不必尋 去其苦之者 而樂自存.
낙불필심 거기고지자 이락자존

역 문

물은 물결이 일지 않으면 저절로 고요해지고, 거울은 흐리지 않으면 스스로 맑아진다. 마음도 흐린 것을 버리면 저절로 맑아지고, 애써 찾지 않아도 괴로움만 버리면 즐거움이 저절로 나타난다.

예 화

물결이 일지 않으면 강물은 자연스럽게 잔잔해지고, 먼지가 사라지면 거울은 자연스럽게 맑아진다. 이것은 곧 마음을 평온하게 하는 방법도 이와 같은 이치이다. 평온한 마음은 맑은 거울처럼 혹은 밤하늘의 둥근 달처럼 주변을 밝게 비춰준다. 온 마음을 다 바쳐 한 가지 일에만 전력하면 자연히 다른 일에 마음 쓸 겨를이 없어지고 그 한 분야에 정통할 수 있다.

　기창紀昌이 활쏘기를 배우기 전, 잡념을 없애고 마음이 깨끗해지면서 사물이 크게 보이기 시작하고, 그 순간 모든 고통이 즐거움이 되었으니, 위에서 말한 것과 같은 이치이다. 기창은 이렇게 해서 활쏘기의 고수가 되었다.

 옛날에 활을 아주 잘 쏘는 감승甘蠅이라는 사람이 있었는데, 활을 쏘면 한 번도 빗나가는 법이 없었다. 그러나 감승의 제자 비위飛衛의 재주는 스승보다 뛰어났다.

 어느 날 기창이 비위에게 활쏘기를 배우러 찾아갔는데, 비위가 말했다.

 "눈을 깜빡거리지 않는 훈련을 한 뒤에야 활쏘기를 배울 수 있소."

 그래서 기창이 집으로 돌아가 아내의 베틀 밑에 누워 눈을 부릅뜨고 베틀 끝을 응시하며 눈을 깜빡거리지 않는 훈련을 시작했다. 이렇게 2년이 지나자 송곳처럼 뾰족한 물체가 다가와도 눈을 깜빡거리지 않을 정도가 되었다.

 그런데도 비위는 아직 부족하다는 말을 했다.

 "작은 것을 크게 보고 희미한 것을 뚜렷하게 볼 수 있는 시력을 기른 후에야 활쏘기를 배울 수 있소."

 기창이 집으로 돌아와 머리카락으로 이를 묶어 남쪽 창에 매달아 놓고 매일 그것을 응시했다. 10여 일이 지나자 이가 점점 커지는 것을 느꼈고, 3년이 지나자 수레바퀴처럼 크게 보였다. 그 뒤에는 아주 작은 물건도 모두 산처럼 크게 보였다. 기창은 활시위를 잡아당겨 이를 향해 쏘았는데 화살이 이의 심장을 관통하면서 줄은 전혀 건드리지 않았다. 기창이 비위에게 이 소식을 알려주니 비위 역시 뛸 듯이 기뻐했다.

 기창이 활쏘기를 배우는 과정 중에 가장 중요했던 것은 정신을 하나로 집중시키는 일이었다. 그는 주변의 혼란한 상황이나 움직임에 연연하지 않고 항상 맑고 깨끗한 마음을 지키기 위해 노력했다. 그가 쏜 화살이 단 한 번도 빗나가지 않았던 것은 사심을 버리고 평온한 마음을 유지했기 때문이다.

허황된 생각은 엉뚱한 언행을 낳고
엉뚱한 언행은 신변에 화를 부른다

有一念而犯鬼神之禁 一言而傷天地之和
유일념이범귀신지금 일언이상천지지화
一事而釀子孫之禍者 最宜切戒.
일사이양자손지화자 최의절계

역문
한 가지 생각으로 하늘의 계율을 범하고, 한 마디 말로 천지의 조화를 깨뜨리며, 한 가지 일로 자손의 불행을 빚는다. 반드시 깊이 경계해야 할 일이다.

예화
허황된 생각이나 쓸데없는 말을 삼가라. 한 순간이라도 생각이나 말을 조심하지 않으면, 그 허튼 한 마디 때문에 세상의 평화로움이 깨지고, 그 화가 자신은 물론 자손만대까지 영향이 끼칠 수 있으니 절대 삼가고 또 조심해야 한다.

　원元나라 말기에 태어나 명明나라 초기에 살았던 곽덕성郭德成은 활달한 성격에 눈치가 빠르고 행동이 민첩했는데, 다만 술을 너무 좋아하는 것이 문제였다. 어느 날, 그는 주원장朱元璋과 함께 황궁 후원에서 술을 마셨다. 아름다운 화원 경치만으로도 훌륭한데 온갖 진수성찬이 가득한 상에 술병이 보이자 곽덕성은 군침을 흘리지 않을 수 없었다. 그는 주원장과 한 잔, 두 잔 주거니 받거니 술을 마시기 시작했고, 잠시 후 거나하게 취했다. 곽덕성은 어느 새 말에 조리가 없어졌고 몸을 제대로 가누지 못하여 머리는 온통 산발이 되었다. 주원장은 곽덕성의 모습이 너무 우스꽝스러워 크게 웃으며 말했다.

"자네 머리는 온통 산발이고 말도 앞뒤가 전혀 안 맞으니 정말 미친 사람 같네."

이에 곽덕성은 헝클어진 머리카락을 만지며 대답했다.

"황제폐하, 이 헝클어진 머리가 정말 볼썽사납고 귀찮습니다. 아예 빡빡 밀어버리는 게 낫겠습니다."

이 말을 들은 주원장은 곽덕성이 자신을 모욕하는 것이라 생각하여 갑자기 얼굴이 빨개졌다. 그러나 곧 곽덕성의 흐트러진 모습을 보고 감정을 억눌렀다. 주원장은 일단 화를 참고 곽덕성을 집으로 돌려보냈다. 한편 술에서 깬 곽덕성은 황제 앞에서 실언한 일이 생각나자 두려움에 식은땀이 흘렀다. 주원장이 황제가 되기 전, 어린 시절에 황각사皇覺寺 중이었던 적이 있었기 때문에 당시에는 '광(光, 대머리―옮긴이)'과 '승(僧, 스님―옮긴이)'이란 글자가 금기시되었다.

곽덕성은 술에 취해 황제의 숨기고 싶은 과거를 들추어냈으니 앞으로 죽음을 피할 수 없을 것이라 생각해 어쩔 수 없이 불교에 귀의하여 중이 되기로 결심했다. 그런 다음 며칠 동안 쉬지 않고 술을 마셨다. 그는 여전히 술에 만취해 몸을 가누지 못했으나 그 전과 달라진 것이 있었으니, 바로 빡빡 밀어버린 대머리였다. 며칠 후 곽덕성은 절에 들어가 중이 되어 하루종일 몸에 가사를 걸치고 불경을 읊었다.

그제야 주원장은 그에 대한 노여움을 털어버리고 웃으며 말했다.

"처음에 나는 덕성이 머리카락이 귀찮다고 하기에 농담인 줄 알았는데, 그가 정말 술주정뱅이 스님이 될 줄은 몰랐다. 정말 기인이로다."

곽덕성은 "대머리로 밀다."라는 한마디를 했을 뿐이지만 중요한 금기사항을 어겨 주원장을 불쾌하게 만들고 말았다. 비록 그 자리에서는 화를 모면했지만 결국 목숨을 보전하기 위해 중이 되는 길을 택할 수밖에 없었다. 한마디 농담이 현실이 되어버린 정말 비극적인 인생이라 하지 않을 수 없다.

조급하게 서둘러 분노를 일으키지 말고
엄격하게 대해 완고함을 더하게 하지 말라

事有急之不白者 寬之或自明 毋躁急以速其忿
사유급지불백자 관지혹자명 무조급이속기분
人有操之不從者 縱之或自化 毋躁切以益其頑.
인유조지부종자 종지혹자화 무조절이익기완

역문

서둘러서 밝혀지지 않던 일도 여유를 가지면 곧 밝혀진다. 조급하게 서둘러서 분노를 일으키지 말라. 사람을 쓰는 일에 잘 따르지 않는 자가 있지만 가만 놓아두면 저절로 따르는 수가 있다. 너무 엄하게 하여 그 완고함을 더하게 하지 말라.

예화

"성격이 급하면 뜨거운 탕을 먹을 수 없다."는 말은 누구나 알고 있는 말이다. 하지만 사람들은 사업이나 학문적으로 문제가 생기면 깊이 파고들어 문제를 해결하려 한다. 그러나 깊이 파고들수록 명확한 답은 나오지 않고 더 깊은 의문에 빠져든다.『채근담』에서도 우리에게 너무 조급해하지 말고 여유롭게 우선순위를 정해 일을 순차적으로 해결하라고 충고한다.

특히 강압적인 방법이 통하지 않는 사람이라면 작은 일로 감동시켜라. 작은 일에서 오히려 더 큰 감동과 깨달음을 얻을 수 있는 법이다. 제강齊姜이 남편을 취하게 만든 것은 바로 이런 방법이었다.

진晉나라 헌공獻公이 죽고 내란이 발생하자, 공자 중이重耳는 부인 제강과 함께 제齊나라로 몸을 피했다. 그곳에서 중이는 소박하지만 행복한 삶에 만족해하며 다시 고국의 잔인한 정치판으로 돌아갈 생각을 완전히 접은 상태였다.

그래서 외삼촌 호언狐偃과 제강이 제나라로 돌아갈 것을 권유했을 때 중이는 크게 화를 냈다. 이에 제강은 어쩔 수 없다는 듯 "어차피 당신이 돌아가고 싶지 않다면 저도 더 이상 강요하지 않겠습니다."라고 말하며 조용히 물러섰다.

그러던 어느 날, 제강은 중이에게 술을 먹여 잔뜩 취하게 만든 뒤, 정신을 잃은 남편을 이불에 싸서 호언에게 넘겨주어 진나라로 돌아가게 만들었다. 중이는 진나라로 돌아온 후 왕위에 올라 진문공文公이 되었다. 문공은 즉시 제나라에 사신을 보내 부인을 데려오게 했는데, 이때 제강은 기쁨의 눈물을 흘리며 말했다.

"나의 모든 행동은 바로 오늘과 같은 부부 재회를 위해서였다."

제강이 남편을 취하게 한 것은 결국 『채근담』에서 말하는 "사람을 쓰는 일에 잘 따르지 않는 자가 있지만 가만 놓아두면 저절로 따르는 수가 있다. 너무 엄하게 하여 그 완고함을 더하게 하지 말라."와 같은 방법이었다. 이로써 그녀는 중이의 감정을 상하지 않게 하면서도 목적을 이룰 수 있었다.

덕이 없는 문장은 공허하고
덕이 없는 행동은 무의미하다

節義傲靑雲 文章高白雪
절의오청운 문장고백설
若不以德性陶鎔之 終爲血氣之私 技能之末.
약불이덕성도용지 종위혈기지사 기능지말

역 문

절의가 청운을 능가하고 문장이 백설보다 아름답다 해도 그것이 덕성으로 단련된 것이 아니라면 혈기의 사행과 기예의 잔재주에 불과하다.

예 화

군자는 굳은 지조를 지키며 도덕적인 문장을 세상에 널리 전하는 사람이다. 지혜와 사랑, 믿음, 공평무심, 그리고 자연에의 순응 등이 모두 모여 완벽하고 조화로운 문장을 이룬다. 심혈을 기울이지 않고 겉만 그럴 듯하게 꾸민 공허하고 의미 없는 문장은 문인이라면 반드시 경계해야 한다. 글을 쓰는 사람이 겸손하면 문장이 자연스럽게 아름다워지고, 넓은 도량을 갖추었으면 문장이 자연스럽게 고상해진다.

명明나라 말기에서 청淸나라 초기까지 살았던 고염무顧炎武는 학식이 높은 학자였고, 제자들에게는 매우 엄격한 스승이었다. 저서로는 『일지록日知錄』이 있다. 그는 학식과 교양을 겸비한 선비들과 교류하면서 늘 겸손한 자세로 가르침을 구했고, 단 한 번도 지혜를 뽐내거나 자만하지 않았다.

고염무는 이렇게 말했다.

"굳은 의지와 변치 않는 신념에 대해서는 왕인욱王寅旭만한 이가 없다. 세밀하고 정확한 지식을 탐구하는 데는 양설신楊雪臣만한 이가 없다. 삼례(三禮, 주례周禮, 의례儀禮, 예기禮記—옮긴이)에 정통하고 경학經學에 뛰어나기로는 장직약張稷若만한 이가 없다. 홀로 세상을 유랑하며 속세의 다툼에 끼어들지 않고 자신만의 즐거움을 찾기로는 부청주傅靑主만한 사람이 없다. 어려운 환경 속에서도 최선을 다해 노력하여 자수성가한 사람으로는 이중부李中孚만한 이가 없다. 적절히 나아가고 적당히 물러설 줄 아는 지혜를 지닌 것으로는 노안경路安卿만한 이가 없다. 옛것과 새것에 정통하고 박학다식한 사람으로 오지이吳志伊만한 이가 없다. 우아하고 아름다우며 심오한 문장을 쓰는 데는 주석창朱錫鬯만한 이가 없다. 끊임없이 학문에 정진하는 데에는 왕산사王山史만한 이가 없다. 육서六書에 조예가 깊고 옛것을 좋아하는 데에는 장력신張力臣만한 이가 없다. 이외에도 정치적인 처세에 관한 한 도덕적인 현직 관리들이 많이 있으니, 모두 평범한 사람들과는 분명히 다른 점이 있다."

고염무는 당대에 손꼽히는 문학의 대가였으나 자기보다 아랫사람에게 가르침 받기를 부끄럽게 생각하지 않았고, 배우는 것을 좋아하여 항상 널리 배움을 구했다. 이것이 바로 고염무가 평범함을 뛰어넘어 지금까지 이름을 남길 수 있었던 이유이다.

일을 그만둘 때는 전성기에 물러나고
몸을 두려거든 홀로 외진 곳에 두어라

謝事當謝於正盛之時 居身宜居於獨後之地.
사사당사어정성지시 거신의거어독후지지

역 문

하던 일을 사양하고 물러나려거든 반드시 전성기에 물러나라. 몸을 두려거든 반드시 홀로 뒤처진 곳에 두어라.

예 화

어떻게 하는 것이 올바른 심신 수양일까? 여기에는 최고의 전성기를 누릴 때 과감히 물러설 수 있느냐가 중요한 판단 기준이 된다. '물러남' 이란 강한 의지를 필요로 하며, 그렇기 때문에 결코 쉬운 일이 아니다. 보통 사람들은 이른바 잘 나가기 시작하면 즐거움에 도취되어 본분을 망각한 채 쉽게 속세의 유혹에 빠지고 만다. 다시 말해, 미리 자신의 몸을 의지할 수 있는 피난처를 남겨 놓고 신중히 생각한 후 행동해야 현명하다는 의미이다.

23년, 녹림군綠林軍 내부에 분열이 생기자 용릉舂陵이 유연劉縯을 죽이는 일이 발생했는데, 그 배경은 다음과 같다. 녹림군 내부에는 신시新市, 평림平林, 용릉 등의 파벌이 있었는데, 이중에서도 용릉의 정통성이 가장 떨어졌다.

이때 마침 유수劉秀, 유연 형제가 전투에서 혁혁한 공을 세워 그 명성이 높아졌고, 용릉을 포함한 다른 장수들은 이들을 시기하기 시작했다. 이렇게 심화된 갈등이 결국 황제 즉위 문제를 두고 충돌을 일으켰다.

녹림군은 왕망王莽 정권을 전복시키고 다시 유씨의 한漢나라를 이으려는 대의명분이 있었기 때문에, 반드시 유씨 성을 가진 황제를 세워야 했다. 여기에 해당하는 인물이 두 명 있었는데, 유연이 그중 한 명으로 그를 옹호하는 세력은 의병을 일으킨 지방귀족들이었다. 다른 한 명은 유현劉玄으로 그는 성품이 유약하여 다루기가 쉬웠다. 결국 유현이 황제로 즉위했고, 유연은 승상이 되었다.

그러나 지방귀족들은 유현에게 복종하지 않았고, 유현을 옹립한 녹림군 장수들 역시 허수아비 황제가 강해지는 것을 용납하지 않았다. 이렇게 양쪽 파벌간의 세력 다툼이 팽팽한 가운데 갈등의 골은 점점 더 깊어졌다. 그러던 중 신야新野에서 평림의 군대가 성을 함락시키지 못하자, 대치 상황이 길어지는 일이 벌어졌다. 이때 신야군의 장수 하나가 이렇게 말했다.

"유연의 한마디면 우리는 당장 항복하겠다."

그래서 유연이 신야로 달려갔고, 정말 피 한 방울 흘리지 않고 그의 말 한마디로 신야군의 항복을 받아냈다. 이 사건을 계기로 유현과 녹림군 장수들은 유연을 위협적인 존재로 생각하여 경계하기 시작했다. 녹림군은 유연을 제거하기 위해 일부러 용릉군을 유직劉稷에게 투항시켜 유직이 유연과 싸우게 만들었다.

결국 유연은 이 싸움 중에 목숨을 잃었다. 유연이 죽었다는 소식을 듣고 유수는 황급히 완현(宛縣, 지금의 허난河南성 난양南陽)의 유현에게 투항했다. 그 후 유수는 조용히 자중하면서 자신을 드러내지 않았고, 부하 관리들과도 사적인 교류를 하지 않았다. 또한 형 유연이 죽었는데도 상복조차 입지 않고 녹림군 장수들 사이에서 함께 이야기꽃을 피우며 그들과 유현을 안심시켰다. 이렇게 하여 유수는 목숨을 보전할 수 있었고 후에 하북河北으로 파견되어 그곳을 장악한 후 다시 큰일을 도모할 기회를 잡았다. 유수는 왕위 다툼이 가장 치열할 때 오히려 과감히 한 걸음 물러나 잠시 몸을 피하고 때를 기다렸다. 그리고 다시 전열을 재정비하고 의지할 곳을 마련하여 위기에서 벗어날 수 있었으니, 확실히 현명한 처사였다.

실천할 때는 작은 것부터 꼼꼼히 하고
선행을 베풀 때는 대가를 바라지 말라

謹德須謹於至微之事
근덕수근어지미지사
施恩務施於不報之人.
시은무시어불보지인

역문

신중히 덕을 베풀려면 반드시 작은 일에서부터 신중해야 한다. 남에게 은혜를 베풀려면 갚지 못할 사람에게 힘써 베풀어라.

예화

신중하게 일을 처리하려면 반드시 작은 부분에서부터 꼼꼼하게 살펴라. 다른 사람에게 은혜를 베풀 때는 절대 보답을 바라지 말라. 이 두 가지만 지켜도 훌륭한 인격을 기를 수 있다.

은혜를 베풀고 보답을 바라지 않으면 자연스럽게 모든 원한을 풀어버릴 수 있다. 사사로운 원한관계를 따지지 않고 먼저 상대에게 은혜를 베풀어 감동시킨 개훈蓋勳의 이야기를 살펴보자.

한漢나라 영제靈帝 때 한양漢陽 장사長史로 있던 개훈은 무위武威 관리 소정화蘇正和와 아주 사소한 일 때문에 원수가 되었다. 얼마 뒤, 소정화는 무위 태수가 권력을 앞세워 폭정을 일삼자 그의 죄상을 고발했다. 양주涼州 자사刺史 양곡梁鵠은 무위 태수의 배경을 두려워하여 감히 그를 잡아들이지 못하고, 죄 없는 소정화를 죽여 입을 막으려 했다.

　이때 양곡이 개훈에게 소정화를 어떻게 처리해야 할지 자문을 구해 왔다. 그러자 사람들은 모두 소정화에게 복수할 수 있는 좋은 기회라고 개훈을 부추겼다.

　그러나 개훈은 오히려 반대했다.

　"절대 소정화를 죽이면 안 됩니다. 충신을 모함하는 일은 올바른 도리가 아닙니다. 더구나 상대방의 위기를 이용하여 내 욕심을 채우는 것 역시 도리에 어긋나는 일입니다."

　개훈이 이렇게 강력히 소정화를 죽이면 안 된다고 주장하자 양곡도 그 의견에 따랐다. 후에 이 사실을 알게 된 소정화는 고맙고 미안한 마음에 보답을 하려 했으나, 개훈은 그것을 완곡히 거절했다. 개훈이 인의를 바탕으로 위기에 처한 원수를 구한 일은 정말 감동적이고 소중한 은혜가 아닐 수 없다.

권세에 함부로 굽실거리지 말고
뜬소문에 쉽사리 귀를 내밀지 말라

交市人不如友山翁 謁朱門不如親白屋
교시인불여우산옹 알주문불여친백옥
聽街談巷語 不如聞樵歌牧詠
청가담항어 불여문초가목영
談今人失德過擧 不如述古人嘉言懿行.
담금인실덕과거 불여술고인가언의행

역 문

저잣거리 사람과 사귀는 것은 산골 노인을 벗함만 못하고, 권세 있는 집안에 굽실거림은 오막살이 집안과 친함만 못하다. 거리에 떠도는 뜬소문을 듣는 것은 나무꾼 노래와 목동의 피리소리를 듣는 것만 못하고, 요즘 사람의 부덕한 행실과 허물을 이야기하는 것은 옛사람의 아름다운 말과 행동을 이야기함만 못하다.

예 화

친구를 사귈 때에는 번거로운 형식에 치우치거나 과장하거나 허풍을 늘어놓지 말라. 부귀한 자들에게 굽실거리지 말고 들판의 농부처럼 평범한 백성들과 가까이 지내라. 저잣거리의 허무맹랑하고 쓸데없는 풍문을 듣기보다는 산과 들에 울려 퍼지는 흥겨운 목동의 노랫소리를 들어라. 이들의 노랫소리는 사람의 마음을 맑고 깨끗하며 평화롭게 만들어준다.

　중국의 문인들은 왜 자연에 묻혀 사는 은거생활을 좋아했을까? 두말할 필요 없이 맑고 깨끗한 산림의 고요한 분위기가 그들의 마음을 한없이 평화롭고 행복하게 해주었기 때문이다.

양홍梁鴻 부부는 한적한 시골 마을에서 남편은 밭을 갈고 아내는 베를 짜며 소박하지만 서로 공경하고 사랑하며 평화롭게 살았다. 어느 날, 아내 맹광孟光이 양홍에게 말했다.

"당신이 늘 속세를 떠나 자연에 은거하고 싶어하는데, 우리가 지금 떠나지 못하는 이유가 무엇입니까? 무엇 때문에 이렇게 비굴하게 몸을 굽혀 벼슬길에 나간단 말입니까?"

양홍은 아내의 말을 듣는 순간 결단을 내렸다. 그리고 두 사람은 아무도 모르게 파릉灞陵산에 들어가 세상과 왕래를 끊고 은거생활을 시작했다.

두 사람은 파릉산 깊은 곳에 마른 나뭇가지와 띠로 비바람을 피할 수 있는 작은 초가집을 지었다. 그리고 산골짜기 땅을 개간하여 농작물을 심고, 낮에는 논밭에서 함께 땀흘리며 열심히 일했다. 밤이 되면 양홍은 등불을 밝히고 경서를 낭송하거나 시문을 짓거나 거문고를 뜯으며 즐거움을 만끽했다.

맹광은 그 옆에서 옷을 꿰매거나 신을 엮고, 종종 양홍과 함께 책을 읽거나 그의 거문고 반주에 맞추어 노래를 부르기도 했다. 이렇게 두 사람은 부귀공명을 멀리 하고 대자연에 묻혀 최고의 행복과 정신적 자유를 누렸다.

그러던 어느 날, 양홍 부부의 행복한 은거생활이 세상에 알려졌다. 그들을 흠모하는 사람들의 발길이 끊이지 않고 이어졌다. 사람들이 몰려들기 시작하면서 양홍 부부의 평화롭고 자유로운 생활은 산산 조각나고 말았다. 그래서 두 사람은 다시 몰래 관동 지방으로 옮겨가 은거생활을 이어갔다.

양홍과 맹광 부부는 산과 들, 그리고 깊은 산속에서 깨끗하고 고요한 은둔생활을 하면서 심신을 수양하여 세상의 부귀공명을 버릴 수 있었다.

뜻을 세우지 않으면 학문을 이루기 어렵고
학문을 닦지 않으면 재주를 펼치기 힘들다

德者事業之基 未有基不固而棟宇堅久者.
덕자사업지기 미유기불고이동우견구자

역 문

덕은 모든 일의 기본이다. 기초가 튼튼하지 않은 집은 오래가지 못한다.

예 화

청빈한 삶에서 미덕이 생겨나고, 평범하고 조용한 삶 속에서 강한 의지를 키울 수 있다. 그래서 제갈량은 이렇게 말했다.

"모름지기 군자는 조용히 몸을 바르게 하고 검소함 속에서 덕을 쌓아야 한다. 깨끗하지 않으면 뜻으로 세우지 않고 고요하지 않으면 가까이 하지 않는다. 학문은 반드시 고요해야 성공할 수 있다. 학문이 바탕이 되지 않으면 아무리 뛰어난 재주도 필요 없고, 뜻을 세우지 않으면 학문을 이룰 수 없다. 음탕하고 게으른 자는 정신을 집중할 수 없고 경솔한 자는 감정을 조절하지 못한다. 세월은 사람을 기다려주지 않는다. 뜻을 세우지 못하고 기회가 지나가버리면 곧 쇠락하는 법이니, 가난한 오두막집에서 후회하고 탄식해도 다시 돌이킬 수 없다."

제갈량諸葛亮은 젊은 시절 자식이 없었기 때문에 형 제갈근諸葛瑾이 자신의 아들 제갈제諸葛齊를 동생에게 보내어 후사를 잇게 했다. 이 편지는 바로 제갈량이 양아들 제갈제에게 쓴 것이다.

이 편지의 주요 내용은 제갈량이 양아들에게 가난한 생활을 참고 견디며 고상한 인품과 지조를 기르고, 실제적인 재능을 키워 사회에 공헌할 수 있는 인물이 되어야 한다는 것이다. 그중 "깨끗하지 않으면 뜻으로 세우지 않고, 고요하지 않으면 가까이 하지 않는다."는 문구는 지금까지 수많은 사람들의 좌우명으로 사용되어 왔다. 이 편지는 전체적으로 간결한 문장으로 되어 있지만, 그 안에 담긴 뜻은 매우 심오하고 광대하다.

　제갈량은 몸을 바르게 하고, 덕을 쌓는 것뿐만 아니라 학문과 재능, 의지의 상관관계에 대해서도 언급했다. 그는 덕과 지혜를 상호 보완적인 합일체로 보았다. 인품을 수양하지 않으면 원대한 포부를 지닐 수 없다. 원대한 포부가 없다면 열심히 학문에 매진할 수 없다. 부지런히 학문에 매진하지 않으면 뛰어난 재능을 갖출 수 없다. 소위 "청빈한 삶에서 미덕이 생겨난다."는 말은 덕이 없으면 아무것도 의미가 없고, 평생 아무 일도 이룰 수 없다는 뜻이다.

　몸을 바르게 하여 덕을 쌓기 위해서는 먼저 고요하고 부지런해야 한다. 심신을 수양하거나 학문을 하거나 항상 평온하고 고요한 마음가짐이 기본이 되어야 한다. 그래야만 심신을 수양하거나 혹은 다른 일을 할 때도 항상 신선함을 유지할 수 있다. 덕이란 모든 일의 기본이다. 가난하고 평범한 생활은 고상한 품격과 지조를 세우게 해주고, 고결한 정신을 영원히 지킬 수 있게 하는 바탕이 된다.

뿌리가 튼튼하면 잎이 무성해지고
선행을 베풀면 풍속이 맑아진다

心者後裔之根 未有根不植而枝葉榮茂者.
심자후예지근 미유근불식이지엽영무자

역 문

마음은 자손의 뿌리이니, 뿌리를 심지 않고 가지와 잎이 무성할 수 없다.

예 화

타인에게 선을 행해 복을 쌓아라. 농부가 봄에 밭을 갈고 씨앗을 뿌려 열심히 가을에 풍성한 수확을 거두어들이는 것처럼 타인을 사랑하고 선을 베풀어라. 비옥한 땅에 뿌리를 내린 나무가 아름답고 튼튼하게 자라서 열매를 많이 맺는다. 역사 속에서도 이렇게 선의 씨앗을 뿌린 사람이 아주 많았는데, 풍도馮道도 그중 한 명이다.

후당後唐, 후진後晉, 거란契丹, 후한後漢, 후주後周 등 다섯 나라 여덟 성씨의 11명 황제 아래에서 재상宰相을 지낸 풍도는 검소하고 소박하며 늘 부지런하고 최선을 다하는 사람이었다. 후진 군대와 후양後梁 군대가 황하를 사이에 두고 대치하고 있을 때, 풍도는 후진 진영의 작은 초가집에서 병사들과 함께 생활했다. 그는 풀밭에서 잠을 자고, 부하들과 한솥밥을 먹었다.

어느 날, 한 장수가 노략질해 온 아녀자를 그의 처소로 보냈는데, 풍도는 그 성의를 거절할 수가 없어 일단 그 여자를 다른 방에서 지내도록 했다. 그러다 며칠 뒤 그녀의 남편이 찾아오자 여자를 즉시 돌려보냈다.

풍도는 부친상을 당했을 때 한림학사翰林學士 자리에서 물러나 고향으로 돌아가 상을 치렀다. 마침 이때 고향 마을에 오랫동안 기근이 계속되자 풍도는 사재를 털어 고향 이웃을 도왔다. 또 밭농사를 지을 힘이 없는 사람이 있으면 밤에 몰래 그의 집에 가서 대신 농작물을 심어 주기도 했다.

풍도는 절대 사례를 받지 않는 것으로도 유명했는데, 이는 스스로 자신의 행동이 당연한 도리라고 생각했기 때문이다.

풍도는 언제나 깨끗하고 순수한 마음으로 선을 베풀었다. 천성이 남에게 베풀기를 좋아하여 널리 덕을 쌓고 복을 뿌리니 남녀노소 모두가 그에게 감동하고 그를 높이 칭송했다. 이렇게 하여 풍도의 고향 마을에는 선행이 아름다운 풍속으로 자리잡았다.

자기 것을 하찮게 여겨 함부로 하지 말며
자기 것을 과신하여 섣불리 뽐내지도 말라

前人云, "抛却自家無盡藏 沿門持鉢效貧兒."
전인운 포각자가무진장 연문지발효빈아
又云, "暴富貧兒休說夢 誰家竈裡火無烟."
우운 폭부빈아휴설몽 수가조리화무연
一箴自昧所有 一箴自誇所有 可爲學問切戒.
일잠자매소유 일잠자과소유 가위학문절계

역문

옛사람이 이르길 "자기 집 창고에 쌓인 재물은 내버려두고 남의 집 대문 앞에서 동냥질한다."라고 말했다. 또 "벼락부자 가난뱅이야, 꿈같은 얘기는 하지도 마라. 어느 집 부엌인들 연기가 나지 않겠느냐?"라는 말도 있다. 하나는 자기가 가진 것의 어두운 면을 지적한 말이고, 하나는 자기가 가진 것을 자랑함을 경계한 말이니, 마땅히 이를 심신 수양의 경계로 삼아야 한다.

예화

이 말은 모두 불교의 지혜를 담고 있는 말로 재치 있는 비유가 매우 인상적이다. 세상 모든 것은 마음에서 비롯되기 때문에 어떤 때에는 일부러 꾸밀 필요가 없지만 또 어떤 때에는 반드시 명백히 밝혀야 할 때가 있다. 그 기준은 물과 구름이 흘러가듯 본성에 따라야 하니, 비록 지금은 근심걱정에 빠져 있더라도 반드시 그에 상응하는 복이 있을 것이다.

사진謝榛은 명明나라의 예술가이다. 그는 죽지사(竹枝詞, 중국 전통 악가 중 하나―옮긴이)를 잘 지었고, 특히 새로운 성모(聲母, 중국어의 음운학 용어로 자음을 가리킴―옮긴이)로 새로운 소리를 만들어내는 데 뛰어났다. 그가 열여섯 살 때 지은 악부樂府 가락이 임청臨淸 청년들 사이에서 유행처럼 번졌다. 만력萬歷 원년에 사진은 업성鄴城에서 정약용鄭若庸의 요청으로 함께 조왕趙王을 만났는데, 이때 조왕은 두 사람을 위해 편전에서 연회를 베풀었다. 한참 술잔이 돌고 난 후, 조왕은 비파 반주에 거문고를 연주하게 했다. 잠시 후 거문고 연주를 멈추니 비파 소리만 남았다. 그 한 곡이 연주되는 동안 사진은 숨을 죽인 채 눈을 감고 정신을 집중했다.

"이것은 선생이 지은 죽지사구려. 그런데 어찌 소리만 듣고 사람은 보지 않는단 말이오?"

조왕은 이 말과 함께 비파를 연주하는 가희賈姬에게 다시 한 곡 청했다. 눈부시게 아름다운 여인이었던 가희는 연속해서 죽지사 10여 곡을 연주했다. 사진은 왕에게 감사하며 이렇게 말했다.

"미천한 저의 곡으로 어찌 감히 왕궁의 귀하신 분들의 입을 더럽힐 수 있겠습니까? 제게 죽지사를 다시 쓰도록 허락해 주십시오. 실내용 음악으로 다시 만들어 바치겠습니다."

조왕은 흔쾌히 승낙했다. 사진은 이때 나이가 연로한 데다 술기운이 돌자 정자 아래에 취해 쓰러져 잠이 들었다. 조왕은 가희에게 명령하여 옷으로 이불을 삼고 팔로 베개를 삼아 사진을 편히 눕히도록 했다.

다음날 가희는 악보에 따라 사진이 새로 쓴 곡을 연주했는데 매우 섬세하고 자연스러웠다. 술이 다 떨어지고 손님들이 돌아갈 때 즈음, 조왕은 감사의 표시로 가희를 사진에게 주었다. 그는 스스로 어리석다고 여기지도 않았고 또 스스로 총명하다고 여기지도 않았다. 다만 순리에 따라 자연스럽게 자신의 재능을 표현하여 아름다운 가희를 얻었다.

도는 모두의 것이므로 누구나 따르고
학문은 밥과 같으므로 매일 배워야 한다

道是一重公衆物事 當隨人而接引
도시일중공중물사 당수인이접인
學是一個尋常家飯 當隨事而警惕.
학시일개심상가반 당수사이경척

역문

도는 공공의 것이니 마땅히 모든 사람이 따라야 한다. 배움은 매일 먹는 끼니와 같으니 모든 일에 조심스럽게 경계로 삼아야 한다.

예화

도는 도이면서도 도가 아니다. 진정한 도는 말로 표현할 수 없다. 도는 일상생활 속에 존재하기 때문에 누구나 얻을 수 있다. 도학의 높고 낮음은 개인의 인품에 따라 달라진다. 도학은 결코 신비로운 것이 아니며 집에서 밥을 먹는 것처럼 평범해 누구나 배울 수 있다. 그러나 절대 과장하거나 떠벌리지 말아야 한다.

　이모李謨는 당唐나라의 유명한 음악가이다. 당시 사람들은 이모가 개원開元 연간에서 피리를 가장 잘 부는 사람이라고 칭찬을 아끼지 않았다. 달 밝은 밤이면 이모는 항상 친구와 함께 강가에서 뱃놀이를 하며 피리를 연주했다. 사람들은 모두 그의 피리 소리가 아름답다고 입을 모았고, 이모는 날이 갈수록 교만해졌다.

　당시 월주越州 진사 시험에 합격한 열 사람이 돈을 모아 소흥紹興의 동호東湖로 놀러갔는데, 이때 이모와 또 다른 피리 고수를 초청하기로 했다. 이모를 초청한 진사는 밤이 깊어진 후에야 또 다른 피리 고수를 초청하지 않은 사실이 생각났다. 그러나 이미 시간이 너무 늦어 방법이 없었기에 급한 대로 이웃에 사는 독고생獨孤生을 초대했다. 독고생은 나이가 많고 오랫동안 한적한 시골에서 혼자 살았기 때문에 세상일을 잘 몰랐다. 그래서 사람들은 그를 독고장獨孤丈이라 불렀다.

이모는 피리를 불면서 호수 가운데로 천천히 이동해 갔다. 피리 소리가 울려 퍼지자 마치 귀신이 나타난 듯 사람들의 몸에 소름이 돋았다. 사람들은 감탄을 금치 못했고, 독고생은 아무 말 없이 가만히 앉아 있었다.

독고생은 피리를 잘 부느냐는 사람들의 물음에 무뚝뚝하게 대답했다.

"혼자 한적한 시골 마을에서 쓸쓸히 살고 있어 성 안에는 들어가 본 적도 없으니, 아름다운 음악이 무엇인지 잘 알지 못합니다."

"그렇다면 어떻게 나의 적수가 된단 말이오?"

옆에 있던 이모가 되묻자 독고생은 "당신은 내가 피리에 대해 모른다고 말하는 것이오? 좋소. 당신은 「양주涼州」를 연주해 보시오."라고 말했다.

이에 이모가 연주를 마치자 독고생이 평을 했다.

"당신의 연주 솜씨는 훌륭하오. 그러나 너무 요란하고 시끄럽소. 서역의 이국적이고 신비로운 느낌이 없소."

그러자 이모는 얼른 "나의 스승이 바로 서역 사람이오." 라고 대답했다.

독고생이 「수조水調」 제 13첩이 잘못된 것을 아냐고 물었고, 이모는 모르겠다고 했다. 이모는 피리를 독고 노인에게 건네주며 그 곡을 불어 보라고 말했다. 독고생이 피리를 불기 시작하자 소리가 구름까지 올라가 사방을 울렸다. 13번째까지 연주했을 때 독고생은 어디가 잘못되는지 지적했다. 곡의 '파제破題' 부분에 이르면 피리가 반드시 깨어져야 한다는 것이었다. 연주가 채 끝나기도 전에 이모는 독고생에게 큰절을 올렸다. 이모는 독고생을 만남으로써 자신을 뒤돌아볼 수 있는 겸손함과 더 많은 노력이 필요하다는 사실을 깨달았다.

남을 믿는것은 내가 진실하기 때문이고
남을 의심하는것은 내가 남을 속이기 때문이다

信人者 人未必盡誠 己則獨誠矣 疑人者 人未必皆詐 己則先詐矣.
신인자 인미필진성 기즉독성의 의인자 인미필개사 기즉선사의

역 문

남을 믿는 사람은 남들이 모두 진실하기 때문이 아니라, 그 자신이 분명 진실하기 때문이다. 남을 의심하는 사람은 남들이 모두 속이기 때문이 아니라, 그 자신이 먼저 남들을 속이기 때문이다.

예 화

진심으로 사람을 대하려면 먼저 자신의 진심을 믿을 수 있어야 한다. 나조차 내가 의심스럽다면 어떻게 다른 사람을 감동시킬 수 있겠는가? 절대 다른 사람을 의심하지 말라. 아무리 꾸미고 감추려 해도 무의식중에 결국 속마음이 드러나게 마련이다. 따라서 성실과 믿음을 삶의 근본으로 삼아야 한다. 현명한 관리가 되려면 진심과 믿음으로 백성들을 감동시켜야 한다. 제갈량諸葛亮은 바로 이렇게 진심과 믿음을 지켜 병사들의 신임을 얻었다.

   227년, 제갈량이 군대를 이끌고 한중漢中 지역에 주둔하고 있을 때의 일이다. 해를 넘기면서 전쟁이 계속되니 병사들의 고통은 점점 더 커졌고 곳곳에서 원성이 그치지 않았다. 그래서 제갈량은 전군을 둘로 나누어 반이 전쟁을 하는 동안 나머지 반은 고향으로 돌아가 휴식을 취하게 했다. 정기적으로 돌아가며 휴식을 취하니 병사들의 고통은 훨씬 줄어들었다.

제갈량의 군대가 협서陝西 공격을 준비할 때 장사長史 양의楊儀가 보고했다.

"휴식을 끝낸 부대가 곧 도착합니다. 그리고 지금 군내의 4만 명이 휴식을 취하러 곧 떠날 예정입니다."

제갈량은 즉시 휴식을 취해야 할 부대를 철수시키도록 명령했다. 그때 갑자기 위魏나라 군대가 공격해 왔다. 양의는 이 4만 군대를 남겨 한중을 방어하도록 하고 전투가 끝나면 철수시키자고 건의했다. 그러나 제갈량은 말했다.

"내가 군대를 통솔하는 데 가장 기본은 신의라네. 눈앞의 이익을 얻고 믿음을 잃는다면 정말 어리석은 일이 아닌가. 지금 우리 군의 상황이 위급하긴 하지만 나는 병사들의 믿음을 저버릴 수 없네."

그러나 4만 장수와 병사는 위나라가 습격해 왔다는 소식을 듣자 아무도 철수하려 하지 않았다. 그러자 제갈량이 군사들에게 권유했다.

"이미 부모와 처자식이 문 앞에 나와 그대들이 돌아오길 기다리고 있을 것이네. 나는 더 이상 자네들에게 싸우라고 할 수 없으니, 더 이상 시간을 지체하지 말고 어서 집으로 돌아가게."

이 말을 들은 군사들은 제갈량의 인정에 감동하여 한목소리로 말했다.

"승상께서 우리를 이토록 생각해 주시는데 어떻게 함께 싸우지 않을 수 있겠는가? 지금 위나라가 쳐들어 왔는데 어떻게 가만히 보고만 있겠는가?"

제갈량은 병사들의 뜻을 꺾을 수 없자 이들에게 다시 진열을 갖추도록 명령하여 위나라 군대에 대항했다. 한 차례 대규모 전투에서 위나라 군사가 크게 패하고 퇴각하자 촉나라군의 사기는 크게 올라갔다.

제갈량이 위나라 군대를 물리칠 수 있었던 까닭은 바로 진심과 신의로 부하를 대했기 때문이다. 제갈량의 진심이 수많은 부하들을 감동시켰기 때문에 그들이 목숨을 걸고 적진으로 뛰어들었던 것이다. 이 이야기를 통해 인재 관리에서 믿음이 얼마나 중요한지 알 수 있다.

봄바람은 만물을 성장하게 하고
겨울바람은 만물을 얼어 죽인다

念頭寬厚的 如春風煦育 萬物遭之而生
염두관후적 여춘풍후육 만물조지이생
念頭忌刻的 如朔雪陰凝 萬物遭之而死
염두기각적 여삭설음응 만물조지이사

역 문

생각이 너그럽고 후덕한 사람은 봄바람이 만물을 따뜻하게 키우는 것과 같으니, 만물이 그를 만나면 생기를 되찾는다. 마음이 각박하고 차가운 사람은 북풍한설이 모든 것을 얼어 죽이는 것과 같으니 만물이 그를 만나면 생기를 잃는다.

예 화

올바르게 세상을 살아가기 위해 반드시 지켜야 할 기본법칙이 있다. 반드시 타인에게 각박하게 굴지 말고 너그럽게 대해야 한다. 이는 아침에 저녁 일을 알 수 없을 정도로 세상에 변화가 극심하기 때문이다. 상냥하고 너그러운 태도는 마치 봄햇살이 따사롭게 비추는 것과 같고, 가혹한 태도는 차가운 겨울바람이 뼛속까지 시리게 하는 것과 같다. 전자는 사람을 모여들게 하고 후자는 적을 만드는 법이니 어떤 일을 하더라도 이를 경계로 삼아 신중히 행동해야 한다.

한안국韓安國의 자는 장유長儒이고 서한西漢시대 장안長安 사람이다. 그는 일찍이 한비자韓非子와 함께 잡가雜家를 공부하고, 양왕梁王의 총애를 얻어 중대부中大夫에 올랐다.

후에 한안국은 순간의 실수로 잘못을 저질러 옥에 갇히게 되는데, 이때 감옥관리 전갑田甲은 그에게 심한 모욕을 주었다.

"꺼진 재에 다시 불을 붙일 수 없다고 생각하는가?"

한안국이 전갑에게 묻자 전갑이 비웃으며 대답했다.

"만일 다시 불이 붙으면 오줌으로 갈기면 그만이지."

얼마 후, 양왕은 내사內史 관리가 부족해지자 한안국을 다시 기용했다. 전갑은 이 소식을 듣고 혼비백산하여 멀리 도망갔다. 한안국은 "만일 전갑이 자수하지 않으면 그 일족을 멸하겠다."고 선포하니, 전갑은 어쩔 수 없이 그의 앞에 찾아와 사죄했다. 그러나 한안국은 웃으며 말했다.

"이제 마음껏 오줌을 갈겨도 좋다. 너 같은 사람은 내가 복수할 만한 상대가 되지 않으니 걱정하지 말라."

한안국은 전갑의 잘못을 용서했고 전갑은 부끄러워 고개를 들지 못했다.

전갑은 한안국이 다 타버린 재에 불을 붙이면 오줌을 갈겨 꺼버리겠다며 함부로 말했다. 이는 전갑이 아무 생각 없이 가볍게 내뱉은 말이었으나 한안국의 자존심에는 커다란 상처가 되었다.

어떤 일이 있더라도 상대방에게 죽고 싶은 생각이 들 만큼 모욕을 주는 일은 삼가야 한다. 만일 모욕을 받은 사람이 크게 성공한다면 각박하게 말을 했던 사람은 자연히 기가 죽을 수밖에 없다. 그때는 이미 상대방의 따귀를 때렸으니 후회해도 어쩔 도리가 없을 것이다.

선행은 떠벌리지 않아도 절로 드러나고
악행은 감추려 해도 알아서 스며 나온다

爲善不見其益 如草裡冬瓜 自應暗長
위선불견기익 여초리동과 자응암장
爲惡不見其損 如庭前春雪 當必潛消.
위악불견기손 여정전춘설 당필잠소

역문

착한 일을 해도 이익이 보이지 않는 이유는 그것이 마치 풀 속에 난 동아처럼 눈에 보이지 않게 자라나기 때문이다. 악한 일을 하고도 손해가 보이지 않는 이유는 그것이 마치 정원 구석의 봄눈처럼 아무도 모르는 사이에 스며들기 때문이다.

예화

착한 일을 해도 좋고 나쁜 짓을 해도 좋다. 다만 의도했든 아니든 간에 착한 일을 했다면 절대 떠벌리지 말고 순리에 따르라. 반대로 나쁜 일을 저질렀더라도 지나치게 자책하지 말라. 깊이 반성하고 잘못을 고치면 된다. 선은 보이지 않는 곳에서 아주 뿌리깊게 자라 언제든 한 순간에 그 모습을 드러낼 것이니, 학문을 하거나 정치를 하는 사람이 반드시 갖추어야 할 기본 덕목이다.

　동한東漢 건국 이후 공신들은 새로운 왕조가 통치하는 데 화근이 되었다. 역대 개국 황제들이 통치 화근을 제거하는 방법은 조금씩 달랐는데, 광무제 유수는 매우 합리적으로 이 문제를 처리했다.

　광무제는 먼저 "창과 방패를 거두고 학문과 도덕을 장려한다."는 명분을 세워

귀족들의 군사권을 회수했다. 그리고 그들에게 관직과 토지를 하사하여 평생 부귀영화를 누릴 수 있도록 보장해 주었다. 또한 이들에게 자주 관심을 보이고 공을 위로했으며, 작은 허물은 너그럽게 용서하고 징벌은 최대한 피했다.

이렇게 해서 임금과 신하 사이에 항상 화목한 분위기를 유지하여 동한정권을 안정시키고 통치기반을 굳건히 만들었다. 이것을 바탕으로 안정되고 평화로운 사회를 만들었으니, 역사상 '광무중흥光武中興'이라 불리는 번영을 이루었다.

유수가 만일 유방劉邦처럼 개국 초기에 수많은 공신들을 잔인하게 죽였다면, 정국이 불안정해지고 곧이어 또 다른 모반이 일어났을지도 모른다. 그가 내세운 "창과 방패를 거두고 학문과 도덕을 장려한다."는 명분은 보이지 않는 선의 뿌리를 깊이 내리는 일이었다. 그리하여 임금과 신하가 하나가 되어 '광무중흥'을 만들어내니 화근은 자연스럽게 사라졌다.

옛 친구를 만나면 의기를 새롭게 하고
은밀한 일을 할때는 마음을 분명히 하라

遇故舊之交 意氣要愈新 處隱微之事 心迹宜愈顯,
우고구지교 의기요유신 처은미지사 심적의유현
待衰朽之人 恩禮當愈隆.
대쇠후지인 은례당유융

역문

옛 친구를 만나면 의기를 더욱 새롭게 하라. 은밀한 일을 처리할 때는 마음을 더욱 분명히 하라. 노쇠한 사람을 대할 때는 은혜와 예우를 더욱 두텁게 하라.

예화

여기서는 인간관계의 세 가지 원칙을 제시하고 있다. 이는 친구를 사귀는 것은 일종의 '도'와 같다. 이것을 분명히 이해하면 누구나 유익한 친구가 될 수 있다.

남조南朝시대 양梁나라 문학가 임방任昉은 문장과 시로 당시 사람들의 높은 평가를 받았고, 특히 산문에 뛰어났다. 임방이 어사 중승中丞에 있을 때였다. 그는 친구 사귀기를 좋아하여 거의 매일 글 쓰는 친구들을 불러 술과 음식을 대접하고 함께 시를 지으며 즐거운 시간을 보냈다.

임방은 도개到漑, 장솔張率, 육수陸倕 등과 자주 어울렸는데, 이들의 모임을 용문유龍門游 혹은 난태취蘭台聚라고 불렀다. 이들은 거의 날마다 함께 시간을 보낼 정도로 친밀했는데, 모두 임방의 절묘한 문장에 칭찬을 아끼지 않았으며, 그와 영원한 친구가 될 것을 맹세했다.

그러나 얼마 후, 임방이 세상을 떠나자 그의 아들들을 보살펴주는 친구는 아무도 없었다. 임방의 네 아들은 아버지만큼 학문이 깊지 못했다. 임방이 죽은 후 집안이 순식간에 몰락하니, 그들은 한겨울에도 짚단 이불을 덮고 홑겹 옷을 입어야 했다.

어느 날, 유준劉峻이 길에서 임방의 둘째아들 서화西華를 만났다. 서화에게 그들의 형편을 들은 유준은 매우 분개했다. 그리하여 '광절교론廣絶交論'이라는 장문의 글을 써서 임방의 친구들을 풍자했다.

유준은 이 글에서 임방의 친구들을 권력을 위해 친구를 사귀는 사람, 뇌물로 친구를 사귀는 사람, 아부로 친구를 사귀는 사람, 재물을 탐하여 친구를 사귀는 사람, 재능을 보고 친구를 사귀는 사람 등으로 분류하여 조목조목 비난하고 그들의 사악한 마음에 개탄했다.

유준의 문장이 세상에 알려지자 임방의 친구들은 한편으로는 부끄럽고, 또 한편으로는 두려움과 불안에 떨었다. 임방에게도 문제가 있었으니, 그는 분에 넘치고 원칙 없게 친구를 사귄 것이다.

군자는 덕을 세우고
소인은 이익을 탐한다

勤者敏於德義 而世人借勤而濟其貧
근자민어덕의 이세인차근이제기빈
儉者淡於貨利 而世人假儉以飾其吝
검자담어화리 이세인가검이식기린
君子持身之符 反爲小人營私之具矣 惜哉!
군자지신지부 반위소인영사지구의 석재

역 문

근면함이란 도덕과 의리에 민첩한 것인데, 사람들은 근면을 빌려 가난을 구제한다. 검소함이란 재물과 이익에 담담한 것인데, 사람들은 검소함을 빌려 인색함을 변명한다. 군자의 몸을 지키는 신조가 소인배의 사리사욕을 채우는 도구가 되고 있으니, 참으로 안타까운 일이다!

예 화

근면하고 검소한 사람은 가장 먼저 욕심을 잠재운다. 그 후에야 인격을 수양할 수 있기 때문이다. 탐욕이 지나치면 근면한 사람도 재물의 노예가 되고 검소한 사람은 구두쇠가 된다. 그래서 군자는 부귀빈천에 관계없이 모두 덕을 강조하고 사리사욕을 멀리한다. 특히 나라의 관리가 되어 백성을 다스릴 때는 반드시 도덕으로 백성들을 교화시켜야 하고, 그들의 억울함을 풀어주어야 한다.
　당唐나라 숙종肅宗 때 이부 상서를 지낸 이면李勉은 어려서부터 경전과 사서에 정통하여 사람됨이 강직하고 덕성과 명망이 높았다. 안사安史의 난 이후 포로로 잡혀온 안녹산安祿山의 부하 백여 명이 숙종에게 처벌받기 위해 영무靈武로 압송되어 왔다. 당시 숙종의 호위를 맡고 있던 이면은 포로 중 한 명이 하늘을 바라보며 탄식하는 것을 보고 그에게 억울한 사정이 있느냐고 물어보았다.

그러자 그 사람이 대답했다.

"나는 안녹산에게 협박을 받아 어쩔 수 없이 반역에 가담한 것입니다. 절대 진심으로 모반을 꾀한 것이 아닙니다."

이면은 그의 사정을 매우 딱하게 여겨 황제에게 건의했다.

"악행에 단순 가담한 사람이 많으니, 이들은 모두 회개하여 새 사람이 될 수 있습니다. 반역의 주모자가 아직 제거되지 않은 상황에서 잘잘못이 불분명한 포로들을 모두 죽여 버리면, 더 큰 반역세력을 키우게 될 것입니다."

숙종은 이면의 건의가 옳다고 여겨 즉시 포로들을 풀어주도록 명령했다. 이 일이 널리 퍼지자 이면에게 투항해 오는 사람들이 나날이 늘어갔다.

이면은 투항해 오는 포로들에게 덕을 베풀어 새 사람이 되도록 도와주었다. 만일 이면이 개인적인 욕심을 앞세워 공을 세우려 했다면, 이 포로들은 죽음을 면치 못했을 것이다. 그러나 그가 포로들의 목숨을 구하고 그들을 진심으로 감동시켰기 때문에 더 많은 반역자들이 계속해서 그에게 투항해 왔다.

군자는 덕을 앞세우고 소인은 이익을 탐한다 했으니, 이면은 과연 진정한 군자로서의 자세를 갖추었다 하겠다.

즉흥적으로 벌인 일은 금세 시들해지고
깊지 않은 깨달음은 머잖아 흐릿해진다

憑意興作爲者 隨作則隨止 豈是不退之輪
빙의흥작위자 수작즉수지 기시불퇴지륜
從情識解悟者 有悟則有迷 終非常明之燈.
종정식해오자 유오즉유미 종비상명지등

역 문

즉흥적으로 하는 일은 시작하자마자 멈추게 되니, 물러나지 않는 수레바퀴가 될 수 없다. 느낌과 눈치로 얻은 깨달음은 곧 혼란에 빠지게 되니 영원한 지혜가 될 수 없다.

예 화

기분에 따라 즉흥적으로 행동하는 것은 그림을 그리거나 문장을 쓸 때 내적인 영감을 표현하는 데 도움이 된다. 그러나 정치, 경영, 인재 관리 분야에서 이렇게 행동한다면 수레바퀴를 뒤로 굴러가게 만들 뿐이다. 중국 산수시의 시조 사령운謝靈運은 시와 문장으로 세상에 이름을 떨쳤으나, 늘 즉흥적인 기분에 따라 행동했기 때문에 결국 죽음을 자초하고 말았다.

　사령운은 진나라 기마 장군 사현謝玄의 손자이다. 그는 박학다식했지만 매우 오만해 다른 사람을 무시하곤 했다. 게다가 뛰어난 능력에도 고위관직에 오르지 못했다고 생각하여 늘 불만에 차 있었다. 원가元嘉 초기, 사령운은 임천臨川 내사內史에 임명되었다. 그러나 여기에 만족하지 못했기 때문에 임천에 부임한 이후, 일은 하지 않고 하루 종일 산과 강으로 놀러 다니며 시문을 지을 뿐이었다. 얼마 후 누군가 사령운을 고발했고, 사도司徒에서 사령운을 심문하기 위해 수주隨州 종사從事 정망생鄭望生을 파견하여 그를 체포해 오도록 했다.

그러나 사령운은 오히려 정망생을 구금시키고 군사를 모아 반란을 일으키려 했다. 이 사실을 알게 된 조정에서는 급히 군사를 보내 사령운을 체포했다. 그러나 문제文帝는 사령운의 재주를 아깝게 여겨 사형만은 면하게 해주고 광주廣州로 유배를 보냈다. 사령운이 광주로 유배를 떠난 지 얼마 되지 않았을 때, 진군부장秦郡府將 종제수宗齊受는 서구(徐口, 지금의 장수江蘇성 리우허六合현 과부커우瓜埠口) 도허촌桃墟村에서 차림새가 단정치 못하고 행실이 의심스러운 무리를 발견했다. 종제수는 즉시 그들을 체포하여 심문했다. 그리고 산양山陽 사람 조흠趙欽이라는 자에게서 이런 자백을 받아냈다.

"나와 같은 고향 출신인 설도쌍薛道雙은 예전에 사령운과 함께 일한 적이 있습니다. 작년 9월 초, 설도쌍이 나에게 사람을 보내와 '사령운이 죄를 지어 광주로 유배를 떠나게 되었는데, 활과 화살, 창과 방패 등의 무기가 필요하다. 그리고 삼강구三江口에서 자신을 구해 달라고 한다. 만일 일이 성공하면 반드시 후한 보상을 하겠다.'고 전했습니다. 그러나 예정보다 우리가 늦게 도착해 사령운을 구해내지 못했고, 설상가상 여비가 떨어져 어쩔 수 없이 강도짓을 해가며 고향으로 돌아가던 차였습니다."

결국 이 사실을 알게 된 문제는 대로하며 사령운을 죽이라는 조서를 내렸다.

"사령운의 재주가 아깝지만, 행동이 경거망동하니 그를 광주에서 참수하라."

사령운이 자신의 재능만 믿고 경망하고 안하무인으로 행동한 것은 그런 대로 넘어갈 수 있는 일이었지만, 그가 조정에 중용되지 못한 것에 불만을 품고 모반을 꾀한 일은 분명 즉흥적이고 감정적인 행동이었다. 그가 성공하지 못하고 죽음을 맞이한 것은 모두 자승자박이었다.

남의 잘못은 관대하게 용서하고
자신의 잘못은 엄격하게 질책한다

人之過誤宜恕 而在己則不可恕 己之困辱宜忍 而在人則不可忍.
인지과오의서 이재기즉불가서 기지곤욕의인 이재인즉불가인

역문

다른 사람의 잘못은 너그럽게 용서해야 하지만, 자신의 과오를 용서해서는 안 된다. 나의 괴로움은 당연히 참아야 하지만, 다른 사람의 괴로움을 보고 참아서는 안 된다.

예화

타인의 잘못을 너그럽게 용서하고 늘 관대해야 하지만 자신에게는 반드시 엄격해야 한다. 이것이 곧 심신을 수양하여 고상한 인품을 갖추고 어려움을 극복할 수 있는 길이다. 타인에게 관대하고 자신에게 엄격해야 함은 개인의 처세법일 뿐 아니라 나라를 다스리는 데에도 큰 효과가 있다.

　당태종唐太宗 이세민李世民이 그 대표적인 예로, 그는 항상 자신에게 엄격하고 타인에게 너그러웠으며, 누구든 자유롭게 의견을 이야기할 수 있는 분위기를 만들어 역사상 보기 드문 안정되고 풍요로운 정국을 만들었다.

　당태종은 수隋나라를 멸하고 당나라를 세우기까지 8년 동안 크고 작은 수많은 전쟁을 치르면서 임금의 자리를 지키는 일이 결코 쉽지 않다는 걸 깨달았다. 특히 임금이 독단적으로 전횡을 일삼고 신하들의 의견을 듣지 않으면 반드시 문제가 생기고 나라가 망한다는 사실을 누구보다 분명히 알고 있었다.

당태종의 마음은 늘 한결같고 분명했다. 왕조가 바뀌는 일이 끊임없이 일어나는 이유는 군주가 자신의 잘못을 깨닫지 못하거나 알고도 고치지 않기 때문이라고 생각했다. 그래서 당태종은 즉위 후 다음과 같이 신하들을 독려했다.

"만일 임금의 행동이 부당한데 신하들이 이것을 바로잡지 않고, 오로지 아부하고 순종하며 칭찬하기만 한다면, 임금은 우매한 군주가 되고 신하는 간신이 된다. 임금이 아둔하고 신하들이 아첨을 일삼으면 나라가 망하는 것은 당연지사다."

더 나아가 그는 중서中書, 문하門下 등의 기관에 막강한 권리를 부여했다. 어떤 법규가 불합리하다고 여기는 사람이 있으면 왕 앞에서 이야기하게 할 것이 아니라, 이 기관에서 토론하게 한 것이다. 당태종은 항상 신하들에게 주저하지 말고 자신의 의견을 제시하라고 요구했다. 그리고 좋은 의견이 있으면 법령에 의거하여 곧바로 시행했다.

당태종은 신하들이 마음놓고 진언할 수 있도록 세심한 배려를 아끼지 않았다. 정관貞觀 원년(627) 당태종은 서울에 있는 관리들 중 5품 이상에게 돌아가며 중서성中書省에서 숙식하도록 했다. 이것은 언제든 국정을 처리하며 필요할 때 바로바로 자문을 구할 수 있도록 하기 위해서였다. 정관 8년, 당태종은 상소를 작성하는 관리들이 대부분 불안해하며 솔직한 발언을 하지 못하자 신하들에게 이렇게 말했다.

"평소에 늘 상소를 작성하는 사람들이 이와 같은데, 누가 왕 앞에서 진언할 것을 두려워하지 않겠는가?"

그래서 당태종은 어느 누구의 말이든 자신의 뜻과 맞지 않는다 해도 임금을 거역하는 것으로 여기지 않겠다고 공언했다. 만일 자신의 뜻과 다르다 하여 노하고 꾸짖는다면 상대의 마음속에 반드시 두려움이 싹틀 것이니, 어떻게 그가 다시 진실을 말할 수 있겠는가?

당태종은 신하들의 마음을 충분히 이해하고 그들의 의견을 겸허히 받아들였으며, 혹여 이들의 의견이 자신의 뜻과 어긋난다 해도 벌을 내리지 않았다.

억지로 기이해지려는 이는 이상한 사람이고
지나치게 깨끗해지려는 이는 과격한 사람이다

能脫俗便是奇 作意尙奇者 不爲奇而爲異
능탈속변시기 작의상기자 불위기이위리
不合汚便是淸 絶俗求淸者 不爲淸而爲激.
불합오변시청 절속구청자 불위청이위격

역 문

세속을 벗어나면 그것이 바로 기인이다. 일부러 기이한 행동을 하는 사람은 기인이 아니라 이상한 사람이다. 세속의 더러움에 물들지 않으면 그것이 곧 청렴결백한 사람이다. 세속과 인연을 끊고 깨끗함을 구하는 자는 청렴한 사람이 아니라 과격한 사람이다.

예 화

고상함은 미덕이지만, 일부러 고상한 척 꾸미지 말아야 한다. 속되지 않으면 지조가 있다고 할 수 있으나, 일부러 속되지 않은 척 꾸미지 말아야 한다. 전자는 극단적으로 변하기가 쉽고, 후자는 터무니없는 일을 만들기 쉽다. 고상함과 속되지 않음은 본성에 따라야 하는 것으로 일부러 애써 꾸밀 수 없다.

위진魏晉 시기에 통치계급 내부의 모순과 다툼이 매우 격렬했는데, 사마司馬씨와 위진 귀족, 이 두 세력은 권력을 쟁취하기 위해 서로 뜻이 맞는 사람과 결탁하여 상대방을 음해했다. 이렇게 특수한 상황 아래서는 '어떻게 난세 속에서 자신의 생명을 지킬 것인가'가 수많은 사람들의 인생목표가 될 수밖에 없었다.

손등孫登의 처세법과 생활방식은 당시 많은 사람들에게 시사하는 바가 컸다. 그는 평소에 불쾌한 일이 있더라도 절대 화를 내지 않는 것으로 유명했다.

어느 날, 남의 일에 참견하기 좋아하는 호사가들이 일부러 그를 물속에 집어던진 후 그가 정말 화를 내지 않는지 지켜보았다.

잠시 후 손등은 흠뻑 젖은 채 물 위로 기어 올라왔다. 그는 전혀 화를 내지 않았고, 오히려 한바탕 크게 웃어 보였다. 사람들이 그를 고의로 물속에 내던진 것이 그에게는 아주 즐거운 일처럼 보였으니, 주변 사람들은 모두 할말을 잃었다.

당시 유명 인사였던 혜강嵇康이 손등과 3년 동안 교류했으나, 그는 손등이 무슨 생각을 하고 무엇을 추구하는지 전혀 이해할 수 없었다. 그래서 손등에게 작별인사를 하고 그를 떠나려 했다. 이때 손등이 말했다.

"너는 불에 대해 아느냐? 불이 붙으면 불꽃이 일어난다. 일단 불꽃을 사용하고 나면 반드시 좋든 나쁘든 어떤 결과가 생기게 마련이야. 사람이 일생을 살아가면서 재능을 펼치는데, 그 최후의 결과는 처음에 네가 어떤 의도로 재능을 펼치느냐에 달려 있다. 만일 불꽃을 사용하는 목적이 목탄을 얻으려는 것이라면 빛을 보존할 수 있듯이, 재능을 사용하는 목적이 세상의 진면목을 알기 위한 것이라면 모든 사물의 참모습을 알아내어 자신의 생명을 지킬 수 있다. 너는 분명 뛰어난 재능을 지니고 있지만 생명을 보존하는 문제에 관해서는 소홀히 생각하는구나. 지금 사회에서 네가 너의 모든 재능을 발휘하려 한다면 분명 문제를 일으킬 게다. 네가 다른 사람들에게 재능을 보여주는 목적은 무엇이냐?"

그러나 혜강은 이 충고를 새겨듣지 않고 마음대로 행동한 결과 손등이 말한 것처럼 사마소司馬昭의 손에 죽고 말았다. 혜강이 나라에 불충했다는 이유로 죽었을 때, 그의 나이 겨우 39세였다. 손등은 과연 고결하고 속되지 않은 인품을 지녔다고 할 수 있다.

은혜는 나중일수록 크게 베풀고
위엄은 처음일수록 엄격히 세운다

恩宜自淡而濃 先濃後淡者 人忘其惠
은의자담이농 선농후담자 인망기혜
威宜自嚴而寬 先寬後嚴者 人怨其酷.
위의자엄이관 선관후엄자 인원기혹

역 문

은혜를 베풀 때는 반드시 가볍게 시작하여 무거워져야 한다. 먼저 무겁고 나중에 가벼우면 사람들은 은혜를 쉽게 잊어버린다. 위엄을 세울 때는 반드시 엄격하게 시작하여 관대해져야 한다. 먼저 너그럽게 하고 나중에 임격하면 사람들은 혹독함을 원망한다.

예 화

남에게 은혜를 베풀 때 처음에 후하다가 점점 박해지면 사람들은 쉽게 은혜를 잊어버린다. 권위를 세울 때 처음에 너그럽다가 나중에 엄하게 하면 사람들은 냉혹하다고 원망한다. 중국 역사상 자산子産이 서약서를 불태울 것을 권고한 일은 바로 이를 반증하는 예이다.

　기원전 563년 음력 10월 14일, 정鄭나라에 내란이 발생했다. 위지尉止, 자사복子師僕 등의 반란세력이 궁으로 쳐들어와 당시 권력을 장악하고 있던 자사子駟, 자국子國, 자이子耳를 죽이고, 정나라 임금 간공簡公을 납치했다. 사도司徒 자공子孔은 사전에 반란을 예감했기 때문에 화를 모면할 수 있었다.

사마자국司馬子國의 아들 자산子産은 반란이 일어났다는 소식을 듣고 가장 먼저 성문에 호위병을 배치한 다음 모든 관리들에게 각자의 위치를 지키라고 명령했다. 그리고는 계속해서 군대를 소집하고, 전차 17대를 준비시켜 반란 분자들이 점거하고 있는 북궁北宮을 공격했다. 결국 자산의 효과적인 인력 배치와 뛰어난 지휘로 반란은 곧 평정되었다.

반란 사건 이후, 자공이 정나라의 정권을 장악했다. 자공은 이와 같은 사건이 다시 일어나는 것을 방지하기 위하여 서약서를 작성했다. 그리고 모든 조정대신과 관리들에게 서약서에 따라 맹세하게 했다.

서약서의 내용은 위급한 상황이 생겼을 때 절대 도망가지 않고 자공의 명령에 복종하겠다는 것이었다. 이것이 발표되자 조정에는 큰 파문이 일어났다. 모든 조정대신과 관리들은 그 서약서에 맹세하기를 거부했고, 자공은 크게 분노하며 자신에게 불복하는 사람들을 모두 처형하려 했다.

이 소식을 들은 자산이 자공을 만류하러 와서 이렇게 말했다.

"자네는 지금 두 가지 난관을 극복해야 하네. 하나는 대중의 분노이고, 다른 하나는 권력 독점욕이네. 권력을 독점하는 일은 절대 성공하지 못할 것이며, 대중의 분노를 일으키는 일 또한 화를 자초할 것이네. 그러니 서약서를 불태워 대중의 분노를 가라앉혀야 나라에 또 다른 변고가 생기지 않을 거네."

마침내 자공은 자산에게 설득되어 모두가 보는 앞에서 서약서를 불태웠고, 모든 관리들은 비로소 자공을 신임하게 되었다. 반란을 진압하는 과정에서 자산은 처음에 엄격히 다스린 후 차차 관대해지는 방식을 선택했다. 그는 반란에 참여한 위지와 자사복을 확실히 처벌하여 반란세력을 뿌리뽑았다.

그리고 자공이 모든 관리들에게 서약서에 맹세할 것을 강요했을 때, 그에게 좀 더 너그러울 것을 권유하여 사람들의 분노를 가라앉혔다. 넓은 아량으로 과거의 허물을 덮어주었으니, 사람들은 모두 자산의 인덕에 감동할 수밖에 없었다.

마음을 비우면 본성이 나타나고
뜻이 깨끗하면 마음도 맑아진다

心虛則性現 不息心而求見性 如撥波覓月
심허즉성현 불식심이구견성 여발파멱월
意淨則心淸 不了意而求明心 如索鏡增塵.
의정즉심청 불료의이구명심 여색경증진

역 문

마음을 비우면 본성이 나타난다. 마음을 쉬게 하지 않고 본성을 구하려 한다면 달을 건지려 물속을 헤집는 것과 같다. 뜻이 깨끗하면 마음도 맑아진다. 뜻을 맑게 하지 않고 맑은 마음을 구하려한다면 거울을 찾으려 먼지를 일으키는 것과 같다.

예 화

맑고 깨끗한 마음을 지키면 본성을 찾을 수 있다. 또한 마음이 순수하고 깨끗하면 파도가 일지 않는 광대한 바다처럼 넓은 도량을 키울 수 있다. 그러면 세상을 꿰뚫어보고 보다 완벽한 인격을 갖출 수 있다.

원元나라 말기 주원장朱元璋은 농민 의병을 이끌면서 위업을 달성하기까지 항상 여러 사람의 다양한 의견을 모아 그중 가장 효과적인 방법을 취했다.

당시 주원장의 수하에 풍국용馮國用이라는 문인이 그에게 권고했다.

"우리가 언제까지 이렇게 목표 없이 떠돌아다닐 수는 없습니다. 우리에게도 근거지가 필요합니다. 현재 우리의 군사력으로 보아 지세가 험준하기로 이름난 건강建康 지역을 얻을 수 있습니다. 건강을 얻은 후에는 무슨 일이 있더라도 다시 천하를 도모해야 합니다."

주원장은 풍국용의 의견을 받아들여 군사를 일으켜 건강을 점령했다. 이는 주원장이 앞으로 천하를 도모하는 데 기초를 마련하기 위한 것이었으므로 풍국용은 다시 이렇게 건의했다.

"천하를 얻으려면 먼저 민심을 얻어야 합니다. 주군께서는 여색이나 재물을 탐하지 말고 백성들을 위해 좋은 일을 많이 베풀어야 합니다."

이와 동시에 주승朱升이 "성벽을 높이 쌓고 양식을 비축하며 왕으로 칭하는 것을 미루라."고 했는데, 이것은 막 남경南京을 공격한 주원장에게 아주 적합한 조치였다.

여기에서 성벽을 높이 쌓는다는 말은 방어력을 강화하여 다른 세력이 감히 넘보지 못하게 만들어야 한다는 뜻이며, 양식을 비축하라는 말은 전쟁 물자를 비축하여 당장 승리할 수 없어 시일을 끌어야 하는 전투를 대비해야 한다는 의미이다. 마지막으로 왕으로 칭하는 것을 미뤄야 하는 이유는 적을 만들지 않고 사람의 시기와 비난을 피하기 위해서였다.

주원장은 이 세 가지를 전략의 기본으로 삼아 최선을 다했기 때문에 천하를 통일하고 명明나라를 세울 수 있었다.

주원장은 건국 초기에도 크고 작은 전쟁을 치르느라 동분서주했지만, 언제나 맑고 깨끗한 마음을 지켜 여러 사람의 의견에 진지하게 귀를 기울였다. 그리고 좋은 의견을 수렴함으로써 정책을 끊임없이 수정 보완하여 보다 완벽하게 만들었다. 명나라가 탄탄한 기반을 다질 수 있었던 이유는 이처럼 주원장이 황제가 된 후에도 여전히 변함없는 마음을 유지했기 때문이다.

물은 물이고 나는 나이니
귀천은 잠깐 걸친 옷에 불과하다

我貴而人奉之 奉此峨冠大帶也 我賤而人侮之 侮此布衣草履也.
아귀이인봉지 봉차아관대대야 아천이인모지 모차포의초리야
然則原非奉我 我胡爲喜? 原非侮我 我胡爲怒?
연즉원비봉아 아호위희 원비모아 아호위노

역 문

내 몸이 귀하게 되어 남들이 나를 받든다면 이는 높은 관과 넓은 띠를 받드는 것이다. 내 몸이 천하게 되어 남들이 나를 업신여긴다면 이는 베옷과 짚신을 업신여기는 것이다. 본래의 나를 받드는 것이 아니니 내 어찌 기뻐할 것이며, 원래의 나를 업신여기는 것이 아니니 내 어찌 노여워하겠는가?

예 화

여기에서는 여유롭고 자유로운 인생관을 표현하고 있다. 부귀한 자의 화려한 옷과 가난한 자의 짚신이 무슨 차이가 있는가? 가난하면 가난한 대로 즐거움이 있는 법인데, 사람들은 부귀한 사람의 재물만 부러워한다. 사람들이 존경하고 부러워하는 것은 부귀한 사람 그 자체가 아니다. 아무리 가난한 사람이라도 이 세상을 살아가면서 한 가지 즐거움도 없겠는가?

　　왕면王冕은 어린 시절 매우 가난했기 때문에 아버지가 시키는 대로 소 키우는 일을 해야 했다. 그러나 소를 몰고 나간 뒤 돌볼 생각은 않고 근처에 있는 서당으로 뛰어가 학생들이 책 읽는 소리를 몰래 엿들었다. 해가 지고 나서야 왕면은 소가 전부 없어져 버린 사실을 알았다. 아버지는 크게 화를 내며 채찍으로 무섭게 아들을 때렸으나, 이후에도 왕면은 별로 달라지지 않았다. 그래서 왕면의 어머니는 아버지에게 이렇게 권고했다.

"어차피 이렇게 책 읽기를 좋아하는 아이이니, 왕면을 그 일이나 실컷 할 수 있는 곳으로 보내면 되지 않겠습니까?"

아버지는 아내의 말에 동의하여 왕면을 절로 보냈다. 왕면은 낮에는 열심히 일하고 밤에는 등불 아래에서 책을 읽었다. 회계會稽에 사는 한성韓性이라는 사람이 왕면의 소문을 듣고 그를 데려다 제자로 삼았다. 왕면은 부지런히 학문에 매진하여 경서에 통달한 박학다식한 학자가 되었다. 한성이 세상을 떠난 후 왕면은 '지금 행동하지 않으면 안 된다.'라고 생각하여 연도(燕都, 지금의 베이징—옮긴이) 지방을 유랑하며 시를 짓고 그림 그리는 것을 낙으로 삼았다. 연도에서 돌아온 왕면은 "곧 천하가 어지러워질 것이다."라고 예언한 뒤 처자식을 데리고 첩첩산중에 은거했다. 그는 집 주변에 매화를 수천 그루 심고 스스로 자신을 매화옥 주인이라고 칭했다. 왕면은 「묵매墨梅」라는 시에서 이렇게 표현했다.

"우리 집 벼루 씻는 연못가에 우뚝 솟은 나무, 하나하나 꽃피어 엷은 먹이 묻었네. 자랑하며 좋아하는 얼굴빛 사람들 쓸데없고, 단지 하늘과 땅에 가득한 맑은 향기에 머물러 있네."

이 시구에는 안빈낙도 사상이 집약적으로 표현되어 있다. 외부 물체는 물체이고, 나는 나일 뿐이라는 최고의 자유를 묘사한 것이다.

왕면은 매화를 그리는 데 특히 뛰어나서 그의 집에는 매화 그림을 구하려는 사람들의 발길이 끊이지 않았다. 왕면의 명성이 알려지자 관에서 사람을 수차례 파견하여 그를 등용하려 했으나, 그는 한사코 거절하고 청빈한 삶에 만족했다. 왕면은 평생 가난을 고수하고 부귀를 좇아 움직이지 않았다.

자비심은 하찮은 동물까지 살리고
냉담함은 영혼이 없는 무생물과 같다

爲鼠常留飯 憐蛾不點燈 古人此等念頭 是吾人一點生生之機
위서상류반 연아불점등 고인차등염두 시오인일점생생지기
無此 便所爲土木形骸而已.
무차 변소위토목형해이이

역 문
쥐를 위해 항상 밥을 남겨 놓고 불나방이 가여워 등불을 켜지 않는다 했으니, 옛 사람의 이러한 마음은 인간이 발전할 수 있었던 근본이다. 이 마음이 없다면 사람도 흙이나 나무처럼 형체일 뿐이다.

예 화
자비심은 인간으로서 갖추어야 할 기본적인 성품 중 하나이다. 냉정하고 무정한 사람에게는 냉담함밖에 느낄 수 없으니, 어떻게 그와 즐거움을 논할 수 있겠는가? 집안을 다스리고 이웃과 어울리고 벗과 사귈 때에도 항상 자비심이 있어야 한다. 자비로움은 온기 가득한 봄바람처럼 차갑게 굳어버린 마음을 따뜻하게 녹여주기 때문이다. 청淸나라 말기 병부兵部 상서尙書를 지낸 팽옥린彭玉麟은 자비로운 마음을 가진 대표적인 인물 중 한 명이다.

팽옥린(1816~1890)은 자가 설금雪琴이고 호남湖南 형양衡陽 사람이다. 그는 평생 엄격한 군법에 따라 군대를 통솔했기 때문에 군내에서는 냉혹한 장군으로 통했다. 여기에 강직한 성품이 더해지니 보통 사람들은 감히 그에게 가까이 다가서지 못했다. 그러나 한편으로는 친구와 이웃들에게 상냥하고 친절했으며, 자선 공익사업에 늘 앞장설 정도로 인정이 많았다. 팽옥린의 성격이 이처럼 독특한 이중성을 띠게 된 데는 그의 소년 시절 경험이 큰 영향을 미쳤다.

팽옥린은 열여섯 살 때 부모를 여의고 사악한 무리에게 억울하게 재산을 빼앗기자, 어쩔 수 없이 동생을 데리고 고향을 떠날 수밖에 없었다. 이런 경험을 통해 악을 원수처럼 미워하게 되었고, 이웃의 따뜻한 관심과 배려가 얼마나 소중한지 깨달았다. 팽옥린은 관리가 된 후에도 친구 혹은 이웃 간에 항상 화목하고 친근한 관계를 맺기 위해 최선을 다했다. 그는 특히 자신보다 낮은 지위에 있는 사람들과 교류하면서 단 한 번도 그들에게 모욕감이나 열등감을 느끼게 한 적이 없었다. 팽옥린은 어머니의 묘에 성묘하기 위해 몇 번인가 고향을 찾은 적이 있었는데, 그때마다 항상 짚신에 베옷을 입고 직접 걸어갔다.

그러다가 고향의 어르신들을 만나면 예의 바르게 인사를 나누고 다정하게 세상 사는 이야기를 나눴다. 심지어 팽옥린은 자신이 관할하는 지역의 백성들에게도 예의를 갖추어 대하니, 사람들은 모두 그가 조정의 대신이라는 느낌을 받지 못했다. 팽옥린은 외출할 때도 항상 촌노인처럼 소박하고 수수한 옷을 즐겨 입었고 그 뒤에 역시 농촌 아이 같은 계집종 하나가 뒤따랐다.

어느 날, 팽옥린이 읍내 찻집에 만담공연을 관람하러 갔는데, 수수한 차림으로 일반 백성들 사이에 앉아 있으니 아무도 그를 알아보지 못했다. 잠시 후 찻집에서 횡포를 부리는 장수를 꾸짖기 위해 그가 앞으로 나서자 사람들은 그때서야 그를 알아보았다. 마을 사람들은 뜻밖의 상황에 크게 놀란 동시에 그를 더욱 존경하게 되었다. 팽옥린은 수십 년간 관리로 지내면서 항상 윗사람으로서의 도리를 다하고, 친구간에 혹은 아랫사람과의 사이에서도 예의를 갖추어 제멋대로 행동하지 않았다. 평생 베옷을 입고 일반 백성들과 형제처럼 가까이 지냈으니, 모두가 그의 고상한 인품을 칭송해 마지 않았다.

마음의 바탕이 곧 하늘의 바탕이고
사람의 마음이 곧 하늘의 마음이다

心體便是天體.
심체변시천체
一念之喜 景星慶雲 一念之怒 震雷暴雨
일념지희 경성경운 일념지노 진뇌폭우
一念之慈 和風甘露 一念之嚴 烈日秋霜.
일념지자 화풍감로 일념지엄 열일추상
何者少得 只要隨起隨滅 廓然無碍 便與太虛同體.
하자소득 지요수기수멸 곽연무애 변여태허동체

역문

마음의 바탕은 곧 하늘의 바탕이다. 기쁜 생각은 상서로운 별이나 구름과 같고, 분노의 감정은 하늘을 뒤흔드는 번개, 폭풍우와 같다. 자비로운 마음은 부드러운 바람이나 맑은 이슬과 같고, 엄격한 마음은 뜨거운 여름 햇볕이나 찬서리와 같다. 이 중 어느 것 하나도 없어서는 안 된다. 다만 때를 맞추어 일어나고 사라지는 데 조금도 막힘이 없어야 한다. 그래야 하늘과 그 바탕을 함께 할 수 있다.

예 화

인간의 감정 변화는 하늘의 기운이 변하는 것과 같다. 순식간에 폭우가 쏟아지다가도 또 어느새 따뜻한 봄바람이 불고 밝은 햇살이 비추기도 한다. 비장군飛將軍이라는 별칭으로 유명한 이광李廣은 평생 피비린내나는 전쟁터를 누볐지만 언제나 솔직하고 순수한 마음을 잃지 않았다.

서한西漢시대 농서隴西 성기成紀 사람인 그는 기마술과 활쏘기가 매우 뛰어났다. 그가 전쟁에 나가 활시위를 당길 때마다 어김없이 적군이 쓰러지니 허투루 버리는 화살이 하나도 없을 정도로 그의 활쏘기 실력은 천하제일이었다. 한문제漢文帝 유항劉恒까지도 많은 사람들 앞에서 "고조高祖시대에 활약했던 뛰어난 장군들도 이광만큼 대단치 못했다."며 그를 추켜세웠다.

이광은 용감하게 전쟁터를 누비는 백발백중의 신궁이었을 뿐 아니라, 병사들에게 따뜻한 상사였으며, 최선을 다해 공무를 처리하는 청렴결백한 관리이기도 했다.

그는 40여 년 동안 칠군七郡 태수를 지냈는데, 공을 세워 조정에서 상을 받으면 모두 부하들에게 나누어주거나, 병사들과 함께 먹고 마셨다. 또한 전쟁 중에 만일 마실 물이 부족한 상황에 처하면, 병사들이 마실 물이 생기기 전에는 자신도 절대 물을 마시지 않았고, 병사들이 배불리 먹은 후에야 비로소 음식을 먹기 시작했다. 그는 항상 부하들을 함부로 대하지 않았고, 늘 인자하고 너그러웠기 때문에 모든 병사들이 그를 존경하고 그의 명령에 절대 복종했다.

원수元狩 4년(기원전 119) 환갑이 넘은 이광은 자진해서 대장군 위청韋靑의 부하로 들어가 다시 한 번 흉노와 전쟁을 치렀다. 그러나 불행히도 상부에서 명령받은 기한을 지키지 못해 죄를 추궁당하자 울분을 이기지 못해 자결하고 말았다.

이광은 사람됨이 밝고 분명했으며 도량이 넓어 주변 사람들에게 늘 너그러웠고 묵묵히 자신의 일에 최선을 다했다. 특히 그는 흉노를 상대로 크고 작은 70여 차례 전투를 치르며 수많은 공을 세운 명장군이었다. 이처럼 평생 진실하게 살아왔던 이광이 억울하게 죽자, 모든 병사들이 통곡하고 민간의 남녀노소가 눈물을 흘렸다고 한다. 이광은 다정하면서도 호탕한 성격이었으며, 말 한마디 행동 하나에도 모두 주변 사람들을 먼저 배려할 줄 아는 사람이었기 때문에 비록 군법을 어겨 자결하긴 했지만 영원히 훌륭한 장군으로 역사에 이름을 남겼다.

편안한 때일수록 위기에 대비하고
위급한 때일수록 평정심을 유지하라

無事時 心易昏冥 宜寂寂而照以惺惺.
무사시 심이혼명 의적적이조이성성
有事時 心易奔逸 宜惺惺而主以寂寂.
유사시 심이분일 의성성이주이적적

역 문

일이 없을 때는 마음이 어두워지기 쉽다. 고요한 가운데 밝은 지혜로 비추어라. 일이 있을 때는 마음이 흐트러지기 쉽다. 밝은 지혜 가운데 고요함으로 중심을 잡아라.

예 화

사람은 할 일이 없으면 무료함을 느낀다. 따라서 모든 일이 순조롭게 풀릴수록 경계를 늦추지 말아야 한다. 한가롭게 있을 때에도 머리는 끊임없이 움직이며 위기에 미리 대비해야 한다. 이것이 바로 유비무환 정신이다.

전국戰國시대 맹상군孟嘗君이라는 명사가 있었는데, 그의 수하에 3,000여 명의 식객이 있었다. 그중 가장 뛰어나고 눈에 띄는 재능을 지닌 자가 풍훤馮諼이었다. 맹상군은 풍훤을 설성薛城으로 파견하여 장부를 관리하게 했다.

그러나 풍훤은 설성에 도착한 후, 차용증을 전부 태워버리고 설성 사람들에게 맹상군이 은혜를 베풀어 빚을 탕감해 주었다고 말했다. 이 말에 설성 백성들이 매우 감격했음은 물론이다.

얼마 후 제(齊)나라 민왕(湣王)은 즉위하자마자 꼬투리를 잡아 맹상군을 쫓아냈다. 그래서 맹상군은 조정에서 쫓겨나 어쩔 수 없이 설성으로 돌아갔는데, 뜻밖에도 그를 환영하는 설성 백성들의 인파가 길을 가득 메우고 있었다.

맹상군은 그제야 차용증을 불태운 풍훤의 행동이 매우 사려 깊었다는 걸 깨달았다. 풍훤은 뛰어난 선견지명과 유비무환의 정신에 입각해 차용증을 불태워버렸다. 그는 확실히 아주 작은 부분까지 신경을 써서 원대한 뜻을 도모할 수 있는 인재 중의 인재였던 것이다.

'유비무환'이라는 말은 일찍이 『한비자(韓非子)』에도 언급된 바 있다.

"조각을 할 때는 반드시 코는 크게 해야 하고 눈은 작게 해야 한다. 코가 크면 다시 작게 할 수는 있으나 작은 것은 다시 크게 할 수 없고, 눈이 작은 것은 다시 크게 할 수 있으나 큰 것은 다시 작게 할 수 없기 때문이다."

다시 말해 인물상을 조각할 때 코를 조금 크게 만들어 놓으면 나중에 더 깎아내어 작게 만들 수 있고, 눈은 조금 작게 만들어 놓아야 나중에 더 파내어 크게 만들 수 있다. 만일 코를 너무 작게, 눈을 너무 크게 파놓으면 여지가 남아 있지 않으니 보수할 방법이 없지 않겠는가.

이 이론을 통해 한비자는 다음과 같은 결론을 도출해냈다.

"모든 일은 미리 준비되어 있으면 성공하고, 준비되어 있지 않으면 실패한다. 어떤 일이든 반드시 준비를 해야 하고, 그래야 근심이 없는 법이다."

위와 같은 의미를 지닌 옛말이 또 하나 있다.

"멀리까지 생각하지 않으면, 반드시 가까운 곳에 근심이 생긴다."

이 말은 사회가 복잡하고 운명이 험난하여 예측하기 힘들다는 뜻이다. 말 한마디, 행동 하나라도 깊이 생각하지 않으면 반드시 사방이 벽으로 가로막히는 시련에 빠진다. 반대로 매사에 깊이 생각하고 행동하면 위기를 기회로 바꾸고, 화를 복으로 만들 수 있다.

일을 하기 전에는 이해관계를 살피고
일을 시작해서는 이해관계를 잊는다

議事者 身在事外 宜悉利害之情. 任事者 身居事中 當忘利害之慮.
의사자 신재사외 의실리해지정 임사자 신거사중 당망리해지려

역 문

일을 의논하는 사람은 몸을 그 일 밖에 두어 이해의 실상을 살피고, 일을 맡은 사람은 몸을 그 일 안에 두어 이해에 대한 생각을 잊어야 한다.

예 화

"제삼자는 분명히 아는 것을 당사자만 모른다."는 속담이 있다. 이 말은 어떤 일을 명확히 이해하고 판단하려면 객관적으로 전체를 보아야 한다는 뜻이다. 그런 후에 전심전력해야 성공할 수 있다. 그러나 제대로 이해하고 판단하기도 전에 그 일에 너무 깊이 빠져들면 시비를 명확히 판단하기 힘들기 때문에 결국 큰 실수를 저지르고 만다.

춘추春秋시대, 진晉나라 영공靈公은 대규모 인력과 물자를 동원하여, 향락을 위한 9층 높이 누각을 짓기 시작했다. 규모가 워낙 컸기 때문에 3년이 지나도 공사가 끝날 기미가 보이지 않았고, 계속되는 노동과 과중한 세금에 허덕이는 백성들의 원성은 날로 높아졌다. 이에 중신의 상소가 끊이지 않자 영공은 신하들의 간언을 막기 위해 다음과 같은 조서를 내렸다.

"어느 누구도 이 일에 이견을 달지 마라. 이에 따르지 않는 자는 목을 베겠다."

이에 순식荀息이라는 관리가 영공에게 알현을 청하는 상소를 올렸다. 영공은 화

살을 활시위에 얹어놓고 순식이 오기를 기다렸다. 만일 순식이 누각 공사에 대해 입을 열면 곧바로 화살을 쏘아 그를 죽일 생각이었다. 그러나 순식은 영공 앞에서 누각 공사 이야기를 꺼내지 않았다.

"제가 어찌 감히 폐하께 다른 의견을 내놓을 수 있겠습니까? 단지 폐하를 위해 작은 재주를 선보일까 합니다. 저는 바둑돌 열두 개를 쌓고 또다시 그 위에 계란 아홉 개를 올려놓을 수 있습니다. 폐하께서는 제 말을 믿으시겠습니까?"

그 말을 들은 영공은 호기심이 생겨 즉시 순식에게 바둑돌과 계란을 쌓아보라고 명령했다. 순식은 바둑알 열두 개를 쌓고 그 위에 계란을 하나씩 하나씩 올리기 시작했다. 주변 사람들은 계란이 떨어져 탑을 무너뜨리는 것이 아닐까 조마조마한 마음으로 숨을 죽이고 지켜보았다. 영공도 매우 긴장한 채 "위험해! 조심해!"라는 말을 연발했다. 바로 이때 순식이 대꾸했다.

"이게 뭐가 위험합니까? 이것보다 위험한 일들이 세상에는 얼마나 많은데요."

"이것보다 더 위험한 게 도대체 무엇이냐?"

드디어 순식은 영공에게 진언했다.

"9층 누각이 3년이 지나도록 완공되지 않으니 백성들이 모두 탑을 쌓느라 나라 안에는 농사를 지을 장정도 없고 옷감을 짤 아낙네도 없습니다. 국고는 텅 비었고, 백성들은 모두 굶주렸으며, 이웃 나라에서는 우리나라를 넘볼 기회만 호시탐탐 노리고 있습니다. 지금 당장 나라가 망하게 생겼는데, 이것보다 더 위험한 것이 어디 있습니까? 폐하께서는 이 위험을 느끼지 못하십니까?"

이 말을 듣자 영공은 과연 자신의 잘못을 깨닫고 즉시 공사를 중지시켰다.

순식이 계란 쌓기로 영공을 깨우칠 수 있었던 이유는 그가 밖에서 세밀히 살펴 그 일의 위험성을 정확히 파악했기 때문이다. 계란 쌓기의 위험과 누각 공사의 위험을 교묘히 비교하여 영공으로 하여금 스스로 잘못을 깨닫게 만들었던 것이다.

행동거지는 엄격하고 분명한게 좋고
마음가짐은 온화하고 치우치지 않는게 좋다

士君子處權門要路 操履要嚴明 心氣要和易
사군자처권문요로 조리요엄명 심기요화이
毋少隨而近腥膻之黨 亦毋過激而犯蜂蠆之毒.
무소수이근성전지당 역무과격이범봉채지독

역 문

선비가 권력의 자리에 있을 때에는 몸가짐이 엄정하고 명백해야 하며 마음은 항상 온화하고 평이해야 한다. 구린내나는 무리와 가까이 하지 말며 과격하여 소인배의 독침을 건드리지 말아야 한다.

예 화

군자가 속세를 피하려고만 하는 것은 소극적인 처세이다. 이보다 적극적인 자세로 관리가 되었다면, 고상한 절개와 청렴결백한 정신을 지키고 스스로 자신의 안위를 지키는 것이 중요하다. 여기에 가장 대표적인 인물로 제갈량諸葛亮을 꼽을 수 있다.

　동한東漢 말기, 한 왕조가 쇠락하고 군웅할거시대가 시작되자 세상은 극도의 혼란에 빠졌다. 유표劉表가 형주荊州 자사로 있을 때, 제갈량이 숙부 제갈현諸葛玄과 함께 잠시 그에게 의탁한 적이 있었다.

　유표는 겉으로는 그들을 너그럽게 받아들였지만 속으로는 계속 의심을 거두지 않았다. 게다가 유표는 지모가 뛰어난 장군이었으나, 매사에 우유부단하여 감히 천하를 제패할 뜻은 없었다. 그래서 제갈량은 그를 떠나 남양南陽에서 농사를 지으며 속세의 욕심을 버리고 은거 생활을 시작했다.

후에 서서徐庶의 추천을 받아들인 유비劉備가 삼고초려 끝에 제갈량을 다시 세상에 나오게 했고, 그의 의견을 적극적으로 수용했다. 유비는 제갈량의 의견대로 손권孫權과 연합하여 적벽대전赤壁大戰에서 조조를 크게 물리쳤다. 또한 제갈량은 유비가 형주와 익주益州를 근거지로 삼아 촉한蜀漢정권을 수립하는 데에도 큰 역할을 했으며, 이후 촉한의 정치와 경제, 군사 등 모든 방면에 걸쳐 크게 공헌했다.

제갈량은 촉나라에서 가장 위엄 있고 명망 높은 대신이었으나, 언제나 자신에게 엄격했다. 그는 군자는 인품을 수양할 때 외부의 어떤 악조건에도 고결함을 잃지 않아야 하며, 외부의 모든 시련을 극복하고 자신의 원대한 이상을 실현시켜야 한다고 생각했다. 평생 이런 원칙을 지키며 살아온 제갈량은 죽음을 앞둔 어느 날 유선劉禪에게 상소를 올려 자신의 심경을 밝혔다.

"신은 성도成都에 뽕나무 800그루와 밭 50경이 있으니 자식들이 먹고사는 데 전혀 부족함이 없습니다. 신이 죽은 후에 이것말고 남는 비단이나 넘치는 재물이 있으면 모두 폐하께서 거두어 주십시오."

얼마 후 제갈량은 과로로 병이 악화되어 안타깝게 젊은 나이에 세상을 떠났다. 제갈량이 죽은 후 조사해 보니 그가 남긴 재산은 과연 그가 말한 것뿐이었다. 관직에 있으면서 명예와 이익을 좇으려 한다면, 이는 곧 고상한 지조와 청렴결백한 정신에 어긋나는 행동이므로 반드시 경계해야 한다.